ECOLOGIA MENTAL DA MORTE

A TROCA SIMBÓLICA DA ALMA COM A MORTE

MARISA MOURA VERDADE

ECOLOGIA MENTAL DA MORTE

A TROCA SIMBÓLICA DA ALMA COM A MORTE

Casa do Psicólogo®

© 2006 Casa Psi Livraria, Editora e Gráfica Ltda.
É proibida a reprodução total ou parcial desta publicação, para qualquer finalidade, sem autorização por escrito dos editores.

1ª Edição
2006

Editores
Ingo Bernd Güntert e Christiane Gradvohl Colas

Assistente Editorial
Aparecida Ferraz da Silva

Produção Gráfica e Capa
Renata Vieira Nunes

Editoração Eletrônica
Helen Winkler

Revisão do Texto Original
Heleieth Iara Bongiovani Saffiote e Christiane Gradvohl Colas

Dados Internacionais de Catalogação na Publicação (CIP)
(Câmara Brasileira do Livro, SP, Brasil)

Verdade, Marisa Moura
  Ecologia mental da morte : a troca simbólica da alma com a morte / Marisa Moura Verdade – – São Paulo: Casa do Psicólogo® : FAPESP, 2006.
  Bibliografia.
  ISBN 85-7396-502-9

  1. Arquétipo (Psicologia) 2. Câncer - Doentes - Psicologia 3. Ecologia humana 4. Morte - Aspectos psicológicos 5. Morte - Aspectos simbólicos I. Título.

06-7068   CDD- 155.937

Índices para catálogo sistemático:
1. Ecologia mental da morte : Psicologia   155.937
2. Morte : Aspectos Psicológicos   155.937

Impresso no Brasil
Printed in Brazil

Reservados todos os direitos de publicação em língua portuguesa à

Casa Psi Livraria, Editora e Gráfica Ltda.
Rua Santo Antonio, 1010 Jardim México 13253-400 Itatiba/SP Brasil
Tel.: (11) 45246997   Site: www.casadopsicologo.com.br

All Books Casa do Psicólogo®
Rua Simão Álvares, 1020 Vila Madalena 05417-020 São Paulo/SP Brasil
Tel.: (11) 3034.3600   E-mail: casadopsicologo@casadopsicologo.com.br

PREFÁCIO

Conheço Marisa há muitos anos, trabalhamos juntas no Centro Oncológico de Recuperação e Apoio – CORA-SP. Na instituição compartilhamos alegrias e afetos, convivendo com pessoas queridas por nós duas. Dividimos preocupações e tristezas, juntas enfrentamos perdas significativas; fomos então, primeiro colegas e depois amigas.

Ao ingressar no doutorado, Marisa escolheu realizar o trabalho comigo. Grande desafio, pois eu sabia de sua profundidade na abordagem das questões que estudava e, em vários momentos, questionei se poderia ajudá-la na sua trajetória acadêmica, tão diferente de minha abordagem. Seu projeto de doutorado avançava na mesma linha de pesquisa iniciada no mestrado em Educação Ambiental, um estudo a respeito das contribuições da Psicologia Profunda na busca de solução para a questão ambiental e ecológica. Eu já conhecia sua abordagem, pois participei da qualificação e da banca de defesa da dissertação, denominada *A ecologia mental do espaço interior: uma perspectiva arquetípica para a educação ambiental* (1995).

No mestrado, Marisa desenvolveu um estudo exploratório, considerando uma pesquisa fundamentada no referencial de Ecologia Mental, conforme proposto por Félix Guattari, articulada com análises da Psicologia Arquetípica, representada por James Hillman. Abordou o tema Espaço Interior mediante processo de revisão crítica de concepções psicológicas significativas para metas da Educação Mental; considerou a necessidade de ampliar a percepção ambiental avaliando a função do mito, como linguagem poética e imaginativa favorável à reflexão ética, essencial na formação da uma consciência ecológica. Ao concluir a dissertação, descobriu inter-relações entre o apelo ecológico e o problema da negação coletiva da morte.

Quando me procurou para orientar seu doutoramento, fiquei preocupada. A proposta envolvia um referencial não integrado nas minhas linhas de pesquisa; a bem da verdade, não integrado na linha mestra da Psicologia. Eu me perguntava: como orientá-la sem impor meus próprios referenciais e um estilo de investigação estabelecido ao longo dos anos? Nunca duvidei de sua capacidade para desenvolver uma teorização competente, de acordo com os rigores do pensamento acadêmico. O mestrado havia revelado seu interesse e o respeito pelos aspectos técnicos da pesquisa acadêmica e o gosto pela argumentação teórica.

Marisa me apresentou um projeto de doutoramento instigante e complexo, comprometido com um jogo teórico difícil e até arriscado. Ela sabia disso, contava com minha experiência para "mapear" os perigos de sua ousadia, conforme dizia. A meu ver, não dependeria de orientação para desenvolver uma tese de qualidade; minha preocupação era mais no sentido de não atrapalhar sua criatividade. Não tinha idéia de como eu poderia acompanhar aquele mergulho em uma nova maneira de pensar a subjetividade, envolvida com a natureza psicossocial da ecologia mental e da psicologia da alma. O peso teórico de sua abordagem era evidente e, confesso, me assustava um pouco. O trabalho dependia de uma especulação muito difícil, mas fundamental ao desenvolvimento da tese. A meu ver, como doutoranda, Marisa deveria ser incentivada e apoiada, jamais cerceada.

Conversamos muitas vezes sobre minhas inquietações, também a respeito de dificuldades que poderíamos encontrar na nova relação, implicada na hierarquia da orientação. Combinamos maneiras de enfrentar discordâncias teóricas e críticas (de ambas as partes),

PREFÁCIO

antecipando dificuldades inerentes ao desenvolvimento do projeto e da tese. Fizemos um "pacto" — a delicada relação entre orientadora e orientanda seria subsidiada por nossa grande e sincera amizade. A prioridade sempre seria a preservação do relacionamento positivo, valorizando a confiança mútua em qualquer circunstância.

Com este acordo, nos lançamos na aventura de um estudo que, de fato, não julgo ter orientado, mas acompanhei cuidadosamente; questionando, pedindo para explicar melhor, indicando pontos cegos e afirmações difíceis de acompanhar. Constantemente, estimulei e até provoquei suas habilidades especulativas, considerando o potencial de reflexão psicológica, muito sensível e atenta ao Outro. E, o mais importante, não atrapalhei a expressão da criatividade de minha amiga doutoranda, tampouco dificultei sua maneira poética de escrever, combinando razão e emoção em uma nova maneira de pensar a psicologia da morte, conforme este livro demonstra.

Marisa dedicou-se inteiramente a elaborar uma noção de ecologia mental em relação à morte, afirmando o grande valor da atividade imaginativa associada a uma psique com sentido de alma. Sua pesquisa põe em destaque a função ético-estética da morte, associando a troca simbólica aos processos de conscientização e aceitação da própria finitude. O desenvolvimento da tese envolveu sua experiência como profissional do apoio psicológico a pacientes com câncer. E, mais uma vez, observei a aliança da inteligência, sensibilidade e originalidade na construção de um trabalho que, ao ser avaliado pela Banca, recebeu elogios e louvor pela seriedade, consistência e aprofundamento no tratamento da questão da ecologia mental da morte. É uma tese com nome comprido — *Uma noção de Ecologia Mental da Morte para a Psicologia do Desenvolvimento Humano: a questão da "troca simbólica da alma com a morte" numa instituição de apoio ao paciente de câncer* (2003) — que merece ser citada no prefácio por ser a investigação da qual nasceu a idéia deste livro.

Para apresentar suas idéias a um público mais amplo, Marisa reorganizou o texto original, atenuando o rigor da linguagem acadêmica,

III

ECOLOGIA MENTAL DA MORTE

sem nenhum prejuízo para a análise cuidadosa dos vários ângulos da *negação coletiva da morte*, importante na elaboração da *noção de ecologia mental da morte*.

Neste texto encontramos o problema da *ecologia mental da morte* na situação enfrentada por pacientes com câncer. O tema ganha visibilidade nas associações entre uma doença grave e potencialmente fatal e a questão da morte, poucas vezes confrontada de maneira franca e aberta. Existem tensões emocionais derivadas do medo de morrer; pressões para silenciar preocupações a respeito da morte; silenciamento da necessidade de compartilhar fantasias e pensamentos a respeito do fracasso do tratamento. O assunto doença-sofrimento-morte é incômodo e proibido, principalmente em contextos socioculturais mais expostos à negação coletiva da morte.

O apoio psicológico a pacientes de câncer, apresentado no livro, implica condições existenciais extremamente difíceis, cujo âmago é dor, sofrimento e morte. Pacientes de câncer vivem numa sociedade que nega e exclui a morte; mais grave ainda, a sociedade contemporânea tende a excluir os doentes, como se fossem culpados por sua enfermidade. Muitas pessoas agem como se a dor e o sofrimento do outro fossem contagiosos; não fisicamente, mas sim psiquicamente e socialmente.

Marisa dedicou-se ao apoio psicológico a pessoas portadoras de câncer sempre que solicitada; solidária, acolheu com carinho necessidades emocionais de uma grande amiga, acompanhando-a nas diferentes etapas do tratamento; próxima e acolhedora também no momento de dor da fase de partida. Em um período de sua vida ajudou no acompanhamento, simultâneo, de três pessoas de sua família, todas pacientes de câncer — o pai, a avó e uma tia querida. Como *cuidador familiar*, conheceu o problema do apoio psicológico de ângulos diferentes do profissional.

Após essa fase de tantas perdas, assumiu o apoio psicológico ao protagonista deste trabalho, oferecendo-lhe convívio diário de cuidado. Essa experiência é narrada com sensibilidade e respeito.

PREFÁCIO

O texto transporta emoções intensas, que nos envolvem por sua veracidade e humanidade. E aí se observa uma das características mais marcantes de Marisa, a constante presença e cuidado. Sua disponibilidade para o envolvimento pessoal com pessoas necessitadas de apoio psicológico é conhecida por quem convive com ela. Eu mesma pude ter esta experiência, quando perdi pessoa da minha família de forma trágica.

Na apresentação, encontramos o relato de sua experiência pessoal com uma amiga próxima; com quem a autora compartilhou diferentes momentos da doença, sempre com a intensidade e dedicação que a caracterizam. *A morte concreta* — inerente a uma doença grave como o câncer — *é bem diferente das mortes simbólicas, vividas até então* — dizia-lhe a amiga. Esta fala influenciou profundamente sua maneira de pensar a morte e o morrer, servindo como guia para uma reflexão a propósito de diferenças entre as mortes conhecidas intelectualmente e a morte vivida em situações de risco, quando o fim é uma possibilidade existencial definitiva, com a qual não estamos familiarizados.

Marisa tem formação em Psico-Oncologia, vinculada ao trabalho no CORA, com treinamento recebido do *Cancer Support and Education Center*. O longo tempo de convivência com pacientes de câncer, com a perda e o luto, promoveu leituras que permitiram a construção de um olhar interdisciplinar sobre o conhecimento da morte, abordando sua dimensão de mistério e impacto, entrelaçadas à filosofia e à religião.

Ao relatar movimentos de conscientização da morte no século XX, a autora refere-se aos trabalhos de Kübler-Ross e de outros estudiosos do tema, como resposta à *morte selvagem*, metáfora da finitude humana interditada, proibida, excluída do convívio social. Trata-se de nova domesticação da morte, como aponta Ariès, ponto de partida para Marisa articular uma leitura crítica da problemática contemporânea da morte, envolvendo contribuições de Jean Beaudrillard a respeito da troca simbólica.

No livro encontramos cuidadosa revisão dos atuais movimentos de conscientização e aceitação da morte, fundamentada em autores importantes para a incursão no imaginário, incluindo uma abordagem psicossocial do câncer como patologia da civilização. O problema do câncer é avaliado pelo valor metafórico da desorganização e proliferação celular, comparável a uma traição, no sentido de sobrepor ao simbólico da vida um referencial de crescimento negativo, de desenvolvimento inexorável e potencialmente mortífero. É o câncer como metáfora dos modos de produção globalizados e da permanente exploração da natureza, envolvendo nossas relações com o planeta habitado, com outros seres humanos, com o corpo e com a própria interioridade.

A abordagem considera o paradigma da Ecologia como forma de pensar e localizar um *ethos* para a morte e o morrer; uma reflexão significativa, numa sociedade que isola, exclui e interdita a expressão de dor, sofrimento e morte. A autora dirige uma pergunta aos leitores, instigando a reflexão fundamental de sua proposta: — *"Afinal, que troca simbólica é possível quando a cultura desvaloriza o registro de alma e se compromete com a negação coletiva da morte"* ?

Em sua leitura de Guattari, centrada no paradigma de *As Três Ecologias*, a autora assume e discute a importância de referenciais éticos e estéticos para a compreensão da vida psíquica, salientando o *jogo ecológico da imaginação*. A discussão revela a importante função da morte no pensamento mítico e arquetípico, pontuando a riqueza simbólica do assunto e seu potencial imaginativo, como universo de referências e sentidos para demandas psicológicas e para a busca de valores existenciais.

Marisa é junguiana, na Psicologia Arquetípica de Hillman encontra a alma, ausente de várias abordagens da Psicologia, mais focadas na racionalidade. Em sua perspectiva da troca simbólica, alma e morte são elementos inseparáveis nos processos subjetivos de criação de sentido, participam da reflexão ético-estética da religiosidade e da visão de transcendência das subjetividades, avaliadas no texto como vida imaginativa situada além da vida física.

PREFÁCIO

O relato de Roberto (nome fictício) sobre sua doença, sofrimento e morte apóia-se em uma experiência compartilhada, a formação de monitores do programa de apoio do CORA. Marisa fala de dentro e de fora dessa instituição. Foi uma das primeiras monitoras do Centro, tendo participado do primeiro treinamento da equipe técnica. Atuou em vários grupos e atividades da fase inicial de organização do CORA. Como pesquisadora, agora do lado de fora, apresenta reflexões sobre bases de sustentação da programação de apoio dessa instituição; vale lembrar, fundada por pacientes e ex-pacientes de câncer.

Os depoimentos de Roberto fazem parte do livro. Apresentam sua vida e o impacto da doença com honestidade e sinceridade, transportando a intensidade emocional de quem enfrenta a própria finitude. A escuta atenta da autora favorece a necessidade de falar sobre o momento da própria morte, trazendo à tona lembranças significativas da história de vida. A infância infeliz expõe feridas profundas, que comprometeram seu contato com a vida em si e o prazer de vivê-la. O narrador compartilha culpas pelo amor mal-vivido, revelando um relacionamento familiar maltratado pelo temperamento controlador e, algumas vezes, violento. No presente, a doença produz apreensões e incontáveis perdas; a mente confronta a falta de futuro ou a idéia de um futuro muito curto, o porvir da morte atropelando o presente com aflições insuportáveis, antecipando o fim da existência.

O protagonista da narrativa pensa, e com razão, que seu depoimento pode ser muito importante para outras pessoas nas mesmas condições, vivendo o agravamento da doença e a terminalidade da vida. Essa conversa honesta e sincera sobre experiências tão íntimas e dolorosas, envolvendo a necessidade de falar da morte, é muito rara em uma sociedade com tendência a expandir a negação coletiva da morte para uma interdição da comunicação do sofrimento em si. Roberto nos fala de vários temas, considerando experiências de uma *vida sem qualidade de vida,* de sofrimentos que se viu obrigado a sofrer; ele fala de aprendizados inúteis e de alegrias não vividas, mas sentidas como perdas; compartilha dificuldades de relacionamento, revelando

VII

seu amor pela família e o arrependimento por brigas sem sentido, motivadas pelo desejo de controlar tudo e todos. Na sua fala é evidente a valorização de uma nova afetividade, principalmente em relação à presença atenta e cuidadosa da esposa, sua principal cuidadora.

A narrativa nos toca quando Roberto fala da própria morte, como a sente próxima... Entramos em contato com um discurso raramente compartilhado, o do enfermo consciente de que seu fim está próximo. As perdas, a dificuldade de comunicação, a linguagem do corpo, a dor de viver o vazio interior... Tudo nos leva a refletir sobre a morte e o morrer. Com Roberto chegamos à beira do abismo, metáfora da morte, imagem da profundidade da alma. A indagação religiosa diante da morte, suas dúvidas em relação à vida espiritual, a preocupação de não "barganhar" com Deus, são experiências marcantes, assinalam caminhos da fé questionadora, expondo culpa e desgosto pela sensação de fracasso existencial.

O livro revela a riqueza de um relacionamento sustentado pela coragem de romper o silêncio coletivo diante da morte, expondo o difícil caminho de quem se conscientiza do próprio morrer, sem condições de avançar no processo de aceitação da morte. Seguindo a narrativa de Roberto, perdemos *o fio da meada*, conhecemos um labirinto de angústias e o vazio interior. Ficamos envolvidos, profundamente comovidos por essa pessoa que compartilha conosco a vida na fase de partida, tocados pela mesma sensação da finitude absurda e sem sentido.

As análises da autora descobrem no corpo enfermo um "território desconhecido", revelado pelo espelho, na imagem do corpo enfraquecido, anunciando a degradação da vida. Roberto se reconhece sem futuro e se revolta diante do fim precocemente determinado pela enfermidade. Em sua fala encontramos reflexos da alma contemporânea, mortes interiorizadas por todos nós sem muita reflexão sobre a negação da própria finitude, vida sem sentido de alma...

Conhecemos a alma "jovem, muito jovem" imaginada por Roberto; compreendemos como a fantasia pode ampliar a

PREFÁCIO

compreensão do sentido de alma. Na narrativa apresentada, a alma está encolhida, prisioneira do medo, alienada de sentimentos e intensidades afetivas; distanciada das metafóricas capazes ajudar a domesticar a *morte selvagem*. O pedido de ajuda de Roberto a Marisa expõe a angústia mais profunda, assinalando a proximidade do fim. Descobrimos a possibilidade de ouvir a voz de quem assume a vida na fase de partida.

A demanda por apoio psicológico traz a necessidade de um gradual desligamento do mundo; pede o cuidado capaz de garantir a possibilidade de morrer sem dor, traduzindo o temor de uma sociedade à mercê do desenvolvimento tecnológico, mas sem garantias do cuidado humano. Como pesquisadora, Marisa se entrega à escuta do parceiro, sem contar o tempo despendido; cônscia das dimensões de um relacionamento muito mais valioso que a coleta de dados para uma pesquisa. Seu procedimento nos apresenta um ser humano capaz de acolher e cuidar de temores, aflições e elaborações sobre a proximidade da morte.

O trabalho de análise segue a proposta da Psicologia Arquetípica de Hillman, desenvolvendo *cartografias da psique com sentido de alma*. Junto com Roberto, a autora procura lidar com o estranhamento e o terror frente à morte, dando voz à questão do sentido e a sentimentos desvalorizados socialmente. Suas análises recuperam o coração das experiências, espelhando um processo de individuação na perspectiva da alma. A autora nos presenteia com a compreensão e elaboração desse relato, aprofundando a discussão a respeito da morte com apoio de autores importantes para construir um *novo olhar* e uma *nova escuta*, ao que eu chamaria de *direito de viver a própria morte, em tempos de distanásia*; ou seja, direito de pensar, de falar e de viver o morrer, não obstante a ênfase em intervenções terapêuticas não sustentáveis, cujo efeito é estender a agonia do morrer.

Na discussão final, o leitor encontra um recorte da mitologia de Tânatos, ampliando a compreensão do "jogo ecológico da imaginação",

IX

inerente aos processos de ecologia mental. As reflexões psicológicas visam à demonstração do poder imaginal da psique, universo mítico e arquetípico dedicado à reflexão capaz de polir a *morte macabra* e domesticar a *selvageria da morte*. A leitura dos capítulos finais nos insere no universo poético dos deuses da noite, do sono, das trevas e do destino, provocando nossa própria fantasia com imagens poderosas. A abordagem transporta desafios para próximos trabalhos, fazendo pensar como incluir a ecologia mental da morte na prática de profissionais das Unidades de Terapia Intensiva, por exemplo.

É uma obra de peso, de valor, daquelas que se vêem raramente. Trará para o leitor profissional de saúde, e de outras áreas mais expostas ao problema da morte, subsídios para compreender a trajetória de pessoas gravemente enfermas, considerando o enfrentamento da morte, sem ignorar ou atenuar degradações mentais e sociais derivadas de preconceitos, transformados em "princípios" comportamentais, como *não falar da morte, principalmente com quem vive sua última doença*. Falando da morte, a autora espelha a riqueza da vida presente na doença e na fase de partida; com ela aprendemos a ouvir a palavra de um ser humano capaz de construir seu modo de *ser-para-a-morte*.

Neste prefácio procuro registrar, também, a alegria de ter sido a "orientadora" do estudo que fundamenta o livro, entendendo essa orientação como mera formalidade, exigência do programa de pós-graduação no qual um projeto ganhou corpo e, agora, com este livro, adquire maior expressão no mundo. Minha convivência com autora no momento de criação da tese original, permitindo a primeira interlocução na elaboração de sua noção de ecologia mental da morte, provoca em mim uma sensação de cumplicidade e de parceria também com o livro. Espero ver repercussões do novo referencial nas áreas afins, servindo de base e inspiração a outros estudos a respeito do novo tema. Marisa, parabéns pelo seu trabalho! Desejo, sinceramente, que outros estudos sejam gestados a partir de sua noção de *ecologia mental da morte*.

Maria Julia Kovács

AGRADECIMENTOS

In memoriam

Mario Martins Verdade: meu pai, com quem aprendi a valorizar a vida intelectual e a determinação para concretizar metas ambiciosas.

Cecília Innocenti, querida tia, amiga e confidente de toda uma vida. Pela sabedoria com que enfrentou a doença e a morte. Ela mostrou como a vida pode ser bela e digna na fase de partida.

Irene, amiga inesquecível... Com ela descobri a importância da troca simbólica da alma com a morte.

"Roberto", nome fictício do paciente de câncer que inspirou a organização desta publicação. Sua palavra é a alma deste texto. Minha gratidão e amizade permanecem.

Saudades...

Para Rodrigo e Gustavo, meus filhos.

Para Suzanna, minha mãe.

Para Nathan, meu sobrinho caçula.

AGRADECIMENTOS

Meus agradecimentos ao *CNPq — Conselho Nacional de Pesquisa*, pela bolsa de estudos que permitiu a realização da pesquisa de doutoramento, sem a qual esta publicação não seria concretizada.

Gostaria de nomear cada pessoa envolvida na publicação deste livro, registrando minha gratidão. Meu reconhecimento à professora Maria Júlia Kovács, orientadora do doutoramento e grande amiga. Sua confiança e estímulo, materializados na solicitação de apoio à publicação, junto a Fundação de Amparo à Pesquisa do Estado de São Paulo – FAPESP, viabilizaram a publicação pela Editora Casa do Psicólogo.

De modo muito especial, expresso sinceros agradecimentos à professora Heleieth Iara Bongiovani Saffioti, amiga muito querida e próxima, por todo incentivo e apoio à minha trajetória acadêmica. Sou grata, principalmente, por sua colaboração direta na organização e revisão do original deste livro. Suas sugestões e comentários enriqueceram e embelezaram o texto original. Agradeço ainda sua generosa avaliação deste estudo sobre Ecologia Mental da Morte, publicada na primeira orelha deste trabalho.

Não poderia de manifestar minha satisfação e meu agradecimento ao jovem *designer* Daniel dos Reis Alves, por sua colaboração na criação da capa deste livro.

ECOLOGIA MENTAL DA MORTE

Finalmente, gostaria de renovar meu reconhecimento a pessoas importantes na realização da minha tese de doutoramento, apresentada à Universidade de São Paulo. Participaram da Banca examinadora os professores doutores Léo Pessini, Luiz Octávio de Lima Camargo, Eda Terezinha de Oliveira Tassara e Geraldo José de Paiva, a quem agradeço a validação do estudo, o parecer favorável à publicação e as palavras generosas apresentadas na contracapa deste livro. Particularmente, deixo o registro de minha alegria pelo carinho e acolhimento da professora Eda e do professor Geraldo, com quem tenho o privilégio de continuar trabalhando como pesquisadora.

Muitas pessoas participaram da realização da pesquisa de doutorado; sou grata notadamente ao padre Napoleão dos Anjos Fernandes, pelas aulas de francês; ao jornalista Paulo H. de Paula, pela revisão do texto da tese e permanente interesse na publicação deste trabalho; aos colegas do Laboratório de Estudos sobre a Morte, (LEM – USP) e do Laboratório de Psicologia Social da Religião (LaPsiRel – USP).

O carinho e a presença de minha família, muitas vezes, foi a força necessária para seguir adiante, buscando transformar sonhos em metas. Minha gratidão a minha irmã e meu cunhado, Mônica e Armando, sempre prestativos e afetuosos.

Encerro meus agradecimentos ressaltando o apoio recebido dos colegas do CORA-SP, principalmente de coordenadores e ex-cordenadores da equipe técnica, Maria Maura e Guacira e de Vicente, sempre disponíveis para esclarecimentos e troca de experiências.

SUMÁRIO

APRESENTAÇÃO 21

Situando... 22
Interdisciplinaridade da temática da morte 23
Câncer – metáfora da negação da morte 24
Quem precisa falar da morte? 24
Cartografia da fala da alma 25
Natureza ética da Ecologia Mental da Morte 26
Experiência pessoal com o problema da morte 27
Iniciação no impacto da morte 27
Convivência com pacientes de câncer e perdas pessoais 29

PARTE I - INTRODUÇÃO 31

CAPÍTULO 1 - OLHAR INTERDISCIPLINAR PARA A QUESTÃO DA MORTE 33

A consciência humana diante da morte 33
Morrer gradualmente: a vida na fase de partida 35
Morte: mistério e impacto 35
Filosofia e conhecimento da morte 37
Não há consolo fácil e rápido diante da morte 40
Morte hoje: foco de ausência de sentido 41

ECOLOGIA MENTAL DA MORTE

Atuais movimentos de conscientização da morte 45

Psicologia da morte no Brasil 46

Morte selvagem e morte domesticada: essência da troca simbólica 48

Troca simbólica, morte e sociedade de consumo: uma visão crítica 52

Medo da morte, mentalidade religiosa e troca simbólica 55

a) Lugar da religião na cultura ocidental tradicional e contemporânea .. 57

b) Dupla dimensão do processo de secularização: fato e ideologia 59

Secularização como ideologia, individuação e negação da morte 60

c) Mentalidade religiosa e profana, individuação e troca simbólica 62

Individuação e função da morte na troca simbólica 64

CAPÍTULO 2 - QUESTÕES SOBRE ANÁLISE PSICOLÓGICA.................69

Relações entre análise psicológica e troca simbólica 69

Análise psicológica e interesse na tradição simbólica 70

Uma história de como a psique perdeu o sentido de "alma" 72

Paralelos entre extradição da alma e extradição da morte 74

Movimentos de controle da imaginação 76

A equação: psique = mente & mente = ego 77

Psicologia acadêmica e revalorização da "psique com sentido de alma" 80

CAPÍTULO 3 - REPERCUSSÕES DA NEGAÇÃO COLETIVA DA MORTE.............83

Relações entre análise psicológica e troca simbólica 83

Patologia da civilização: negação coletiva da morte, uma metáfora do câncer 84

Repercussão da negação coletiva da morte nas subjetividades 86

O porquê de a morte ser questão importante para pacientes de câncer 87

Contextos influenciados pela negação coletiva da morte 89

Distanásia: a materialidade da negação coletiva da morte 90

SUMÁRIO

CAPÍTULO 4 - QUEM SOFRE COM A NEGAÇÃO COLETIVA DA MORTE ? 93

Pacientes de câncer e sua busca de apoio psicológico 93

Sobre o perfil psicológico de pacientes com câncer 94

Método Simonton e falsa vontade de viver de pacientes de câncer...... 96

Estresse: assunto importante para pacientes de câncer 97

Teoria da vigilância imunológica e susceptibilidade ao câncer 98

Ação educativa e programação de apoio psicológico 99

Metas educacionais do Método Simonton 100

Apoio psicológico instituído por pacientes de câncer. 100

A organização do programa de auto-ajuda 101

Busca do possível dentro do impossível? 105

É possível "ensinar" a sentir entusiasmo pela vida? 105

Pedido de apoio psicológico, oferta de auto-ajuda 106

CAPÍTULO 5 - O PROBLEMA: ALGUMAS INDAGAÇÕES 109

É preciso falar da morte enquanto há vida 109

Ponto de partida 110

É possível pensar a complexidade? 111

Conhecimento-sabedoria para superar a muda antipatia pela morte 113

Sobre percurso interdisciplinar: cuidados e vantagens 114

A natureza teórica do estudo 114

PARTE II - REFERENCIAL TEÓRICO FALA DA ALMA E ARTE DE HABITAR 115

CAPÍTULO I - PARADIGMA ECOLÓGICO E A QUESTÃO DA MORTE 131

Consciência de ser-para-a-morte, contingência da vida na Terra 117

Autores-chave 119

Pontos comuns entre Guattari e Hillman 121

ECOLOGIA MENTAL DA MORTE

Pensamento "psi" e apreensão de mutações das subjetividades 122

Paradigmas ecológicos e produção de conhecimento científico 123

Ecologia: brevíssimo histórico 125

O lugar da morte na consciência ecológica 126

Sobre desenvolvimento da consciência ecológica 127

Consciência ecológica *versus* sociedade não-ecológica e negação da morte 128

Consciência ecológica e psicologia da morte: haverá relação entre elas? 130

O que é sociedade ecológica e sociedade não-ecológica? 130

Integrando a questão da subjetividade no campo da ecologia 132

CAPÍTULO 2 - ECOLOGIA MENTAL E A QUESTÃO DA SUBJETIVIDADE 135

A arte de transformar o ambiente em um "bem doméstico" 135

Ecosofia: ética do ideal X ética do real 136

Individuação e micropolítica dos desejos 137

Subjetividade no paradigma da ecologia mental 138

A idéia de ecossistema no paradigma de ecologia mental 139

Definição de subjetividade proposta por Guattari 141

Entendendo a definição de subjetividade, de Guattari 142

"Alteridade, ela mesma, subjetiva" e a singularização da subjetividade 143

Pulsão de morte: a necessidade de assumir processos psíquicos estranhos 144

Ecologia mental: sua questão nuclear e algumas propostas de resposta 146

Micropolítica dos desejos: a força da subjetivação singularizada 146

CAPÍTULO 3 - PSICOLOGIA DA ALMA E MUNDO IMAGINAL 149

Psicologia Arquetípica: uma "revolução molecular" do pensamento "psi" 149

SUMÁRIO

Movimento revisional, vinculado a processos de ecologia mental 150

Psicologia Arquetípica: um compromisso com o pensamento
de Jung 152

Uma revisão fundamental: a concepção junguiana de arquétipo 153

Noção de *mundo imaginalis* ou "mundo imaginal" 155

Função da imaginação: criação de sentido e de significados 156

Concepção de padrões arquetípicos 157

Realidade psíquica é constituída de imagens 158

Hércules: padrão arquetípico ativo na imaginação cultural da
atualidade 158

Imagem e símbolo na Psicologia Arquetípica 160

Símbolo 161

Simbolismo e simbolização na abordagem arquetípica 162

Relações entre Psicologia Arquetípica e ecologia mental 163

Parâmetros estéticos, mundo imaginal e criação de realidade
psíquica 165

Psicologia Arquetípica: o cuidado com uma "psique com
sentido de alma" 166

Psique, *anima* e alma 167

A psique com sentido de alma, no paradigma da ecologia mental 169

Paradigma da ecologia mental e a noção de Alma do Mundo 170

CAPÍTULO 4 - A ALMA E O JOGO ECOLÓGICO DA IMAGINAÇÃO 173

Jogo ecológico da imaginação: trocas da alma, com o amor
e com a morte 173

Psicologia da morte e individuação da subjetividade 175

Fundamento arquetípico da experiência psicológica e o tema
da morte 176

A intimidade da alma com a morte e a criação da consciência
psíquica 178

Troca simbólica com a morte: jogo imaginário que domestica
a morte 179

Ecologia mental e psicologia arquetípica, na psicologia da morte 182

ECOLOGIA MENTAL DA MORTE

PARTE III - NARRATIVA O PROBLEMA NA CARNE 185

CAPÍTULO 1 - UM PROBLEMA DE ECOLOGIA MENTAL 187

Materialidade de uma preocupação da Ecologia Mental 187

Necessidade de falar da morte: ruptura com a negação coletiva 188

Perfil do narrador 189

Cuidados éticos diante da morte do outro 190

Ética: uma noção de responsabilidade e de culpa sem erro 191

CAPÍTULO 2 - A NECESSIDADE DE FALAR DA MORTE 193

Romper com a negação coletiva da morte 193

As dores da vida: resumo da primeira entrevista 194

Uma infância dolorosa, extremamente difícil 194

Vida adulta: maturidade aparente, insatisfação permanentemente 196

Novamente, a necessidade de falar da morte com a mãe 197

O caroço no pescoço: resumo da segunda entrevista 200

Terceiro encontro: um pedido de apoio, uma entrevista de ajuda 205

Histórico da terceira entrevista 206

A organização da narrativa 208

CAPÍTULO 3 - PROBLEMA NA CARNE .. 209

Consciência da morte 209

Falando sobre insônia, tumor do pescoço e o tempo da morte 210

Falando de coisas de adolescente, auto-ilusão 211

Preocupação com o estresse e necessidade de se sentir útil 214

Falando sobre perdas 216

Um momento delicado: trabalhar dificuldades da comunicação 217

A linguagem do corpo 217

Falando sobre vazio interior 220

SUMÁRIO

Falando sobre... Voz da consciência e superego, Deus e barganha ... 226

Sobre o cansaço da alma, o cansaço do corpo, o vazio interior 230

Falando sobre dificuldades de relacionamento 232

Falando sobre complexo de inferioridade e "coisas de adolescente" 235

Falando sobre a vida espiritual: fé ou barganha com Deus? 237

Falando sobre culpa, arrependimento e sentimento de fracasso 241

Falando sobre o contato com a vida interior 244

Falando sobre sentimento de fracasso e questionamentos religiosos ... 247

A última vez 250

PARTE IV – ANÁLISE E COMPREENSÃO CARTOGRAFIAS DE UMA PSIQUE COM SENTIDO DE ALMA 263

CAPÍTULO 1 – REFERENCIAL DE ANÁLISE 265

Da necessidade de falar da morte aos temas que falam da morte 265

Como trabalhar depoimentos a respeito da própria morte? 266

A constituição de alguns critérios de análise, considerações preliminares 267

Valor metafórico do discurso, concepção de metáfora adotada 269

Metodologia da análise 270

Composição de temas 271

CAPÍTULO 2 – RESGATAR A FALA DA ALMA 307

Referenciais de leitura 273

Dimensões metafóricas da subjetivação da morte e do morrer 274

Análise de processos de ecologia mental: dificuldades, ponto de partida 275

O jogo ecológico da imaginação 277

Temas: categorias da análise 277

Identificação dos temas 279

Primeiro movimento: reflexão em espiral, para dentro e para baixo 280

17

CAPÍTULO 3 - PERDAS 283

Tudo é perda 283
Vida sem qualidade de vida 283
Importância da função sentimento 285
Futuro muito curto, dificuldades de conexão com a vida 287
Perder o fio da meada... 288
Angústia labiríntica: a profundidade angustiada 289
Corpo doente, mediador rejeitado 290

CAPÍTULO 4 - COISAS DE ADOLESCENTE: *PUER AETERNUS* 293

Tema: "Coisas de adolescente" 293
O poder de autofascinação do espelho 294
Puer Aeternus 297

CAPÍTULO 5 - TRISTEZA, SOLIDÃO, VAZIO INTERIOR 301

Tema: Só sinto tristeza, solidão e vazio 301
O consumidor e o chamado da alma 303
A morte como abismo 304
Ser entre a vida e a morte 305
Indagação religiosa diante da morte 306

CAPÍTULO 6 - BARGANHA COM DEUS ... 309

Tema: Deus, barganha ou fé? 309
Um susto para despertar do tédio 310
Equação: caminho certo = cura; caminho errado = piora, metástase 311
Desenvolvimento da espiritualidade: uma experiência incrível 312
De qual prejuízo ele fala? Que dano sofreu? 313
Barganha com Deus. Por que não? 314
A queda no abismo: o ser afunda na culpabilidade 318
Herói também fica doente e barganha com Deus 319

SUMÁRIO

Queda no abismo: o Diabo, questão religiosa do desespero devastador 321

Apoio psicológico na fronteira da orientação espiritual 323

CAPÍTULO 7 - COMO DOMESTICAR A MORTE SELVAGEM? 325

Ecologia mental, conscientização e aceitação da morte 325

O insuportável da experiência da morte 326

Confusão: imagem do labirinto, angústias labirínticas 326

Corpo doente e estranho, a angústia do estrangeiro 327

Metáfora do abismo: angústia da queda e culpabilidade do ser 327

O silêncio de Deus na falência da vida 329

O "estranho em nós" e a metáfora do selvagem 330

Vazio e abismo: metáforas da alma e da morte 331

Desespero e a indagação religiosa diante da morte 333

Desespero, alma e a função sentimento 335

Sobre a troca simbólica 338

Mistério, experiência religiosa e psicologia da aceitação da morte 340

Valor da morte e valor da pessoa à morte 342

CAPÍTULO 8 - UMA NOÇÃO DE ECOLOGIA MENTAL DA MORTE 345

Referenciais 345

Novo olhar, nova escuta para uma ecologia do imaginário 345

Mito: território existencial do ser 346

O olhar, a imagem e a morte 347

Um critério fundamental na concepção de ecologia mental da morte 348

Tânatos: "universo de referência" da imagem e narrativa da morte 349

Tânatos e a mitologia da morte 350

Valor simbólico de Tânatos 351

A família de Tânatos: a mãe, Nix (Noite) e o gêmeo, Hipno (Sono) 352

Moira e Queres 354

19

ECOLOGIA MENTAL DA MORTE

Uma descrição mítica do terror da morte 356

Psique e Hades — deus dos mortos 358

Sísifo, um mortal que enganou os deuses e a morte 359

Titonos: a tolice do desejo extremo de longevidade 363

Dioniso: o deus que une a vida e a morte... 364

Puer, heroísmo espiritual e morte 367

CAPÍTULO 9 - UMA NOÇÃO DE ECOLOGIA MENTAL DA MORTE.............369

Natureza ético-estética da ecologia mental da morte 369

Corpo: mediador das imagens, da vida e da morte 371

Aplicações práticas? 375

A Morte Madrinha 376

REFERÊNCIAS BIBLIOGRÁFICAS 381

APRESENTAÇÃO

Ecologia Mental da Morte? Que novidade é essa? Nome moderno para problema antigo como a morte? Troca simbólica da alma com a morte? Que tipo de troca se faz com a morte? Procuro adivinhar a reação do público diante do título deste trabalho. Talvez desperte curiosidade, certo estranhamento...

Já me disseram que ecologia mental é matéria difícil e complicada; há quem julgue a idéia pretensiosa; um amigo considerou a abordagem oportuna e interessante, porém, muito sofisticada; às vezes, alguns confundem ecologia mental com saúde mental. Psicólogos, sociólogos, teólogos, jornalistas, que leram o original deste estudo, declararam-se profundamente envolvidos com seu conteúdo.

O envolvimento explica-se: afetos profundos são onipresentes no assunto aqui tratado, já que emoções silenciosas, às vezes nem tanto, permeiam relatos de quem recebeu um diagnóstico de câncer, sentiu esperança de cura, reconheceu o fracasso do tratamento e a própria finitude. Sobretudo esta última propriedade do ser humano – a FINITUDE – e os limites por ela impostos alimentam reflexões ético-estéticas do ser-para-a-morte.

A expressão *ecologia mental da morte* implica mobilização de conhecimentos sobre a morte e de recursos cognitivo-emocionais para a aceitação da vida, muitas vezes degradada, na fase próxima à partida; exige empenho na identificação de recursos subjetivos para enfrentar

ECOLOGIA MENTAL DA MORTE

o medo e a negação coletiva da morte. *Troca simbólica da alma com a morte* sinaliza o encaminhamento da análise psicológica para uma zona obscura da fronteira entre psicologia e religião, lá onde angústia e desespero remetem à questão do sentido e à indagação de transcendência diante da morte.

SITUANDO...

A idéia deste livro surgiu da minha tese de doutorado, apresentada ao Instituto de Psicologia da Universidade de São Paulo (IPUSP), sob orientação da professora associada Maria Júlia Kovács. Ao reorganizar o conteúdo para este trabalho, procurei condensar inquietações decorrentes da fragilização que confunde e angustia o paciente de câncer, seus familiares e profissionais "psi", frente à possibilidade imaginária e/ou concreta de mortes iminentes.

Em momento algum suavizo a densidade de minha temática. Morte, troca simbólica e alma são assuntos polêmicos e absorventes, cuja amplitude e profundidade remetem à questão do sentido, ferindo o problema da Cosmovisão. Temas assim não devem sofrer simplificações redutoras se, de fato, se nutre respeito por suas gravidade e complexidade.

Por isso, considerei importante reforçar o empenho na sistematização teórica, mormente na articulação entre a reflexão ético-estética da Psicologia Profunda e o universo de referências da Ecologia. Razão e emoção são valorizadas como instrumentos de conhecimento e sabedoria de vida, capazes de sustentar uma abordagem inspirada no paradigma de *As Três Ecologias*, de Felix Guattari (1990), combinada com análises da Psicologia Arquetípica, propostas por James Hillman (1992).[1]

---

[1] Psicologia arquetípica é um movimento do pensamento psicológico fundamentado no trabalho de C.G. Jung. Será cuidadosamente descrito no capítulo dedicado a esclarecer o referencial teórico deste estudo. Por enquanto, é suficiente indicar o compromisso da abordagem com o trabalho original de Jung, atualizado mediante processo de revisão e crítica do conhecimento psicológico estabelecido e convencional. Hillman e colaboradores ampliam a compreensão do fundamento arquetípico da realidade psíquica, seguindo reflexões de Jung acerca da psique com sentido de alma.

APRESENTAÇÃO

O leitor vai encontrar uma argumentação preocupada com a construção de um *novo olhar* e de uma *nova escuta* para a psicologia da morte e do morrer, intrínsecos ao desenvolvimento da noção de *ecologia mental da morte*. A concepção desta perspectiva ecológica fundamenta-se em um processo de revisão crítica da linha mestra do pensamento psicológico, pontuando a perda de um *sentido de alma* para a vida psíquica.

A abrangência do estudo é configurada pela psicologia do desenvolvimento humano. Nesta área, a terminalidade da vida é reconhecida como estágio final da evolução, representando a morte aspecto significativo nas crises de amadurecimento psicológico e espiritual. Deste ponto de observação, pergunto à psicologia da morte: *que troca simbólica é possível numa cultura desvalorizadora da vida com registro de alma e caracterizada pela negação coletiva da morte?*

Meu questionamento situa o problema da morte na imaginação; relaciona ecologia mental com dimensões arquetípicas da vida psíquica; afirma a importância da troca simbólica para um encontro face a face com a morte.

INTERDISCIPLINARIDADE DA TEMÁTICA DA MORTE

Nos subtítulos da introdução, apresento uma visão interdisciplinar do problema da morte, pontuando o "olhar enviesado" da psicóloga interessada na articulação de um diálogo entre Psicologia Profunda e Ecologia. Discuto consciência humana diante da morte, atuais movimentos de conscientização da morte e metáforas da *morte selvagem* e da *morte domesticada,* ressaltadas como aspectos da troca simbólica.

Organizo um levantamento teórico-crítico dos efeitos da sociedade de consumo nas mentalidades, delineando problemas psicossociais derivados de atitudes de negação da morte. Considero inter-relações entre medo da morte, mentalidade religiosa e troca simbólica, uma forma de introduzir reflexões sobre uma psique *com*

ECOLOGIA MENTAL DA MORTE

sentido de alma. O processo revisor permite construir um histórico de como a psicologia se afastou da realidade psíquica da *alma,* indicando paralelos entre formulação da linguagem científica "psi" (psiquiatria e psicologia) e a historiografia da morte no Ocidente, especialmente no âmbito da negação da morte.

CÂNCER – METÁFORA DA NEGAÇÃO DA MORTE

Trabalho aspectos psicossociais da negação da morte, adotando uma perspectiva metafórica associada ao câncer. Esta associação *câncer-negação da morte* suscita indagações sobre recursos das subjetividades contemporâneas para um confronto consciente com o medo de morrer e com a morte em si. De modo especial, preocupa-me a situação enfrentada por pacientes de câncer; seu contato freqüente com contextos socioculturais comprometidos com a negação coletiva da morte; simultaneamente, seu convívio com idéias e fantasias acerca da própria morte e do morrer. Tal contexto social e subjetivo é atributo de muitas enfermidades oncológicas, predicado da doença grave e, potencialmente, fatal.

A associação *câncer-negação da morte* é avaliada em um estudo de caso, desenvolvido com a população do Centro Oncológico de Recuperação e Apoio, o CORA-SP, organização não-governamental sediada na cidade de São Paulo. Esta instituição introduziu no Brasil, adaptando-a às condições nacionais, a metodologia de auto-ajuda desenvolvida por Magdalen Creighton, mediante convênio com o *Cancer Support and Education Center,* (Menlo Park, Califórnia, EUA). No Brasil, a programação, baseada no método Simonton, foi denominada Programa Avançado de Auto-Ajuda, ou PAAA, como é chamada pela equipe técnica do CORA.

QUEM PRECISA FALAR DA MORTE?

O problema da ecologia mental da morte adquire materialidade no acompanhamento longitudinal de um paciente de câncer, integrante

APRESENTAÇÃO

da equipe técnica do CORA-SP. Ele conhecia a gravidade da sua doença e sabia do prognóstico reservado para casos de câncer de pâncreas e fígado.[2]

Foi convidado a participar da pesquisa por haver declarado sentir necessidade de falar da morte. Sua narrativa revela vivências e reflexões sobre a morte, abarcando uma fase inicial, de bem-estar e esperança de cura, com quimioterapia de pouco efeito colateral, tornando-se, posteriormente, relato do fracasso do tratamento e da sensação de proximidade da morte. Minha parceria com sua esposa, profissional da saúde pública e principal cuidadora, favoreceu meu acompanhamento do enfermo até seus últimos dias de vida, quando ele entrou em profunda depressão, seguida de uma crise de desespero, provocada por questões religiosas.

Minha discussão a respeito do apoio psicológico a pacientes de câncer é fruto da convivência com colegas "psi" da equipe técnica do CORA-SP. No estudo original, apresento entrevistas com coordenadores dos grupos de auto-ajuda, não integradas neste livro, em vista do volume do material. O diálogo estabelecido durante cada entrevista contemplou a complexidade dos processos de conscientização e aceitação da morte, ajudando a elaborar critérios significativos para o desenvolvimento da noção de *ecologia mental da morte*.

CARTOGRAFIA DA FALA DA ALMA

De modo geral, minhas análises buscam a profundidade das experiências na linguagem metafórica do narrador. Algumas metáforas emergem no discurso associadas a estados de ânimo e a fantasias sobre a doença, a vida, o amor e a morte. Ao circunscrever metáforas mais utilizadas, encontro a perspectiva imaginativa de certas vivências de difícil expressão, emaranhadas no reconhecimento do insucesso do tratamento, seguido de fantasias de antecipação da morte.

---

[2] Prognóstico reservado – expressão utilizada quando estudos estatísticos indicam baixa probabilidade de cura e pouco tempo de sobrevida.

O estudo das imagens revela figuras da mitologia de Tânatos, paradigma ético-estético ou universo de referenciais das relações humanas com a morte e o morrer. A família mítica de Tânatos orienta a discriminação de intensidades afetivas alienadas do tom de voz do narrador e de sua expressão facial.

Natureza ética da Ecologia Mental da Morte

A investigação da família mítica de Tânatos amplia a possibilidade de compreensão das vivências narradas. Hipno (Sono), irmão gêmeo de Tânatos, a deusa Nix (Noite), Moira e Queres também estão presentes na fala do narrador. Expressam o terror da morte, associando-se a estados sombrios do doente nas longas noites de insônia e de aflição.

Tânatos, Psique e Hades, deus dos mortos, revelam a mito-poética da troca simbólica com a morte, agenciada por uma psique com *sentido de alma*. Outras figuras míticas como Sísifo, o mortal que engana Tânatos, e Titonos, personagem da mitologia grega, cuja função consiste em expressar o desejo extremo de longevidade, estimulam reflexões sobre a negação da morte.

Dioniso é integrado no estudo na qualidade de um deus mediador, unindo vida e morte. Finalmente, o *Puer Aeternus,* imagem da eterna juventude, favorece a ampliação e o aprofundamento do heroísmo espiritual face à morte, estado afetivo-emocional subjacente ao relato do paciente-narrador. Para encerrar, provisoriamente, o trabalho, discuto a natureza ética da ecologia mental da morte e suas aplicações práticas. Termino com o conto *A Morte Madrinha*, forma de ilustrar a aplicabilidade da referida noção de *ecologia mental da morte.*

APRESENTAÇÃO

EXPERIÊNCIA PESSOAL COM O PROBLEMA DA MORTE

Iniciação no impacto da morte

Trago na memória uma imagem antiga e ainda muito viva de minha iniciação na vivência do impacto da morte. Aconteceu no começo do ano de 1990. Minha melhor amiga lutava contra um câncer de mama, havia cerca de quatro anos. Metástases se multiplicavam, atingindo coluna, rins e fígado. Ela era psicóloga especializada no acompanhamento de pacientes de câncer, como eu.

Nossa amizade superou meu medo da morte e sustentou longas conversas sobre esperanças e temores acerca da doença e do morrer. A profissão comum a ambas estimulava análises da situação vivida. No fundo, tratava-se de tentativas de fortalecer e organizar defesas contra angústias e medos derivadas da fragilidade da vida. Enquanto ela lutava contra o câncer, eu pressentia sua morte e antecipava meu luto pela perda de amiga tão querida. Quando ela chorava a fragilidade da própria vida, lamentando muitas perdas decorrentes da doença e da degradação do corpo, eu me esforçava para acolher e suportar sua necessidade de falar da morte.

Nem sempre dei conta de tal façanha. Muitas vezes, ela percebeu o quanto eu sofria com a dor por ela expressa, e, solidária, esquecia de si para me consolar. Não sei quantas vezes, simplesmente, choramos juntas, sem palavras, apenas compartilhando um silêncio que tanto falava de nossa finitude, de nossa pequenez, enfim, de nossa mortalidade.

Assuntos e interesses comuns eram tantos que, depois do choro, sempre vinha o abraço da cumplicidade. O olhar franco e direto, o riso aberto ou um sorriso terno faziam o resgate da prosa envolvida com a vida. Com o avanço da doença, ela passou a se hospedar em minha casa, após suas sessões de quimioterapia.

Numa dessas visitas, pouco tempo antes de falecer, ela me chamou para uma conversa séria. Queria me "ensinar" alguma coisa sobre a morte. Neste exato momento, lembro-me de seu olhar, de sua voz e de algumas de suas frases... Aquele momento ainda parece tão próximo, tão bem guardado na minha mente!

Com muita ênfase, olhando bem dentro de meus olhos, ela falou mais ou menos assim: — *Olha, minha amiga, aprende uma coisa importante com quem está vivendo a morte. Descobri que não existe psicologia capaz de dar conta desta morte que estou vivendo! E eu posso falar da morte com autoridade! Porque, nestes últimos anos, tenho vivido a morte concreta, dia a dia. Acredita! Só entende da morte quem vive sob o risco da morte física.*

Continuou: — *A morte concreta é tão diferente da morte simbólica! A morte concreta é muito presente, é muito dura, machuca demais a consciência, está sempre com a gente. Dá pra pegar nessa morte, dá pra sentir como ela está próxima. Para mim, só essa morte é real, é a única morte que conta, porque é a morte mesmo, faz morrer de verdade. Você só conhece a morte simbólica, e eu sei como ela dói. Mas, conviver com esse tipo de morte é fichinha.*

Após breve silêncio, disse: — *Amiga, eu tenho um câncer devorando meu corpo! Posso sentir a doença aumentando no meu fígado. Eu sinto a morte ganhando espaço dentro de mim... E quero fugir dessa morte, eu não quero morrer, eu quero viver mais!* — Silêncio, outra vez, ela se calou por alguns instantes, recolhida em si mesma.

Em seguida, voltou a falar: — *Mesmo naquelas horas em que reclamo de tanto sofrimento, quando chorando me pergunto: viver para quê...? Até aí, acho que estou querendo mais vida... Mas eu também sei que minha doença não tem mais jeito. Sinto a piora, posso sentir o câncer crescendo no fígado. Isso, essa doença, o câncer está me devorando por dentro!*

Lembro de uma lágrima teimosa, escapando dos olhos vermelhos, rolando pela face. Logo, outras lágrimas seguiram-se à primeira, molhando o rosto amigo. Eu ouvia, sem vontade de falar, respirava com ela aquele momento forte.

APRESENTAÇÃO

Ela enxugou o rosto com força, com raiva. Respirou fundo e, olhando fixamente para mim, concluiu: — *Só te digo uma coisa, amiga: eu sei que vou morrer e vai ser logo. Mas vou brigar com essa morte, até o fim. Sou uma guerreira, não vou ficar esperando a morte chegar. Esse é meu jeito de morrer. Morro, mas morro lutando.*

Jamais esqueci essas palavras, o tom determinado em que foram pronunciadas. Havia coragem e tristeza em seu semblante. Minha amiga partiu pouco tempo depois, deixando saudades no meu coração e idéias a fermentar em minha mente.

A decisão de brigar com aquela morte, mesmo sabendo que não teria chances de vencer a batalha, parece ter antecipado seu fim. No mesmo dia do enterro, ouvi seu oncologista comentando com um amigo comum: — *Fiquei surpreso com a morte de nossa amiga. Ela partiu antes da hora, sabia? Eu esperava mais tempo de sobrevida.*

Este trabalho é um tributo a essa amiga, uma homenagem a sua coragem de ser. É, também, tentativa de elaborar a dor e a impotência agenciadas por seu apelo e desejo de mais vida.

CONVIVÊNCIA COM PACIENTES DE CÂNCER E PERDAS PESSOAIS

Minha convivência com pacientes de câncer não se restringiu ao relacionamento com minha amiga, nem ao campo profissional. Entre 1990 e 1996 amigos íntimos e parentes próximos, meu pai dentre eles, receberam diagnóstico de câncer e faleceram em decorrência da evolução desta doença. Acompanhei-os em sessões de quimioterapia, consultas médicas, exames de controle e nas hospitalizações. Essas pessoas dividiram comigo o que imaginavam, sentiam e pensavam enquanto vivenciavam o confronto com sua última doença, do diagnóstico até o estágio terminal.

ECOLOGIA MENTAL DA MORTE

Adquiri, então, um tipo de experiência em psico-oncologia, só possível quando, despidos do papel profissional, participamos, diariamente, da realidade vivida pelo paciente e por seus familiares: o adoecer e a aceitação ou não do diagnóstico; o medo e o estresse associados ao tratamento e, principalmente, o terror da morte e sua fantasmática, assombrando o cotidiano.

Na vida particular, senti a importância da troca simbólica com a morte. A morte de muitas pessoas queridas, em curto espaço de tempo, levou-me a refletir sobre o processo de aceitação da morte. O luto prolongado mostrou a importância e a necessidade de se pensarem sentimentos, imagens e idéias de morte.

Sentir necessidade de falar da morte é coisa complicada, além de ser uma experiência muito solitária. É muito difícil encontrar parceiros dispostos a encarar o desafio subjetivo da troca simbólica, o que significa ultrapassar o terror provocado pelo impacto da morte, assumindo emoções violentas, crises de angústia e de impotência, sem negar o próprio impacto.

A convivência com este tema me leva a afirmar: há incontáveis estranhamentos, impedindo o franco e direto confronto das subjetividades com a morte, é bem difícil encontrar pessoas dispostas a apoiar movimentos pessoais de conscientização da morte. Há vetores dissonantes quanto à valorização e à compreensão do jogo imaginativo da troca simbólica da alma com a morte.

PARTE I

INTRODUÇÃO

Minha experiência com pacientes de câncer está no centro da inter-relação de minha vida pessoal e profissional, ou seja, faz parte da minha prática como psicoterapeuta e da minha história de vida. Dentro dessa experiência de vida, como confidente e psicoterapeuta de pacientes de câncer, elaborei uma série de reflexões, articulando a questão da morte, da alma e da troca simbólica, partindo de um referencial interdisciplinar.

CAPÍTULO 1

OLHAR INTERDISCIPLINAR PARA A QUESTÃO DA MORTE

A CONSCIÊNCIA HUMANA DIANTE DA MORTE

Morte é o destino inexorável de todos os seres vivos. No entanto, só o ser humano tem consciência da própria morte. Há numerosas formas de lidar com o fato de sabermos que nossa vida e a vida das pessoas que amamos têm um fim. A forma mais antiga está relacionada com a crença em uma outra vida no Hades, no Inferno ou no Paraíso, por exemplo.

Outra maneira de enfrentar a finitude da vida é evitar idéias e fantasias da morte, afastando-as o mais possível da consciência. O tema indesejável pode ser encoberto e reprimido, aliviando a mente de angústias associadas ao conhecimento da morte. Estudiosos garantem haver uma forte tendência nesse sentido, nas sociedades contemporâneas mais avançadas, ou seja, mais industrializadas, urbanizadas e informatizadas. É possível assumir uma crença inabalável na imortalidade individual e nutrir a convicção de que "os outros morrem, eu não", conforme afirma o sociólogo Norbert Elias (1897-1990), no ensaio sobre a solidão dos moribundos (2001, p. 7).

ECOLOGIA MENTAL DA MORTE

Por fim, também é possível encarar a morte como contingência da materialidade da vida terrestre, aceitando-a como fato inevitável da existência. Nesses casos, o comportamento individual revela ajustes para incluir cuidados relativos à própria mortalidade na existência. Por exemplo, muita gente se preocupa em adquirir um lote num cemitério, faz seguro de vida para garantir a segurança da família ou elabora um testamento.

Além destes aspectos práticos, a consciência de que a duração da vida é limitada pode afetar profundamente atitudes do indivíduo em relação às outras pessoas. Não é fácil assumir, mas quem é capaz de integrar a finitude na própria existência, pode chegar a considerar que parte de sua tarefa é fazer com que o fim, hora da despedida dos seres humanos e do mundo habitado, quando chegar, deve ser tão bem cuidado como outros eventos marcantes da existência.

Essa maneira de lidar com a morte implica preocupações atuais com a qualidade de vida, avaliação das condições imprescindíveis para tornar o momento final da existência tão sereno e tranqüilo quanto possível: para quem vivencia a própria terminalidade e para quem perde um ente querido.

No entanto, preocupações dessa natureza raramente aparecem no debate mais amplo da sociedade. A questão da conscientização da morte não costuma ser feita de maneira muito clara, sendo comum causar espanto e desconforto, devido a repercussões da negação da morte nas subjetividades, intrassubjetividades, intersubjetividades.

A pergunta tende a ser cogitada por profissionais de campos, nos quais a idéia da mortalidade humana e a própria morte fazem parte do cotidiano. Nessas áreas, observa-se que o problema do conhecimento da morte apresenta dimensões psicológicas e sociais profundamente vinculadas, não se limitando a questionamentos sobre o fim efetivo da vida, sobre a certidão de óbito ou sobre o destino do cadáver.

MORRER GRADUALMENTE: A VIDA NA FASE DE PARTIDA

Muitas pessoas morrem gradualmente: o ser humano envelhece e pode adoecer gravemente. Nesses casos, a morte começa bem antes do fim e a fragilidade de pessoas nessas situações é, muitas vezes, suficiente para separar os que vivenciam a mortalidade dos que estão vivos e saudáveis. A situação é complicada!

Decadência física e depressão psicológica causam maior dependência dos outros e despertam necessidades afetivas de intimidade e apoio emocional; contudo, muita gente tem dificuldades para assumir que a espécie humana é uma comunidade de mortais e não percebe que quem vivencia a terminalidade da vida pode precisar da companhia e da ajuda de outras pessoas.

Problemas psicológicos de negação da morte andam de mãos dadas com problemas sociais específicos, relacionados a práticas e atitudes predominantes diante da morte, especialmente, nos grandes centros urbanos, onde a morte é empurrada para os bastidores da vida social.

Este tipo de problemática é visível nos contextos de apoio psicológico ao paciente de câncer e seus familiares. A questão é enfrentada por quem vivencia a própria terminalidade, pelo profissional "psi" e demais profissionais da saúde, pelo "cuidador" familiar, enfim, por toda pessoa sensibilizada frente a necessidades emocionais e afetivas de quem vive na proximidade da morte. Situações dessa natureza pedem entendimento de como, no presente, indivíduos e sociedade reagem a interpelações que uma cultura de negação da morte lhes dirige, notadamente, quando é preciso assumir conhecimento da morte.

MORTE: MISTÉRIO E IMPACTO

Muitos estudos sobre os primórdios da civilização associam as primeiras angústias metafísicas dos seres humanos ao registro de sinais indicativos de cultos aos mortos. Alguns filósofos consideram a existência de algo no ser humano, que não se crê susceptível de destruição. Também consideram a crença na imortalidade, numa vida após a morte, como reflexo do anseio humano por eternidade. Em texto de introdução à Filosofia, as autoras afirmam: — "A morte daqueles que amamos e a iminência da nossa própria morte estimula (sic) a crença a respeito da imortalidade" (ARANHA e MARTINS, 1993, p. 331).

Desde o início da civilização humana, a morte é concebida como uma fronteira, não significando apenas o fim da vida, mas o limiar de outra realidade, desconhecida e instigante, além de atemorizadora. É bastante difundida a idéia de que o recurso à fé religiosa tem a finalidade de aplacar temores diante do ininteligível. Aranha e Martins, autoras do livro de introdução à Filosofia já mencionado, afirmam (*ibid.*):

> Através dos tempos, a consciência religiosa tem oferecido um conjunto de convicções que orientam o comportamento humano diante do mistério da morte: quer seja pelos rituais de passagem dos primitivos quer seja nas religiões mais elaboradas, pelos preceitos do viver terreno para garantir melhor destino à alma. Por isso, a angústia da morte tem levado à crença na imortalidade e na aceitação do sobrenatural, do sagrado, do divino.

Apesar de freqüente, tal perspectiva sobre a origem da religião, referida ao horror do aniquilamento, é difícil de ser comprovada, além de ser redutora, quando comparada a estudos discriminadores das atitudes humanas diante da morte. Especialistas no estudo das religiões, da arqueologia da morte e da antropologia da morte questionam essa generalização, que faz do medo da morte a causa da religião.

Neste sentido, muitos trabalhos registram imensa variedade de maneiras como indivíduos e comunidades lidam com o fato da morte. Morin afirma haver uma simbiose contraditória entre a consciência da morte e a crença na imortalidade; simbiose esta constantemente

O OLHAR INTERDISCIPLINAR PARA A QUESTÃO DA MORTE

perturbada no decurso da história humana. Ora, a consciência realista desagrega o mito da imortalidade; ora, o mito da imortalidade dilui a consciência realista; o traumatismo da morte pode suprimir a alegria de viver; a fé na imortalidade pode acabar com o traumatismo, como aconteceu com os mártires cristãos, entregando-se às feras e ao heroísmo da santidade (1997, p. 37).

Bowker, estudioso da questão do sentido e das origens das religiões, afirma: — "não existe nenhum corpo de fatos que até hoje nos capacite a compreender as origens da criação estética ou das crenças e práticas religiosas" (1995, p. 30).

As abordagens interessadas na pluralidade de atitudes diante da morte são mais compatíveis com o viés ecológico desta pesquisa. Deste ângulo, o único fato universal a respeito da morte é o impacto que ela produz na vida pessoal e comunitária. Em todos os tempos e em todas as culturas, a morte tem o poder de despertar reações pessoais e culturais muito diversificadas, provavelmente, havendo milhares de combinações diferentes, porém, sempre profundamente significativas e muito expressivas.

FILOSOFIA E CONHECIMENTO DA MORTE

Morte é um enigma, que atormenta os filósofos desde a Antiguidade. A idéia de aceitar a própria mortalidade com racionalidade, ou seja, com compostura, serenidade e coragem diante de um fato inevitável, foi discutida por Platão no diálogo *Fedon*. O texto descreve os momentos finais da vida de Sócrates, antes de sua execução, quando ele fala com seus discípulos a respeito da ligação entre corpo e alma.

Sócrates está preso após ter sido julgado e condenado à morte. Na cela, estão seus amigos e a esposa; todos angustiados com a idéia de perder pessoa tão querida. Somente o filósofo permanece sereno. Dois amigos chegam a se oferecer para acompanhá-lo no suicídio, recusando ele a oferta. Sua esposa, desesperada, chora convulsivamente, a ponto de seu marido pedir-lhe para deixar a cela.

Tranqüilo, o filósofo procura acalmar os presentes, explicando por que lhe parece natural um homem, devotado à filosofia, estar alegre perante a morte. Alain de Botton sintetiza as idéias de Sócrates sobre a imortalidade da alma (1998):

> Durante a vida, corpo e alma são impelidos a permanecer unidos, porém a morte instaura uma separação: o corpo se desintegra, deixando a alma livre para subir aos céus. Mas a alma só pode realizar isso se uma pessoa praticou muita filosofia durante a vida. Eis precisamente a tarefa da filosofia: desvencilhar a alma do corpo de forma que, na hora da morte, ela esteja leve o bastante para se elevar. Não há motivo nenhum para preocupação se, como nota Sócrates, "a alma é pura quando abandona o corpo, sem carregar consigo nenhum resquício corpóreo, o que se deve ao fato de não ter mantido uma ligação voluntária com o corpo durante a vida, buscando, ao contrário, evitá-lo... Praticar filosofia corretamente é uma maneira de treinar para uma morte mais fácil".

No decorrer da história da filosofia, muitos pensadores trataram, explicitamente, da morte e do tema da imortalidade da alma. A dualidade corpo-alma, descrita por Sócrates, foi, também, desenvolvida por autores cristãos influenciados pela filosofia da Grécia Antiga. Santo Agostinho, por exemplo, procura tranqüilizar quem vive na fé cristã, estabelecendo contraste entre prazeres da vida terrestre e recompensas celestes. Segundo Botton (*ibid.*), sua abordagem de aceitação da morte estaria contida na afirmação: — "A bem-aventurança que esta vida propicia é uma completa miséria se comparada à felicidade derradeira."

Várias correntes do pensamento filosófico preconizam esta aceitação serena da morte. Seguidores do grego Epicuro (341–270 a.C.), — filósofo defensor da idéia de que era melhor evitar a dor do que buscar o prazer —, cultivavam uma disposição de espírito focada na superação das paixões terrenas e na aceitação fatalista dos eventos da existência.

O OLHAR INTERDISCIPLINAR PARA A QUESTÃO DA MORTE

Lucrécio (99-33 a.c.), por exemplo, poeta latino e epicurista famoso, citado por Botton (1998), apresenta duas razões principais para não se temer a morte. A primeira é dirigida aos bem sucedidos, — quem teve uma vida bem-sucedida não tem razão para temer seu fim; a segunda implica uma história de dificuldades, o poeta pergunta a quem tem um passado de sofrimentos: — "porque buscar adicionar mais anos à sua vida, já que não serão mais do que anos vividos em desgosto?"

Os argumentos a favor da aceitação da morte, apenas esboça-dos acima, partem do princípio de que a cessação da existência não pode ser ruim. Botton questiona escolas filosóficas comprometidas com avaliações muito simples da vida, fundamentadas no desenvolvimento de lógicas contrárias à angústia diante da morte, porque nos levam a pensar que aflições e temores diante da morte não têm razão de ser. Hoje em dia, serenidade diante da morte é atitude incomum.

O trabalho na clínica psicológica e a convivência com pessoas em confronto com a morte demonstram que, nos nossos dias, além de temer o próprio ato ou momento de morrer, a idéia de perder a vida terrena também costuma ser um tormento para o ser humano. Uma aceitação racionalizada da morte, indiferente ou omissa em relação à questão da angústia diante do fim, não reflete um fato bem corriqueiro: a humanidade não gosta de morrer.[1]

A concepção de que morrer é ruim está baseada num valor fundamental da civilização: a vida é um bem e a morte, correspondente

---

[1] A afirmação pode ser generalizada, mesmo considerando-se mortes de heróis, mártires e suicidas. A consciência da morte, segundo dados antropológicos, organiza-se de acordo com três perspectivas diante da morte, diferentes entre si, apesar de estreitamente relacionadas, a saber: 1) a morte é um fato inevitável da existência; 2) a morte é um traumatismo do qual deriva uma idéia de destruição do ser; 3) a morte evoca imagens de outras vidas. Estes aspectos do processo de conscientização da morte fazem parte das discussões sobre os processos de ecologia mental. No momento, procuro deixar claro que toda morte impõe o sacrifício da vida, portanto, mesmo quando é desejada ou quando o risco é assumido intencionalmente, ela é traumática e significa uma perda lamentável. Por isso, é possível manter a afirmação: a humanidade não gosta de morrer.

à sua perda ou privação, é um mal. É um mal porque priva a humanidade de algo desejado, de um tempo que, se não fosse a morte, a pessoa continuaria vivendo. Por isso, a morte tende a ser sentida como uma perda, e uma perda lamentável. É ilusório acreditar numa aceitação ingênua da morte; a vida é importante demais para permitir negar que seu fim traz sofrimento.

Quem trabalha em contextos de confronto com a morte, como profissionais do apoio psicológico a pacientes terminais, afirma a existência de atitudes coletivas de negação da morte, sempre acompanhadas da repressão do medo e das emoções intensas relativas ao impacto. A repressão de sentimentos de asco e horror diante da própria finitude, freqüentemente impede o contato da consciência com idéias e fantasias que falam da morte, e favorece uma espécie de aceitação apressada, ilusória e ingênua da morte.

A formulação da experiência da morte pela clínica psicológica desconfia da aceitação apressada da morte; está mais próxima da longa tradição filosófica que coloca a questão da morte como o único absoluto da vida, sua única certeza e verdade. Segundo Hillman: — "Por ser a única condição que qualquer vida tem de levar em consideração, é o único *a priori* humano" (1993, p. 73).

NÃO HÁ CONSOLO FÁCIL E RÁPIDO DIANTE DA MORTE

Uma abordagem equilibrada e realista da morte inclui valorização positiva da vida e reconhecimento do traumatismo da morte, ou seja, abrange aquela perturbação emocional associada a sentimentos de medo e de perda.

Michel de Montaigne (1533- 1592) é muito citado por estudiosos da problemática da morte. Escritor de textos sobre assuntos variados como a vida, a morte, o amor e a fragilidade, o pensador não oferece consolos fáceis e rápidos diante da morte; prefere valorizar os momentos de melancolia, vendo neles a oportunidade de meditar sobre a fragilidade da vida. O filósofo alerta, independentemente da idade e do poder que se tenha, para o fato de a morte sempre caber na vida, desde o momento do nascimento.

O perigo onipresente da morte, na vida, impõe a responsabilidade de pensarmos a respeito dela. Não no sentido de dizer que ela não é importante, e sim para que nos preparemos mentalmente para recebê-la, exatamente por ela nos ser tão terrível e estranha. Com Montaigne se aprende que é prudente considerar a necessidade de transformar a morte numa imagem familiar, a fim de afastá-la de sua estranheza, compreender seus disfarces e seu poder transformador. Segundo Botton (1998):

> Confrontados a Montaigne, Platão ou Lucrécio se parecem com aqueles tipos de amigos que, dotados de uma felicidade quase maníaca, acreditam ter sempre, independentemente da gravidade da situação, algo de otimista e de redentor a dizer, deixando-nos, por fim, deprimidos – considerando que esboçar a verdade de maneira simpática consola bem mais.

MORTE HOJE: FOCO DE AUSÊNCIA DE SENTIDO

Atualmente, uma maioria de pessoas está silenciosa, passiva e solitária diante da morte. Psiques emudecidas e consciências entorpecidas absorvem o impacto de uma morte "absurda", esvaziada de sentidos. Talvez, anestesiadas pelo avanço das ciências médicas, não possam perceber a morte habitando a materialidade da vida... Quem sabe, haja apego demais às dimensões concretas da existência, impedindo de imaginar, sonhar ou acreditar no Espírito e na sua lógica transcendente. O filósofo francês Luc Ferry afirma (1996, p. 170)[2]:

---

[2] Tradução minha. *«Jamais, sans doute, le progrès des sciences e des techniques n'avait suscité des interrogations d'une telle ampleur morale et, osons le mot, métaphysique: tout se passe comme si le sentiment du sacré, malgré la 'mort de Dieu', subsistait sans que, pour autant, la spiritualité ou la sagesse qui devraient lui correspondre nous soient données».*

ECOLOGIA MENTAL DA MORTE

Jamais, sem dúvida, o progresso das ciências e das técnicas havia suscitado interrogações de tamanha amplitude moral e, ousamos a palavra, *metafísica*: tudo se passa como se o sentido do sagrado subsistisse, malgrado a 'morte de Deus', sem que, por isto, a espiritualidade ou a sabedoria que deveria a ela corresponder nos estivessem sendo dadas.

Ferry desenvolve uma reflexão filosófica sobre o materialismo, oferece um levantamento teórico-crítico tanto do ponto de vista naturalista como do ponto de vista sócio-histórico. Aborda a problemática contemporânea da morte, quando discute a questão do sentido. O autor defende a hipótese de que a busca do sentido se recompõe lentamente no final de século XX, mediante processo duplo: de um lado mais aparente, ocorre um crescente movimento de humanização do divino, no qual o conteúdo da Revelação cristã não cessa de ser traduzido na linguagem do século; de outro lado, além de uma aparente secularização da linguagem religiosa, nasce um novo movimento de "divinização do humano", apoiado não numa tradição de sabedoria revelada, mas num amor humano transformado no bem mais precioso, materializado em relações sociais sustentadas pelo sentimento e por afinidades eletivas.

Ferry emprega a expressão "O homem-Deus" para discutir a possibilidade de um processo contemporâneo de sacralização da própria humanidade. Na sua perspectiva, o amor humano tende a substituir as transcendências verticais do passado (Deus, Pátria, Revolução), artifício que poderia corresponder a uma maneira laica de desenvolver sabedoria e espiritualidade. É no luto pela perda de um ente querido, diz Ferry, que hoje em dia ocorre o confronto com a questão do sentido ou a percepção de "seu eclipse no mundo laicizado" (*ibid.*, p. 12).

O italiano Gianni Vattimo, outro filósofo contemporâneo, como Ferry também muito citado nos meios de comunicação de massa, procura uma resposta ética e epistemológica para dar conta de questionamentos atuais, que abalam os fundamentos absolutos, postulados pela metafísica clássica. Em entrevista concedida aos jornalistas Manuel da Costa Pinto e Maria Andréa Muncini, publicada no jornal *Folha de S. Paulo*, Vattimo se apresenta como pessoa religiosa e, paradoxalmente, argumenta que o maior problema contemporâneo "é que não somos suficientemente niilistas" (PINTO; MUNCINI, 2002).

Esta aparente contradição está no cerne de sua teoria sobre o "pensamento fraco", um sistema de pensamento construído pelo filósofo para entender fanatismos e fundamentalismos da atualidade. Segundo Vattimo, o niilismo é necessário para combater a violência com que o fundamentalismo tenta recuperar ou preservar "o valor dos valores supremos". Na entrevista publicada, ele explica (*idem*):

> Ora, como imaginar que alguém que não crê nos valores saia aí e vire um *kamikaze*, um homem-bomba, um homicida? A ameaça não são os niilistas, mas os não-niilistas. Digo sempre que nós não somos suficientemente niilistas. Esse é nosso problema, no sentido de que todos os terrorismos que conhecemos são de tipo fundamentalista, praticados por pessoas que crêem intensamente naquilo em que crêem, a ponto de se matarem para impor sua crença aos outros.

Os dois filósofos, Vattimo e Ferry, são mencionados neste estudo, porque discutem questões contemporâneas imbricadas na problemática da morte. Ambos pensam a vida humana, considerando a vocação dos seres humanos para assumir plena responsabilidade por si próprios. Cada um à sua maneira, e dentro do contexto organizado pelo conjunto das preocupações próprias ao seu esquema de pensamento, afirma que, hoje em dia, não se pode deixar de considerar uma distância, às vezes gigantesca, existente entre a doutrina religiosa e fiéis com uma vida cada vez mais laica. Ambos argumentam contra a aceitação de estruturas dogmáticas definidoras de valores absolutos, uma vez que consideram importante observar e analisar o contexto da globalização, isto é, uma realidade de um mundo multicultural de religiões e opiniões diversas, no qual solidariedade e respeito pelo outro são cada vez mais necessários.

Tanto o filósofo francês, Ferry, assumidamente materialista, como o filósofo italiano, Vattimo, autodeclarado religioso, argumentam que os indivíduos de hoje tendem a questionar a verdade dos absolutos, dos princípios, dos dogmas religiosos e do autoritarismo eclesiástico. No pensamento dos dois, encontramos a tese de esperar do amor humano a criação de uma situação sociocultural mais aceitável; seja esse amor baseado numa fé que leva a assumir e a pôr em prática o cristianismo e suas categorias ético-religiosas da "caridade" e da "solidariedade" (Vattimo), seja esse amor definido numa derivação laica da mensagem cristã contida nos Evangelhos (Ferry).

A reflexão dos dois filósofos ajuda a configurar a complexidade da problemática da morte, sinalizando questionamentos inevitavelmente enlaçados na interrogação religiosa, tantas vezes compartilhada nas situações de limite e de perda. Nossa discussão sobre a morte e o morrer pretende dar guarida a dois movimentos simultâneos, o de aceitação da morte e o de valorização da vida. Assim, tentamos ampliar possibilidades da reflexão para além das lógicas simplificadoras subjacentes a determinados movimentos de aceitação da morte, anteriormente mencionados.

A complexidade da questão da morte é, provavelmente, elemento fundamental da reflexão ético-estética da busca de sentido, estimulada pelo conhecimento da morte. Acolher a necessidade de pensar na morte e dela falar é indispensável na nossa cultura maníaca, alienada da gravidade da própria situação psico-sócio-ambiental.

Só uma cultura permeada pela negação da morte promove o otimismo cego ao colocar em nossa boca palavras de consolo ensinadas nos manuais de auto-ajuda e práticas de "redentorismo amador", — aquelas que, na tentativa de eliminar dores e sofrimentos, sem se aprofundar no que eles têm de mais verdadeiro e legítimo, acabam deixando mais deprimido e solitário o sofredor.

O OLHAR INTERDISCIPLINAR PARA A QUESTÃO DA MORTE

ATUAIS MOVIMENTOS DE CONSCIENTIZAÇÃO DA MORTE

Psicologia da Morte é um ramo da Tanatologia. Até meados do século XX, a área era restrita a poucos estudiosos. Na década de 1960, a psiquiatra Elisabeth Kübler-Ross revolucionou o campo, com seu Seminário sobre a morte e o morrer, organizado a partir de uma compreensão interdisciplinar da morte e de uma ação clínica interessada na vida emocional, cognitiva, afetiva e social, que continua a existir, obviamente com diferentes conteúdos, nos pacientes de doenças fatais, durante toda a fase de terminalidade (1969).

A médica, suíça de nascimento, mas atuando nos Estados Unidos como professora universitária, criou o seminário para ser ministrado no curso de psiquiatria. Na primeira parte da aula, ela abordava rituais, crenças e costumes relacionados com a morte, de diferentes povos e culturas; na segunda, tratava de aspectos clínicos do problema da morte, realizando entrevista com um paciente em estágio terminal, consciente da própria terminalidade.

A palavra de pessoas em confronto com a morte causou grande impacto nos alunos; a escuta produziu efeitos muito positivos nos pacientes. Os alunos da psiquiatra, que, ao longo dos anos, vieram de diferentes áreas além da medicina, como enfermagem, sociologia, filosofia, teologia e psicologia, nunca deixaram de testemunhar a importância dos Seminários sobre a morte nas suas vidas pessoal e profissional. Os pacientes solicitados a colaborar em suas pesquisas, ao longo dos anos, foram muitos e de faixas etárias diferentes, quase sempre "ficavam gratos por ser 'úteis', por sentir que alguém precisava deles e não o inverso" (KÜBLER-ROSS, 1975, p. 21).

Seminários sobre a morte e o morrer e sua artífice ficaram famosos, dentro e fora dos Estados Unidos. Segundo Kübler-Ross, isto foi decorrência de uma matéria publicada pela revista *Life*. A revista acompanhou a história de Susan, jovem paciente com leucemia aguda, participante de um dos seminários. Os depoimentos de Susan

45

sobre sua vida, sua morte e seu morrer comoveram pessoas no mundo inteiro, despertando o interesse coletivo pela psicologia da morte (*ibid.,* p. 15-25).

O trabalho de Kübler-Ross é avaliado como ponto de partida do movimento de conscientização e aceitação da morte, nos Estados Unidos. Lá, o interesse na questão da morte e do morrer cresceu muito nos anos de 1970; levou à criação de clínicas especializadas no atendimento de pessoas na proximidade da morte, envolvendo acompanhamento de familiares e formação de equipes multidisciplinares. John Naisbitt, estudioso das grandes transformações ocorridas no final do século XX, na sociedade americana, afirma: "A popularidade dos livros de Elizabeth Kübler-Ross e de outros autores dedicados ao estudo da psicologia da morte acabou criando um contexto, no qual a morte deixa de ser tema tabu e chega a ser matéria em escolas" (1983, p. 138).

Psicologia da morte no Brasil

No Brasil, a psicologia da morte também ganhou força a partir da década de 1970, quando mais estudiosos começam a se interessar em "fornecer soluções e buscar explicações para os fenômenos relacionados à morte, não somente através da atuação clínica mas também através de pesquisas sistemáticas que possam vir a preencher a lacuna teórica e empírica nessa área" (TORRES et.al.,1991, p. 131).

A pioneira no Brasil foi Wilma da Costa Torres, pesquisadora consagrada como organizadora do campo da tanatologia brasileira. Segundo levantamento histórico de Kovács (2003, p. 162-164), as contribuições envolvem criação dos primeiros arquivos de dados, seminários e publicações sobre Psicologia e Morte, além da fundação e da coordenação de centros de pesquisa, como o "Núcleo de Estudos e Pesquisas em Tanatologia", sediado na Universidade Federal do Rio de Janeiro (UFRJ), seu trabalho mais recente. Torres é referência na área, principalmente na temática envolvendo a compreensão da

O OLHAR INTERDISCIPLINAR PARA A QUESTÃO DA MORTE

criança na situação de luto, adoecimento e aproximação da morte (TORRES, 1999).

Nos estudos sobre psicologia do luto, a pioneira no Brasil é Maria Helena Pereira Franco, docente da Pontifícia Universidade Católica de São Paulo (PUC/SP), criadora do Laboratório de Estudos sobre o Luto. Fundado em 1996, o laboratório funciona como centro de pesquisas e de aperfeiçoamento profissional especializado na questão das perdas e do luto. Franco também coordena serviços de profilaxia oferecidos ao público por integrantes do Laboratório. O atendimento envolve processos de adoção, psicoterapia individual e familiar para crianças, adolescentes e adultos enlutados, distúrbios psicossomáticos decorrentes do luto.

De modo geral, pesquisas brasileiras sobre psicologia da morte surgiram nas áreas da Psicologia do Desenvolvimento, da Psicologia Social Clínica e da Psicologia Social Institucional, com repercussões variadas na prática clínica. Inicialmente, os temas mais investigados eram: suicídio e outros comportamentos autodestrutivos; atitudes diante da morte em vista do desenvolvimento cognitivo e emocional; paciente terminal e processos de luto, de perda e de tristeza diante da morte (KOVÁCS, 1991, p. 83).

A área da Psicologia do Desenvolvimento abriga muitos trabalhos sobre aspectos psíquicos referidos à morte, contemplando também uma dimensão educacional da tanatologia. Maria Júlia Kovács, da Universidade de São Paulo, é iniciadora e principal representante desta linha de estudos no Brasil. Investiga aspectos educacionais da problemática da morte desde o início de sua carreira, focalizando a formação de profissionais da saúde e, mais especificamente, a formação do psicólogo (1985, 1989).

Os centros de interesse desta linha de pesquisa são: representações e atitudes frente à morte; conceito e vivências de morte em crianças, adolescentes, adultos e idosos; experiências de dor, de perdas e de luto; paciente "terminal" e conscientização da morte; programas de apoio psicológico na área de psico-oncologia (KOVÁCS, 1992, 1996, 1998; 2003a, 2003b).

ECOLOGIA MENTAL DA MORTE

O permanente interesse de Kovács nos desdobramentos educacionais da psicologia da morte levou à criação do Laboratório de Estudos sobre a Morte — LEM. Fundado em março de 2000, no Instituto de Psicologia da Universidade de São Paulo, o laboratório abriga projetos e pesquisas referentes à psicologia da morte; organiza grupos de estudos sobre dor, velhice e morte; coordena debates sobre temas polêmicos como eutanásia, morte digna etc. A equipe do LEM idealizou e produziu a série de vídeos educativos *Falando de morte:* com crianças, adolescentes, idosos e profissionais da saúde (1997, 1999, 2002, s.d.)[3].

No "viés" ecológico deste texto, a psicologia da morte adquire duas funções simultâneas: uma psicológica, outra educacional. A função educacional decorre da influência dos atuais movimentos de conscientização da morte, na elaboração de programas de apoio psicológico a pessoas em confronto com ela. Já a função psicológica é inerente ao problema da "troca simbólica da alma com a morte", como aspecto fundamental do processo de individuação das subjetividades.

MORTE SELVAGEM E MORTE DOMESTICADA: ESSÊNCIA DA TROCA SIMBÓLICA

Philippe Ariès, em seus famosos estudos *História da morte no Ocidente* e *O homem diante da morte* (1977; 1982; 1989), elaborou um retrato vívido das mudanças de comportamentos e de atitudes dos povos ocidentais diante da morte. O autor afirma que a humanidade já teve com a morte e com os mortos um relacionamento mais sereno do que se observa atualmente. De acordo com suas descrições, *morte domada* é uma imagem típica da literatura medieval, quando a morte fazia parte do dia-a-dia e as pessoas tinham com ela atitudes de familiaridade e proximidade. Naquela época, a trajetória da morte era conhecida, segundo descrição de Kovács (1992, p. 31-33):

---

[3]A pesquisa que embasa a noção de ecologia mental da morte, agora apresentada ao público, faz parte das atividades do LEM. Um relato pormenorizado sobre este núcleo de estudos e a proposta pedagógica de Kovács, incluindo descrição de programas e disciplinas, oferecidos no Instituto de Psicologia, da Universidade de São Paulo, está publicado no livro *Educação para a morte, desafio na formação de profissionais de saúde e educação* (KOVÁC, 2003b).

O OLHAR INTERDISCIPLINAR PARA A QUESTÃO DA MORTE

A morte era esperada no leito, numa espécie de cerimônia pública organizada pelo próprio moribundo. Todos podiam entrar no quarto, parentes, amigos, vizinhos e, inclusive, as crianças. Os rituais de morte eram cumpridos com manifestações de tristeza e de dor, que eram aceitas pelos membros daquela comunidade.

Ariès concebe a *morte domada* como acontecimento integrado na vida doméstica e pública; aspecto da realidade cotidiana como "a morte acrônica dos longos períodos da mais antiga história, talvez da pré-história" (1989, p.6). Tal imagem estabelece um contraste para a atitude contemporânea de horror e repúdio da morte. O autor entende que a antiga convivência com a morte fazia dela um fato conhecido, freqüente, e até banal, sendo, por esta razão, diminuído ou, de certa maneira, insensibilizado. A esta intimidade com a morte ele opõe o estranhamento da atualidade, causa de tanto medo, que nem ousamos dizer-lhe o nome (*ibid.*, p. 31).

Descrições de Ariès sobre a *morte domada* transmitem a suposição de que, nas sociedades tradicionais, não se interiorizava a morte como a angústia de não-ser, descrita pelo século XX; tampouco era interiorizada como um fato natural estranho, cujas compreensão e aceitação fossem algo irracional ou indizível, colocado no limiar das coisas inexprimíveis. Segundo Ariès, a *morte domada* podia ser pressentida, aceita e traduzida em palavras.

Isso não significa que, no passado, as pessoas fossem indiferentes à morte, mas que as angústias diante do fim podiam ser apaziguadas e integradas na vida pessoal e comunitária, pela realização de ritos religiosos e familiares. Operações simbólicas, de iniciação no contexto da própria morte, davam conta da perplexidade e do poder inabalável de leis biológicas determinantes da vida pessoal e comunitária. Era o momento de fazer valer a metafísica da esperança e confiar na mentalidade religiosa; era, também, a ocasião de compartilhar com a comunidade uma visão de mundo essencialmente religiosa. A hora da morte era um momento forte, de sacrifício iniciático; tempo de vivenciar, em profundidade, a troca simbólica com a morte.

Essa morte *domesticada* não é uma característica da atualidade. Pode manifestar-se esporadicamente, principalmente em pequenas cidades mais distantes dos grandes centros urbanos e em algumas comunidades mais tradicionalistas. No entanto, a tendência geral na grande cidade cosmopolita, notadamente a partir do século XX, é outra.

Antigos laços entre parentes e vizinhos praticamente desapareceram, fragmentando a vida familiar e comunitária em núcleos cada vez menores. O individualismo intensifica a luta pela sobrevivência e desvaloriza relacionamentos de parentesco e de vizinhança. O trabalho consome um tempo enorme; as pessoas vivem no ritmo acelerado imposto pelo sistema de produção. Em geral, falta tempo para velhos e para doentes.

Na mentalidade cosmopolita, eles precisam de cuidados especiais, ambientes assépticos e técnicas sofisticadas para prolongar a vida. No lugar da mão amiga, enfermagem e medicina eficientes; no lugar do acompanhamento afetivo e pessoal, profissionalismo e competência impessoal. De acordo com Aranha e Martins: "A medicina cada vez mais especializada se ocupa desses 'marginais' da sociedade — porque reduzidos à improdutividade —, que são transladados para hospitais 'a fim de ser melhor assistidos'" (sic) (1993, p. 333).

Atualmente, são compartilhados sonhos e comportamentos diferentes, modelados por ideais de conquistas tecnológicas e avanços científicos, universos de referência muito influentes na civilização contemporânea. Um dos sonhos mais valorizados pela humanidade é vencer a morte ou, pelo menos, ver o conhecimento médico conquistar mais tempo de vida para o corpo.

Certo racionalismo assombra profissionais da saúde, principalmente das áreas médicas, levando-os a compreender a morte como conseqüência do erro e do fracasso das intervenções terapêuticas. A

O OLHAR INTERDISCIPLINAR PARA A QUESTÃO DA MORTE

Medicina inclina-se a avaliar a vida humana com base em uma realidade essencialmente biológica, material, concreta e orgânica; o *olhar* biomédico demonstra preocupação com uma vida física invisível, molecular, cromossômica, ainda não-dominada, mas manipulável e investigável de maneiras científicas. Uma das padronizações de comportamentos, observada principalmente nos grandes centros urbanos da civilização contemporânea, é a morte ocorrer num hospital, nas mãos da autoridade médica e nas proximidades de máquinas de suporte de vida.

Clonagem, fertilização *in vitro*, empenho na sustentação de funções vitais por meio de aparelhos e substâncias químicas substitutas de produções orgânicas; tudo isso faz parte do cotidiano de quem assiste TV, ouve rádio, lê revistas e jornais. Os meios de comunicação de massa festejam grandes avanços da Ciência, desvendando segredos da vida. Suas manchetes afetam subjetividades e intersubjetividades, estimulando esperanças de uma vida cada vez mais longa e mais saudável. Não é difícil supervalorizar o poder da Medicina, imaginando-a capaz de banir a doença, a velhice e a morte da existência humana.

Não se vê mais a autoridade religiosa presidindo a passagem da vida para a morte, mas certo poder médico que, freqüentemente, parece determinar que a vida biológica é *sagrada* e precisa ser preservada a qualquer custo. No lugar de ritos de preparação para a morte, submissão a condutas médicas de sobrevivência em qualquer estado; no lugar de despedidas organizadas por quem está morrendo, tutela do corpo numa zona intermediária entre a vida e a morte.

Uma prática se difunde entre as pessoas que podem pagar assistência médica e hospitalar tecnologicamente avançada: na hora da morte, o paciente, em estado crítico, é isolado numa UTI, suas visitas são controladas e, muitas vezes, ele morre sozinho, sedado, cercado de estranhos especializados em lutar contra a morte. O sujeito, o morrente, o paciente, o corpo ou alguém não-mais-pessoa, quase sempre, hoje em dia, é afastado da vida comunitária e vive em silêncio ou anestesiado na hora de sua morte. Sem troca simbólica com a morte, sem alma, sem nada?

TROCA SIMBÓLICA, MORTE E SOCIEDADE DE CONSUMO: UMA VISÃO CRÍTICA

A expressão *troca simbólica com a morte* foi emprestada de Jean Baudrillard (1996), sociólogo francês pesquisador das profundas transformações que a sociedade de consumo opera na mentalidade contemporânea. Na perspectiva de Baudrillard, o homem contemporâneo se vê como parte de um sistema de significações, constitutivo de ideais de felicidade, sustentados por mitos que mascaram uma série de contradições sociais. Dentre essas contradições sociais, estão a reprodução e a proliferação infinita de valores de positividade para a vida, opostos à crescente destruição do ambiente natural e cultural. Esta valorização é incompatível com nossas ideologias de direitos humanos; contrária às desigualdades, às injustiças e às violências, contidas nos graves e sérios problemas socioambientais do mundo contemporâneo.

O autor estabelece relações interessantes entre imaginário, simbólico e morte. Suas preocupações com a morte sinalizam sérias repercussões dos atuais modos de encarar a finitude e de com ela se relacionar. Baudrillard situa a problemática contemporânea da morte como aspecto de uma relação social repressiva, fruto de certa racionalização cultural, imbricada na interdição da função de transcendência da imaginação. Como esta função de transcendência é acionada no confronto com a morte, a repressão opera mediante substituição da percepção do fim da vida pela idéia de negatividade, de falta, de defeito, de falha, do nada e da cisão e, para os não-crentes, do não-lugar. Deste ângulo, a idéia de oposição vida-morte serve essencialmente para fortalecer mecanismos de controle social sobre os indivíduos, porque ajuda a inventar positividade para a produção, para a economia e para o controle do corpo, incentivando o apego das mentalidades, individual e coletiva, à dimensão concreta da realidade.

Para Baudrillard, morte negada é, sobretudo, morte subjetivada como negatividade, falta, defeito, cisão, falha e nada; sendo assim, negação da morte é também finitude vinculada ao desconhecido e ao impensável, contingência da vida terrestre transformada em experiência estranha, selvagem e ameaçadora. Este processo de racionalização é correlativo ao poder mortífero de um sistema de regulação das trocas sociais, que, interiorizado, gera degradações mentais muito nocivas à saúde física, psíquica e social dos indivíduos.

Destrutiva é a substituição dos valores do ser pelos valores do ter; mais ainda, é a supervalorização da vida como positividade e a anulação da responsabilidade dos indivíduos diante da própria morte e das inúmeras mortes ocorridas no seu ambiente. Nas sociedades comprometidas e amortecidas pela negação da morte, quem paga o preço mais caro são pessoas mais frágeis, os idosos, os doentes e todos os seres morrentes. São seres humanos desvalorizados enquanto agentes sociais, transformados por uma associação com a morte, todos e cada um acabando por representar ameaças sombrias e inconscientes à organização social.

A completa desvalorização da morte, a anulação de todo sentido da mortalidade humana afeta a ordenação do imaginário da vida, servindo apenas para fortalecer e gerar sentimentos de desvalia, inutilidade e impotência nos indivíduos. Estas análises de Baudrillard ressaltam a questão social imbricada na problemática psicológica da morte, referente a processos de interiorização da negação coletiva da morte e sua ação deletéria na dinâmica subjetiva da troca simbólica.

A interdição da expressão da força simbólica da morte é, sempre, paradoxalmente, mortífera nas mentalidades. Quando a função transcendente da imaginação é bloqueada, a morte como conceito separado do não-vivo passa a dominar subjetividades e intersubjetividades, duplicando na mente o imaginário cultural da morte como estado inorgânico, o não-ser e o nada.

ECOLOGIA MENTAL DA MORTE

Para Baudrillard, toda pulsão de morte[4] refere-se a esse estado inorgânico, estatuto de não-vivo resultante da separação entre a morte e a vida. Esta separação é produzida pela Ciência ao criar seu objeto conceitual e "seu próprio fantasma de repressão e de morte." O autor explica (*ibid.*, pgs. p. 206-207):

> A ordem separada do psíquico resulta da precipitação, no nosso 'foro íntimo', consciente ou inconsciente, de tudo aquilo cuja troca coletiva e simbólica o sistema interdita. É uma ordem do reprimido. Não surpreende que seja dominada pela pulsão de morte – porque ela não passa do precipitado individual de uma ordem de morte. E a psicanálise, que teoriza sobre ela enquanto tal, não faz senão, como ocorre com toda disciplina em sua ordem, sancionar essa discriminação mortal.

O pensador julga importante rever a concepção psicanalítica da "mítica pulsão de morte", tendo em vista a necessidade de valorizar o potencial libertário de éticas e estéticas tanatológicas. Sua crítica à psicanálise leva em conta o potencial da análise psicológica para "domesticar" — "em nome do inconsciente" — a subjetividade produzida pela cultura de negação da morte. Na visão de Baudrillard (*ibid*):

---

[4] Pulsão de morte é conceito importante no sistema de idéias de Freud; designa uma categoria de pulsões fundamental e contraposta a pulsões de vida. A complexidade da noção de pulsão de morte mereceria um estudo específico, não adequado às metas cognitivas do presente trabalho. A título de esclarecimento, segue explicação muito breve sobre o conceito, de nenhuma maneira condizente com a riqueza do pensamento freudiano. No geral, pulsão de morte representa uma tendência fundamental dos organismos vivos, retornar ao estado inorgânico. Inicialmente, as pulsões de morte são voltadas para a própria subjetividade, atuando em dinâmicas de autodestruição; secundariamente, são direcionadas para o exterior, manifestando-se de forma agressiva ou destrutiva na relação sócio-ambiental. Baudrillard desenvolve uma reflexão singular sobre a concepção freudiana de pulsão de morte, visando a avaliar desdobramentos subjetivos e intersubjetivos da negatividade absoluta, atribuída à morte; neste caso, concernentes ao esvaziamento do valor simbólico da morte. Uma síntese mais condizente com a complexidade e a profundidade da concepção freudiana pode ser encontrada no *Vocabulário de Psicanálise*, Laplanche e Pontalis (s.d., p. 528-537).

O OLHAR INTERDISCIPLINAR PARA A QUESTÃO DA MORTE

Todos os processos selvagens, erráticos, transversais, simbólicos virão inscrever-se aí, para serem domesticados *em nome do próprio inconsciente* – que, num extraordinário sarcasmo, serve hoje de *leitmotiv* da "liberação radical"! A própria morte será domesticada nesse contexto sob o signo da pulsão de morte!

Baudrillard pensa a morte como desafio simbólico, por excelência. Em sua ótica, o pacto de silêncio da sociedade de consumo em torno da morte tem uma finalidade repressiva, porque anula ou bloqueia toda possibilidade de avançar com processos da troca simbólica. Apesar de a morte não se deixar apanhar no "espelho da psicanálise", ela ainda pode "ser domesticada nesse contexto sob o signo da pulsão de morte" (ibid., p. 201- 207).

O diálogo com Baudrillard é importante na fenomenologia da função simbólica da morte, porque ensina a reconhecer na morte o princípio radical da criação simbólica. Desse prisma, morte é aspecto do erotismo da natureza, parceira da sexualidade e também criadora de vida. As associações entre sexualidade e morte são bem conhecidas, dizendo respeito aos ciclos de morte e renascimento, observados na natureza; expressando o desejo de durar, próprio de cada ser habitante do planeta; revelando o paroxismo da reversão de valores, essencial na troca simbólica. Jogada fora da circulação simbólica do grupo social, morte, mortos e morrentes são excluídos da configuração social.

Desta maneira, deixam de ser considerados parceiros dignos de trocas, merecedores de estruturas de acolhimento, nas quais a "função-morte" pode ser prevista, programada, localizada num espaço físico e mental, inserida na vida comunitária e familiar.

MEDO DA MORTE, MENTALIDADE RELIGIOSA E TROCA SIMBÓLICA

A discussão a respeito da troca simbólica leva a reflexão psicológica para o passado da cultura ocidental, buscando elementos elucidativos de dinamismos da troca simbólica e da função

ECOLOGIA MENTAL DA MORTE

transcendente da imaginação. Desta forma, pretendemos mapear zonas da operação simbólica interditada na problemática contemporânea da morte, associadas a atitudes de negação da morte, sejam elas individuais ou coletivas. .

O problema da morte e da troca simbólica pode ser aprofundado com base em contrastes estabelecidos entre culturas antigas, culturas chamadas "primitivas" ou "selvagens" e a modernidade. Nas sociedades tradicionais e no mundo tribal, fortemente marcados pela predominância da coletividade e da cosmovisão religiosa, a questão da individualidade insere-se na totalidade maior da comunidade, compartilhando uma série de cerimônias e rituais enraizados no simbólico da morte.

Para estudiosos da tanatologia, este contexto oferece variações significativas nas maneiras individuais e coletivas de enfrentar a morte; permite sinalizar aspectos influentes na intensidade do medo e no atendimento de necessidades emocionais. Kovács, em trabalho fundamentado no levantamento da produção científica referente ao impacto da morte, comenta o grande valor da agregação grupal na elaboração do horror da morte (1992, p. 30):

> A pertinência a um grupo inibe ou adormece a consciência de horror ligada à morte, enquanto os rituais realizados em conjunto facilitam a sua elaboração. O medo da morte é menor em sociedades primitivas, ou altamente agregadas, porque o grupo dá continência às necessidades individuais.

O medo da morte também apresenta variações conformes a atitudes pessoais diante da religião. Pesquisadores do assunto julgam a fé elemento valioso no confronto com a morte, recurso para superar ansiedades e temores diante da própria finitude. No estudo acima mencionado, Kovács observa: "O que tem mais relação com o medo da morte é o grau de incerteza/ certeza, ou seja, o grau de envolvimento religioso de cada um. Os religiosos e ateus convictos têm menos medo da morte que os medianamente envolvidos" (*ibid.*, p. 19).

O OLHAR INTERDISCIPLINAR PARA A QUESTÃO DA MORTE

O grau de certeza interfere com o sentimento de previsibilidade e controle diante da morte, aumentando ou diminuindo a intensidade da angústia frente ao desconhecido. Relações entre grau de religiosidade, negação e horror coletivo da morte, conhecimento e aceitação da morte fazem parte de um quadro de referências bastante complexo, característico de dinâmicas do pensamento religioso, interligadas aos simbólicos da morte, da alma e das trocas mais vitais.

A abordagem de Baudrillard apresenta o imaginário da morte como essência da troca simbólica. Esta não é uma reflexão fácil de acompanhar, principalmente porque comporta um pano de fundo complexo, cuja natureza psico-sócio-cultural ainda precisa ser avaliada. O entendimento da relação morte/troca simbólica pode ser enriquecido, de forma subsidiária e complementar aos ensinamentos de Baudrillard, mediante o desenvolvimento dos seguintes itens: a) lugar da religião no mundo contemporâneo; b) implicações culturais e psicológicas do processo de secularização; c) relações entre mentalidade religiosa, mentalidade profana, processo de individuação e função da morte na troca simbólica; d) organização cultural da personalidade contemporânea.

a) Lugar da religião na cultura ocidental tradicional e contemporânea

No passado da cultura ocidental, a religião era estreitamente ligada à vida política, social e familiar. Para as pessoas dessas épocas, ela era tão necessária quanto tudo o que compunha a vida pública e privada. Antoine Vergote, importante pesquisador da Psicologia da Religião, apresenta, sinteticamente, uma distinção entre a cultura ocidental do passado e a modernidade, especificando o lugar da religião em cada uma delas (2001, p. 14-15):

A modernidade se caracteriza pela progressiva dissociação entre a religião e os domínios que compõem a vida terrestre dos homens.

Não se explicam mais as catástrofes naturais, por exemplo, os tremores de terra, como uma punição da divindade. Não se vê nas epidemias o dedo de um deus ou de um espírito. A política e a organização social são assuntos propriamente humanos, independentes da religião. Os Estados modernos afirmam a separação entre a Igreja e o Estado. Isso não significa que não haja mais relações oficiais entre eles. E os fiéis (*les croyants*) que aceitam os princípios da modernidade se engajam na vida pública com suas convicções.

Nas culturas antigas, a necessidade da religião é sempre uma necessidade "indissociavelmente religiosa e humana". O sentido da vida, do mundo e da religião era pensado de dentro de uma visão religiosa do todo; "tudo estava penetrado da idéia da religião". A modernidade altera profundamente o *a priori* religioso da cultura ocidental, apesar de ela ser um processo que se organiza a partir do cristianismo. Segundo Vergote, não é um acaso a modernidade ter suas origens na Europa cristã (*ibid.*, p. 14-15):

> A religião cristã a preparava, por algo que lhe é inteiramente específico: a fé em um Deus único, pessoal, um Deus totalmente outro (*Tout-Autre*), que não está misturado com as forças naturais, das quais é, ao contrário, o criador; um Deus que, por Jesus Cristo, fez dizer: "Dêem a César o que é de César e a Deus o que é de Deus", ou de outra maneira, não misturem obrigações políticas e obrigações religiosas.

Um aspecto importante, para o qual Vergote chama atenção, é a maneira como a pessoa pode, na modernidade, colocar-se fora da religião "por convicção" ou "metodologicamente". Em princípio, todos têm o direito e a possibilidade cultural e social de crer e de não crer. Numa atitude científica é possível, inclusive, tomar posição do lado de fora da religião e estudar a própria religião como objeto de conhecimento. Nesta ótica, há uma noção de "neutralidade" da ciência

O OLHAR INTERDISCIPLINAR PARA A QUESTÃO DA MORTE

em si, aplicável até mesmo em relação à fé religiosa, no sentido de um "*a-teísmo metodológico*" concernente à necessidade científica de observar e explicar o que é possível (*ibid*).

O impacto dos paradigmas científicos na cultura contemporânea, aliado ao recuo da religião em relação a suas formas tradicionais institucionalizadas, tende a ser mencionado, às vezes de maneira indireta, em estudos tanatológicos já citados neste trabalho.[5] Geralmente, o processo de secularização é mencionado e explicitado em termos de ruptura da sociedade ocidental com a religião; entretanto, não encontramos discussões esclarecedoras de dimensões psicológicas do processo de secularização, associadas à crise contemporânea da conceptualização da morte.

b) Dupla dimensão do processo de secularização: fato e ideologia

Num estudo sobre a religião dos cientistas, Paiva trabalha o processo de secularização, dando especial atenção aos aspectos de natureza psicológica nele implicados. Para nossa reflexão interessa especialmente sua apresentação da distinção entre secularização como fato e secularização como ideologia, originalmente desenvolvida por Vergote. Esta distinção será importante para situar movimentos de conscientização e aceitação da morte nos contextos vinculados a culturas de negação da morte (PAIVA, 2000, p. 45-59).

Secularização como fato tem um "fundamento racional e comprovação empírica adequada"; secularização como ideologia é caracterizada como "ilusória, no sentido freudiano, isto é, portadora de desejos poderosos e de obscuras razões irracionais".

Tais "desejos poderosos" estariam relacionados à autonomia e à antecipação da vida adulta, fazendo oposição "à condição de dependência infantil e de dependência religiosa, desautorizada pelo que a ciência fornece acerca da origem e da evolução do universo e

---

[5] Ariès, 1977; Elias, 2001; Kovács,1992, p. 1-47.

da vida, e acerca do psiquismo inconsciente". Paiva considera tal dinamismo afetivo importante na construção da identidade do estudioso das ciências humanas, "que procura o que o distingue de seu passado ocidental religioso e das culturas primitivas" (*ibid.*, p. 55).

De acordo com Paiva, estudiosos da psicologia da religião apontam os meios de comunicação de massa como agenciadores de "um quadro de referência perceptual evidente de que o homem emancipado é um homem descrente" (*idem*). Vergote também faz coincidir sua análise psicológica da secularização, como ideologia, com análises que excluem o foco religioso em benefício da ciência.

SECULARIZAÇÃO COMO IDEOLOGIA, INDIVIDUAÇÃO E NEGAÇÃO DA MORTE

Como dimensões ideológicas do processo de secularização afetariam a apreensão e a compreensão de processos psíquicos responsáveis pela individuação das subjetividades? Estudiosos da subjetividade contemporânea, fundamentados em análises individuais, observam que desejos pessoais de autonomia e de emancipação tendem a sobrepor-se ao individualismo exacerbado, compondo o alicerce do comportamento contemporâneo. Exemplo importante é o trabalho da psicanalista Maria Rita Kehl, Sobre Ética e Psicanálise, no qual é examinada a forte consonância entre pensamento psicanalítico e cultura do individualismo (2002).

As análises de Kehl refletem preocupação em apreender e pensar "valores" não-declarados da sociedade de consumo, dentre os quais, além do individualismo exacerbado, está a pornografia, a violência, a lógica cega e egoísta do capital. Na avaliação psicanalítica, a sobreposição de "valores" do consumo atinge o prazer narcisista, a busca de segurança pelo acúmulo de dinheiro, a exclusão do outro. O assunto é importante, trata de compromissos da Psicologia com ideais libertários da individualidade e de seus desdobramentos como influência sócio-cultural nos modos de ser e estar no mundo.

O OLHAR INTERDISCIPLINAR PARA A QUESTÃO DA MORTE

Neste tipo de análise, o desenvolvimento da ciência e da tecnologia criou elementos da nova configuração cognitiva denominada secularização, constitutivos da organização de quadros de referência do mundo, tendo a ciência como centro unificador e ordenador da cultura.

Paiva assume postura crítica em relação a esta interpretação; questiona a posição da ciência como foco unificador da cultura contemporânea e defende uma perspectiva mais flexível e pluralista. Cuidadoso, pontua a possibilidade de sobreposição entre formação científica avançada e processo de secularização, predispondo a relações conflitantes entre ciência e religião. No entanto, esta possibilidade não significa assumir a ciência como único centro ordenador da cultura. Paiva argumenta: "uma perspectiva mais informada aceitaria hoje a representação elíptica da cultura, com vários focos e uma órbita menos perfeita" (2000, p. 55).

A cuidadosa avaliação de Paiva chama a atenção para a ausência de uma "perspectiva mais informada" sobre o simbólico ordenador da cultura contemporânea e aspectos psicológicos implicados no processo de secularização. Neste estudo, negação coletiva da morte também é vista como um dos fatos decorrentes do processo de secularização da civilização ocidental. Por meio do diálogo interdisciplinar, procura-se circunscrever um contexto de negação da morte socialmente compartilhado, visível em práticas, costumes, hábitos e atitudes promovidas pelo processo de secularização.

Atuais movimentos de conscientização e aceitação da morte refletem preocupações indicativas de focos de tensão marginalizados da mentalidade dominante. Seguimos na mesma direção, buscando ampliar o entendimento da função da morte nos termos da troca simbólica, bem como repercussões dessa dinâmica na organização dos imaginários individual e coletivo. Este assunto é muito bem trabalhado por estudiosos da mentalidade religiosa.

c) *Mentalidade religiosa e profana, individuação e troca simbólica*

Nossa tradição religiosa pode ser considerada guardiã do simbólico da morte. É um universo de referências ético-estéticas, primordial na avaliação dos efeitos da negação coletiva da morte e, de modo mais especifico, nos desdobramentos dessa negação nas mentalidades e nas relações sociais. Deste ponto de vista, a mentalidade arcaica pode ampliar a compreensão de características fundamentais da troca simbólica e da função da morte na organização dos imaginários cultural e individual.

O pensamento religioso é a principal característica do mundo tribal e da mentalidade "selvagem", "primitiva" ou "arcaica". Na mentalidade essencialmente religiosa Deus ou deuses criaram o Mundo; Heróis Civilizadores realizaram tarefas importantes para completar a Criação e a narrativa de suas obras divinas e semidivinas está conservada nos mitos. A história sagrada do comportamento divino é repetida e atualizada pela narrativa mítica, pelo ritual e pelo sacrifício iniciático, portal da transcendência através do qual a humanidade religiosa se instala junto a Deus ou a deuses, aí permanecendo.

Mircea Eliade (s.d.), famoso pesquisador da história das Religiões, afirma que o ser humano religioso assume um modo específico de existência no mundo, sempre reconhecível, apesar de haver um número considerável de formas histórico-religiosas. Em qualquer contexto histórico, o ser humano religioso sempre crê na existência de uma realidade absoluta, — o sagrado, que transcende este mundo, mas se manifesta neste mundo — e, por este fato, o santifica e o torna real. Também acredita numa origem sagrada da vida e na atualização de toda potencialidade da existência humana, na medida em que é re-ligiosa, ou seja, é capaz de participar de uma realidade transcendente à materialidade da vida.

Esse modo de ser é bem diferente do ser humano não-religioso. A principal característica do ser humano "a-religioso" é a recusa da transcendência, e esta recusa significa aceitar a relatividade da realidade

O OLHAR INTERDISCIPLINAR PARA A QUESTÃO DA MORTE

profana e, às vezes, duvidar do sentido da existência. Para Eliade, é muito provável que o ser humano a-religioso tenha marcado sua presença em toda grande cultura do passado. Além disso, ele aconselha não descartar possibilidades da existência de indivíduos descrentes, mesmo nos níveis mais arcaicos de cultura, não obstante faltar documentação atestando hipóteses desta natureza. Contudo, o próprio Eliade afirma: somente nas sociedades européias modernas o ser humano a-religioso se desenvolveu plenamente. O pesquisador explica: "O homem moderno a-religioso assume uma nova situação existencial: reconhece-se unicamente sujeito agente da História, e recusa todo apelo à transcendência" (*ibid.*, p. 209-210).

A liberdade do ser humano moderno, descrente ou profano, é associada ao desejo de autonomia e à busca de um si-mesmo dessacralizado e desmitificado. Tal escolha existencial pode ser trágica e até grandiosa, porque implica assumir a morte e a angústia de modos de ser esvaziados de toda significação trans-humana.

Para Eliade, o ateu é fruto de um longo processo de dessacralização da natureza e da existência humana, portanto é descendente do *homo religiosus* e constituiu-se "a partir das situações assumidas pelos seus antepassados". Na modernidade, faz-se a-religioso por oposição ao seu predecessor e — "reconhece-se a si próprio na medida em que se 'liberta' das 'superstições' dos seus antepassados" (*ibid.*, p. 210-211).

O ser humano a-religioso em "estado puro" é uma raridade, até mesmo na mais dessacralizada das sociedades modernas, afirma Eliade. Tabus disfarçados e rituais em formas laicizadas fazem parte da vida nas sociedades secularizadas. Sendo assim, seres humanos descrentes partilham numerosas experiências de fundo religioso. Estas experiências estão ligadas a certa massa de superstições, presente em gestos e hábitos cotidianos. Elas também estão latentes em rituais secularizados e nos espetáculos sustentados por um amontoado mágico-religioso de pseudo-religiões e mitologias degradadas.

ECOLOGIA MENTAL DA MORTE

Em cada indivíduo da modernidade, a luta pela vida configura uma série de provas psicologicamente pertinentes a rituais de iniciação e aos ciclos de morte e renascimento. E, de acordo com Eliade, num horizonte religioso, — "a existência é fundada pela iniciação; quase poderia dizer-se que, na medida em que ela se realiza, a existência humana é, ela própria, uma iniciação" (*ibid.*, p. 215).

Rituais de iniciação continuamente começam por uma morte simbólica; esta morte sacrificial introduz e consagra cada membro da comunidade, sempre no tempo e no espaço sagrado de alguma noção de vida eterna. O nascimento já é a primeira morte, no sentido de ser uma perda e uma separação. A saída do útero, a ruptura do cordão umbilical e a entrada num ambiente estranho costumam ser interpretados como a primeira iniciação. O sujeito da modernidade constrói sua identidade e busca autonomia experimentando a si próprio, testando seus limites pessoais, enfrentando sofrimentos morais e físicos. Ao longo de sua existência, conhece angústias sinalizadoras de vivências de morte.

Individuação e função da morte na troca simbólica

As crises do processo de individuação correspondem ao dilaceramento interno de quem anseia pelo novo e, ao mesmo tempo, teme abandonar a segurança da antiga estrutura, com a qual já se habituou. Em geral, são traduzidas nos termos das experiências religiosas. Na concepção junguiana, por exemplo, a individuação tem significação profunda, comparada ao padrão iniciático da mentalidade religiosa — iniciação na morte, descida ao mundo interior e contato com emoções, impulsos, desejos, conflitos; enfim, aquele imaginário infernal dos espectros, demônios e monstros; provas para vencer traumatismos e resgatar a fluência da vida psíquica.

Gilbert Durand, antropólogo dedicado ao imaginário da cultura, avalia a imaginação humana estruturalmente voltada para a transcendência. A cultura é inculcada pela educação — seja pela

O OLHAR INTERDISCIPLINAR PARA A QUESTÃO DA MORTE

transmissão de hábitos cotidianos seja por rituais de iniciação —, e leva consigo o conjunto das estruturas imaginárias fantásticas, destinadas a desempenhar papel fundamental e direto nas ações humanas. Evidentemente, comportamentos humanos originados no automatismo ficam fora dessa troca, pois não podem ser considerados como expressão criativa.

Durand é famoso por suas pesquisas sobre estruturas do imaginário da cultura; na sua perspectiva, toda criação humana, mesmo a mais utilitária, é sempre nimbada de alguma fantasia (1986, p. 272).

Em vista da função transcendente da imaginação e considerando que toda criação humana sempre vem envolta em uma auréola de fantasias, podemos entender todo simbólico da cultura, e toda valorização metafísica da existência, como troca simbólica com a morte. Segundo Durand, o ritual "tem o único papel de domesticar o tempo e a morte e de assegurar no tempo, aos indivíduos e à sociedade, a perenidade e a segurança" (1986, p. 277).

Toda metafísica precisa de um ritual, de um culto, de uma simbólica ordenadora. Eliade afirma: na mentalidade religiosa das comunidades ocidentais arcaicas, a valorização metafísica da vida não representa apenas "os efeitos das tendências conservadoras das sociedades primitivas". O pesquisador da mentalidade religiosa põe em relevo o "desejo dessas sociedades visando à rejeição do tempo concreto" e nessa depreciação da história, ou na rejeição de eventos destituídos de modelos trans-históricos, ele reconhece "a leitura de uma certa 'valorização' metafísica da existência humana" (1992, p. 7).

O mito abarca consciente e inconsciente; os ritos, os vivos e os fantasmas são todos integrados numa visão cosmológica do mundo. Na mentalidade arcaica, eternidade não é diferida (procrastinada, adiada) da realidade concreta — é uma experiência imediata e completa, assimilada mediante trocas simbólicas, operação eficaz na reversão da desordem do espírito, iniciando-o na busca de propósito definido no ritual. A troca simbólica configura um estado de inconsciência consciente, de sensorialidade extraordinária...

Ritos e metafísicas de culturas selvagens operam "trocas simbólicas com a morte", denominação do efeito obtido pela comunidade primitiva através do simbólico ordenador de sua formação social e da própria imaginação. A idéia arcaica de cultura, explica Baudrillard, envolve a natureza como parte dela mesma, ou seja, o processo de domesticação da natureza consiste numa troca simbólica capaz de superar a disjunção entre os dois termos: natureza e cultura (ou civilização). Nas suas palavras (1996, p. 179):

> Os selvagens não possuem conceito biológico da morte. Ou melhor: o fato biológico — morte, nascimento ou doença —, tudo o que é da natureza recebe de nós um estatuto privilegiado de necessidade e de objetividade, enquanto, para eles, simplesmente não existe.

Nesta perspectiva, trocas simbólicas *socializam* a morte e os mortos, criando uma dimensão na qual vida e morte se reúnem. A garantia de um lugar para a morte e para os mortos na sociedade inscreve a própria morte nessa sociedade; desta maneira, tanto a morte como o morrer habitam o interior da ordem e dos códigos estabelecidos para garantir suas instituições. Este simbólico, enquanto ato de troca e ação social, "amplia o real, levando-o até o fim".

O simbólico anula a diferença entre o vivo e o morto, entre o visível e o invisível, entre o material e o imaterial, entre o concreto e o abstrato; confere a identidade do grupo, a determinação do sujeito e do valor cultural. Pelo ritual de iniciação no sagrado, ou no simbólico tomado como *real*, tudo pode ser trocado, tudo pode circular por toda a comunidade, tudo pode ser revertido em termos de valores, essencialmente conferidos nos termos da vida e da morte, segundo explicação de Baudrillard (1996, p. 181).

O fluxo das trocas é garantido pela troca simbólica. Nessa operação, a natureza física dá a morte, a comunidade recebe a morte física e a devolve para a natureza, transformada em vida eterna. A organização social troca morte por mais vida, pois a morte dada é

O OLHAR INTERDISCIPLINAR PARA A QUESTÃO DA MORTE

devolvida mais polida, mais civilizada. A vida retorna para a morte de maneira simbólica, pelo sacrifício original de seres primordiais criadores da vida cósmica; a repetição do sacrifico simbólico organiza a caótica selvageria da natureza. Os mortos permanecem vivos de maneira simbólica, como habitantes do tempo da criação. Sua morte é domesticada nos rituais de iniciação, voltados a alianças entre vivos e mortos.

Na mentalidade religiosa do mundo tribal, morte não existe como algo da dimensão do real, porque toda vida física é profana, transitória e caótica. O sagrado, o ser, o simbólico, tudo isso é *o real* em tais culturais. A própria morte é socializada como aspecto da natureza cósmica e como antepassado mítico.

Eis o fato fundamental a nos separar dos primitivos: a troca não cessa com a vida. A troca simbólica não tem fim, nem entre os vivos, nem entre estes e os mortos (nem com as pedras e os animais). Para Baudrillard, trata-se de uma lei absoluta, "a obrigação e a reciprocidade são intransponíveis" (*ibid.*, p. 183).

Trata-se, também, de lei antropológica da imaginação, a saber: a natureza caótica é a desordem imaginária; a troca simbólica com a morte organiza a desordem imaginária e o caos da natureza; a organização do caos corresponde à fundação do Cosmo pelos antepassados divinos. Toda desordem da imaginação pode ser resolvida nas trocas simbólicas estabelecidas com a morte. Se o simbólico é o real, o simbólico sempre resolve problemas decorrentes da desordem da imaginação.

A função simbólica das sociedades primitivas articula-se desde o início num princípio de trocas coletivas, evidenciado nos movimentos da troca simbólica estabelecida pela comunidade. Baudrillard vai mais longe: na mentalidade primitiva, interdições sociais são processos simbólicos conscientizados em ritos de iniciação e não em interdições psíquicas impostas e vividas como tabus tornados inconscientes. "Tudo fala de um processo simbólico oposto a um processo inconsciente" (1996, p. 185).

CAPÍTULO 2

QUESTÕES SOBRE ANÁLISE PSICOLÓGICA

RELAÇÕES ENTRE ANÁLISE PSICOLÓGICA E TROCA SIMBÓLICA

Na passagem do século XIX para o XX, novas maneiras de pensar a humanidade começavam a ser construídas. Tinha início a exploração da fronteira consciente-inconsciente. Na primeira década do século XX, Freud (1856-1939) e Jung (1875-1961), considerados pais da Psicologia Profunda, uniram esforços para organizar o movimento psicanalítico. Posteriormente, Jung separou-se do grupo dirigido por Freud (por volta de 1914), criando o próprio sistema da análise psicológica. Os dois movimentos, Psicanálise (Freud) e Psicologia Analítica (Jung), afetariam profundamente a mentalidade de todo aquele século.

Diferentes escolas de análise psicológica surgiram ao longo dos anos de 1900, seguindo a trilha aberta pelos pioneiros e sistematizando outras descrições da relação consciente-inconsciente. Philip Rieff, importante pesquisador da história do pensamento ocidental, avalia como característica específica do pensamento século XX o *triunfo da terapêutica* e o surgimento do *Homem Psicológico* (1990).

ANÁLISE PSICOLÓGICA E INTERESSE NA TRADIÇÃO SIMBÓLICA

O desenvolvimento da análise psicológica fez renascer o interesse coletivo pela simbologia, pela mitologia e pelo misticismo. No mundo dos símbolos, a psicoterapia busca referenciais para compreender seu material psíquico, principalmente sonhos, fantasias e sintomas psicopatológicos. Assim, a análise psicológica ilumina a vida imaginativa e situa imagens e vivências individuais no interior da tradição cultural.

No entanto, conhecimento da tradição simbólica não implica, necessariamente, troca simbólica entre o eu, a psique e o mundo. Pode tornar-se atitude defensiva diante da riqueza imagética da cultura e do poder imaginativo da vida psíquica. A defesa acontece quando nossa tendência é dar mais ênfase ao processo de decodificação das imagens, preferência que nos torna iconoclásticos; conforme explica Hillman, ao preferir a decodificação, impedimos que nossa consciência seja movimentada pelas articulações imaginativas portadoras de experiências referidas ao inefável e à transcendência. Esta atitude defensiva priva a consciência do contato vivificante com a função transcendente da imaginação, inerente a múltiplas experiências da psique com sentido de alma (1977, p. 62- 88).

Racionalização excessiva da experiência subjetiva acaba impedindo o encontro consigo mesmo. Estamos perdendo o sentido da revelação fenomenológica da psique e de sua terapêutica particular, singularizante. Nas psicoterapias mais racionalistas é comum a expressão — *Sei, entendi...* Cada vez mais, a expressão "eu sei" ocupa o espaço da emoção, que acompanha descobertas especiais. Explicação e entendimento, freqüentemente, substituem o desvelar cuidadoso de segredos jamais confessados.

Igualmente, é preciso avaliar o consumo de conhecimento simbólico para reforçar defesas psicológicas, de maneira especial, contra síndromes e sintomas resistentes a análises baseadas na supervalorização da vida física. Em uma cultura entorpecida pela

QUESTÕES SOBRE ANÁLISE PSICOLÓGICA

negação coletiva da morte, deve ser cômodo amortecer a percepção da fragilidade humana, inibindo a consciência da dor, da doença e da morte, e desta, mistérios e tormentos.

De modo geral, na atualidade, é reforçada uma concepção de crescimento interior obediente a modelos idealizados de desenvolvimento e progresso continuado. No mercado, uma psicologia para consumo rápido reforça a confiança dos indivíduos na possibilidade de mudar, em si mesmos, qualquer obstáculo a desejos de autonomia, independência e concretização de metas (afetivas, profissionais etc).

Na maturidade, espera-se realização plena de potencialidades pessoais e luta-se contra desagradáveis sintomas de um desgaste físico produzido pelo tempo. Idéias de expansão da personalidade criam alegorias modernas para individualidades moldadas segundo um único código: satisfação garantida na vida física; caso contrário, seu investimento retorna para a morte. Hillman analisa o tipo de personalidade culturalmente valorizada e os efeitos por ela produzidos (1989, p. 23):

> A cultura espera que sejamos maníacos: hiperatividade, gasto, consumo, desperdício, que sejamos eminentemente verbais, um fluxo de idéias, não se ater demais a coisa alguma, — o medo de ser chato — e assim perdemos o sentido da tristeza. (...) Para nós, síndrome é tristeza, lentidão, secura, espera. Isto nós chamamos de depressão, e temos uma indústria farmacêutica gigantesca para lidar com ela.

Consumimos livros de auto-ajuda, modeladores de ideais e valores de crescimento pessoal e sucesso social. Manuais de auto-análise elaboram conhecimentos "psi" para ensinar como administrar sentimentos dolorosos, como encontrar bons parceiros, como abraçar os outros, como enfrentar a timidez e a insegurança etc. A publicidade de produtos farmacêuticos induz a imaginar saúde mental e física como permanente estado de bem-estar; nesse contexto, toda felicidade perturbada exige interferências dotadas de eficácia rápida — Prozac e similares colocam em ação a química salvadora.

ECOLOGIA MENTAL DA MORTE

Autores importantes no campo psicológico avaliam o perigo da *alma* ser reduzida a uma função biológica. Julia Kristeva, por exemplo, na introdução de um texto sobre novas doenças da alma, pergunta (1993, p. 9):

> Vocês ainda têm uma alma? Filosófica, teológica ou simplesmente incongruente, a questão adquire novo valor hoje em dia. Confrontada a psicotrópicos, aeróbica e ao *zapear* na mídia, a alma continua a existir?[1]

UMA HISTÓRIA DE COMO A PSIQUE PERDEU O SENTIDO DE "ALMA"

A linguagem psicológica, utilizada hoje em dia, é bem nova. Muitas de suas palavras foram tomadas de empréstimo do grego antigo, apesar de, ao longo dos séculos, terem adquirido sentidos bem diferentes dos originais. A palavra *psicologia* só entra para a história do conhecimento ocidental na metade do século XVI, coincidindo com a Reforma e concepções protestantes de Pessoa Criativa. O termo *psicologia* demorou a ser empregado para nomear um tipo específico de trabalho; historicamente, a criação da terminologia "psi" acompanha o desenvolvimento de uma especialidade médica, a Psiquiatria, e a constituição de uma disciplina acadêmica, a Psicologia.

Na visão de Hillman: "Essa linguagem representa, de maneira muito específica, o espírito acadêmico e médico do século XIX. A psicologia e a psicopatologia são filhas do Iluminismo tardio, da

---

[1] Tradução minha : *"Avez-vous une âme? Philosophique, théologique ou simplement incongrue, la question détient une nouvelle valeur aujourd'hui. Confrontée aux neuroleptiques, à l'aérobic et au zappage médiatique, l'âme existe-t-elle encore?"* O termo "zappage" significa interrupção de um programa de televisão para passar a outra emissora, usando-se o controle remoto. Em português, a palavra "zapear" é utilizada por profissionais da televisão neste mesmo sentido; o indivíduo segura o controle remoto na mão e muda de emissora o tempo todo, nunca parando em um canal ou programa específico.

72

QUESTÕES SOBRE ANÁLISE PSICOLÓGICA

confiante Idade da Razão, ao se solidificar em Idade da Matéria" (1984a, p. 116)[2].

O termo *psicologia* foi adotado pelos filósofos do século XVII e XVIII, não ganhando, entretanto, popularidade nem sendo empregado para definir um tipo de enfoque ou assunto específico. No século XVIII, aparece como tema de discussão em ensaios sobre homem, intelecto, espírito ou natureza humana, antropologia, razão, paixões e sensações. Hillman analisa o uso dos vocábulos *psicologia* e *alma*, em textos da época apontada (*ibid*., p. 118):

> Kant, o pensador mais influente e original deste período a respeito da mente do homem, voltou-se para a psicologia propriamente dita, somente no fim do século, quando já estava com cerca de setenta anos. Como um homem do século XVIII, Kant denominava seu trabalho antropologia ao invés de chamá-lo psicologia. Posteriormente, com a ascensão da psicologia, a palavra alma caiu em desuso. Por volta de meados do século XIX, a alma havia quase desaparecido da linguagem especializada da psicologia.

Deste prisma, a *alma* foi expulsa da academia, porque sua descrição não era compatível com a psicologia divulgada nos manuais acadêmicos do século XIX. A visão de Herbart despiu a *alma* de sua realidade existencial, transformando a antiga noção de psique com sentido de *alma* em temática inapreensível no campo do conhecimento científico. As descrições de Herbart conferiam à *alma* uma única qualidade: a de se manter enquanto real transcendente.

Na visão de Hillman, quando a psicologia acadêmica assumiu a descrição proposta por Herbart, toda a autoridade da alma foi estabelecida na dependência do Deus protestante, "totalmente transcendente, inconcebível e situado além de qualquer teologia

---

[2] Hillman apresenta histórico meticuloso a respeito das palavras psicologia, psique e alma no livro *O Mito da Análise*, em capítulo sobre linguagem psicológica. No texto, especifica datas, autores e títulos de publicações com o emprego da palavra psicologia, verificando, em cada época, sentidos atribuídos aos dois termos, psique e alma (HILLMAN, 1984a, p. 109-182).

ECOLOGIA MENTAL DA MORTE

empírica e especulativa, fora do nosso mundo sensível. Esta era a alma da especialidade universitária chamada psicologia" (*ibid.*, p. 120).

Desta maneira, o termo *alma* perdeu o potencial original de experiência psicológica e de auto-revelação; a *alma* foi deslocada da vida diária e transferida para as alturas do sobrenatural, passando a fazer parte do mundo de mistérios inapreensíveis pela consciência. No espírito secular do Iluminismo, a *alma* perdeu a própria realidade existencial, deixou de ter substância e importância e, praticamente, foi separada da experiência cotidiana. A psique divulgada nos manuais acadêmicos deu inicio a um processo de exclusão da *alma* na linguagem da Psicologia. Hillman avalia: "Por volta de meados do século XIX, a 'alma' havia quase desaparecido da linguagem especializada da psicologia" (*ibid.*, p. 118).

PARALELOS ENTRE EXTRADIÇÃO DA ALMA E EXTRADIÇÃO DA MORTE

Em paralelo, o caminho linear da pesquisa médica avançava em direção a uma instância do psíquico. Na Paris de 1817, Esquirol proferiu as primeiras conferências sobre psiquiatria clínica. Dentre outros temas, trabalhou o conceito de alucinação. Em sua concepção, caso uma pessoa tenha íntima convicção de uma sensação atual, sem objeto apropriado para excitar sua sensação, ela está privada de seu juízo, encontra-se num estado de alucinação.

A definição patológica das alucinações determinou um golpe definitivo na *psique com sentido de alma,* por configurar vivências psíquicas daí em diante completamente desacreditadas. Com critérios de patologia integrados nas definições das alucinações, a realidade de certos eventos psíquicos foi submetida a teorias materialistas da percepção sensorial. A prova experimental veio a tornar-se decisiva para conferir realidade à vida subjetiva. Hillman avalia algumas experiências desacreditadas a partir do conceito de alucinação (1984a, p. 121):

QUESTÕES SOBRE ANÁLISE PSICOLÓGICA

Durante séculos, as pessoas experienciaram uma variedade de visões, sons e odores extremamente convincentes, cuja realidade não dependia do critério exclusivo de correspondência com um objeto externo. Algumas culturas encorajam e esperam estes eventos: eles são necessários para a iniciação. Os filósofos reconhecem as dificuldades que as alucinações ocasionam para uma teoria do real e para uma teoria do conhecimento. As alucinações colocam em questão a teoria materialista das percepções sensoriais; elas são fenômenos realmente perigosos para nossa epistemologia e nossa ontologia e, por isso, prefere-se considerá-las fenômenos parapsicológicos ou patológicos.

A prova experimental tornou-se decisiva para conferir realidade à vida subjetiva e, ainda que estas observações tenham sido úteis para a psicologia, seus efeitos foram inversos para a vida da *alma*. Segundo Hillman: "Elas minaram a convicção de que a alma tivesse acesso a um 'outro mundo' e com ele se comunicasse".

Paralelamente, o mesmo movimento de extradição também ocorria com a morte. Ariès situa mudanças significativas nas atitudes diante da morte, mais ou menos nessa época. Situando e usando suas palavras, quando os "*litterati*" passam a conferir interpretações científicas a emoções populares (1977, p. 106). De certa maneira, o "outro mundo" também teve sua credibilidade abalada e foi perdendo o sentido de realidade, por não possuir uma objetividade publicamente defensável. Na argumentação de Hillman, a realidade objetiva dominou a realidade subjetiva (*ibid.*).

No contexto deste estudo, a *alma* foi extraditada da vida comunitária juntamente com a morte, os mortos e morrentes. Sem *alma* e sem morte, uma imensa esfera da vida imaginativa fermenta nas margens da consciência social. Ao lado da morte, nos bastidores da realidade social, muitas vezes encontramos a *psique com sentido de alma* e sua fantasmática, aqueles demônios que, no passado, a atormentavam, e os anjos que a protegiam.

ECOLOGIA MENTAL DA MORTE

A comunicação com essa realidade fantástica é, hoje em dia, objeto de atitudes polarizadas em desconfiança e fascínio. O espaço da imaginação sofreu discriminações, condicionadas por testes da mente sensorial, sempre apegada à concretude dos objetos. Com o tempo, a psique perdeu seu mundo imaginal atemporal e intangível e as pessoas passaram a desconfiar de vivências subjetivas com sentido de *alma*, temendo a extradição da loucura. Socialmente e culturalmente desacreditada, a própria *alma* perdeu convicção em si mesma e nossa confiança na realidade psíquica ficou abalada.

Movimentos de controle da imaginação

Na Inglaterra, também no ano de 1817, Jeremy Bentham introduziu outra idéia marcante na consciência contemporânea, publicando sua visão dos fundamentos éticos da psicologia e da biografia humana. Foi considerado um dos gênios da época. Aos três anos de idade, já sabia ler; aos cinco, aprendeu grego, latim e tocava Händel, num violino miniatura; aos treze anos, foi matriculado em Oxford, dominando textos difíceis da filosofia iluminista. O "prodígio do Iluminismo", o "espírito encarnado da razão", assim chamado por Hillman, concebeu dinâmicas psíquicas e a própria ciência **psicologia**, tomando por base a patologia psicológica. Ou seja, abordou a mente como um sistema dinâmico e a fonte desta dinâmica era a patologia da própria mente (*ibid.,* p. 121-122).

A psicopatologia, irmã sombra da psicologia, conforme expressão de Hillman, rapidamente transformou-se na imagem mais interessante da própria disciplina. Em 1818, o médico Thomas Bowdler percebeu relações entre imaginário e linguagem, julgando possível controlar a imaginação mediante controle da linguagem. Conforme relata Hillman, sua edição de Shakespeare omitiu palavras e expressões "que não podem, com decoro, ser lidas em voz alta na família" (*ibid.*, p. 123).

Controle da imaginação por censura da linguagem, teoria materialista das percepções sensoriais, movimentos da psique como dinâmicas patológicas, realidade objetiva destituindo de realidade a experiência de uma *psique com sentido de alma,* são aspectos de um pensamento psicológico dominante e influente na organização da mentalidade contemporânea. O conjunto desta herança perturba a consciência quando sensações, afetos e vivências imagéticas intensas não apresentam corresponde externo para legitimar a experiência subjetiva.

Segundo Hillman, com o avanço do processo de secularização, a *alma* foi chamada de psique; em nome do progresso utilitário, o espírito secular comprometeu-se com idealismos materialistas; Eros foi castrado para alimentar sentimentalismos cor-de-rosa e azul celeste, transversais ao romantismo familiar, habitando, como incendiário da imaginação, cantos sombrios das cidades e folhetins pornográficos. A história de como a psique foi destituída de seu sentido de *alma* acompanha de perto o movimento liberal, a reforma social e legal e os melhores ideais progressistas da sociedade européia do século XIX (*ibid.*, p. 123).

A psiquiatria continuou tentando definir síndromes após síndromes, utilizando a linguagem para nomear partes separadas das faculdades da psique. O bisturi do médico patologista avançou nas fronteiras da razão, da mente e de sua obscuridade. A idéia de uma psique pertencente à mente começa a exercer fascínio a partir do final do século XVIII, quando certa ordem racional passa a impor categorias, classificações, métodos, regulamentos e sistemas de controle sobre os estados da psique. Afirma Hillman: "Tanto os homens da razão quanto os românticos foram se transformando em caçadores de cabeça, procuravam nessa parte do corpo a chave da natureza humana" (sic) (*ibid.,* p. 135).

A EQUAÇÃO: PSIQUE = MENTE & MENTE = EGO

No mesmo período, vários estudiosos consideraram o cérebro aspecto central do organismo. Doenças cerebrais eram percebidas em toda parte. Por exemplo, o amolecimento do cérebro tende a ser associado a excessos venéreos e conseqüentes distúrbios fisiológicos, morais e sexuais. A equação *psique* = *crânio* logo ficou estabelecida; a loucura é vista como "doença dos órgãos do cérebro" (*ibid.,* p. 138).

Nascia a fantasia do ego forte! O **eu** deve aprender a privatizar a própria morte, enfrentando-a sozinho, mantendo sob controle afetos, emoções e a fantasia, algumas vezes chamada de *a louca da casa.* Vários aspectos simbólicos da cabeça são desvinculados do sentido religioso original e perdem a acepção de revelação espiritual. Assim, desaparece o significado da cabeça como "topo" do homem, ponto superior de conexão com o divino, capaz de refletir a atividade do espírito na aura ou nos chifres, nos cornos ou halo (freqüente na representação da santidade).

A cabeça é expressão do contato social da pessoa, mostrando-nos sua face, seu sorriso e seus olhos; é local da ornamentação, da cosmética e dos penteados, mas também demarca a animalidade dos dentes, da barba e das ventas; é portadora dos sentidos do paladar, do olfato, da audição e da visão... Todas estas significações tornam-se secundárias em relação a uma fantasia dominante: a de uma cabeça pensante, centro de uma vida intelectual cada vez mais separada do corpo. Segundo Hillman: "A equação *psique = mente* e *mente = cabeça* poderia ser levada adiante: cabeça = ego, no sentido moderno de órgão controlador e ordenador" [grifo meu] (*ibid.*, p. 139).

No imaginário, a cabeça assumiu condição de órgão superior, capaz de ser iluminado pela distância apolínea. Dentro de fantasias apolíneas, o sujeito pensante é dotado de mentalidade solar, ou seja, tem mente clara e iluminada, brilhando acima de partes inferiores do corpo. Nessa conjuntura, a hierarquia do espírito analítico possuiu o corpo, modelou seus gestos e criou o medo de "perder a cabeça".

Este sistema de representações começou a exercer controle sobre expressões da *alma.* A mente afastou-se de suas bases poéticas e estéticas. A *psique com sentido de alma,* antes sintonizada com a função transcendente da imaginação, inclina-se na direção de interesses espíritas, como reencarnarão e comunicação com os mortos,

QUESTÕES SOBRE ANÁLISE PSICOLÓGICA

psicanálise de vidas passadas e desenvolvimento de poderes mágicos ou para-normais.

Certa estrutura da consciência coletiva é tão habitual, que hoje tendemos a identificá-la com nossa própria subjetividade e, muitas vezes, a chamamos de **eu**. Para Hillman, cada um de nós aceita a estruturação coletiva da personalidade tão sem pensar, tão irrevogavelmente, "que acredita ser ela seu próprio 'eu', único e pessoal" *(ibid.*, p. 140).

A linguagem da psicologia apresenta-se racionalista demais, sendo capaz de tocar a *alma* apenas tangencialmente. Hoje, início do século XXI, a psique, cuja manifestação foi tão doentia no final do século XIX, mostra sintomas bem diferentes, está deprimida e parece aprisionada no jogo simbólico de uma mítica pulsão de morte.

Na esfera pública, mentalização excessiva dirige hospitais, universidades e negócios, alojada nos prédios públicos e no preenchimento de formulários. Sua sombra associa-se à chamada "consciência pós-moderna" e está em toda parte, acompanhando processos de globalização e mundialização, gerando sintomas característicos da psicopatia. Nesta síndrome, falta reflexão ética e reação estética, não há conexão com a *alma* e seu simbólico da morte; a atitude mental preferida é a indiferença, a fim de evitar compromisso emocional e profundo com a própria interioridade e com todos os seres do mundo, na esfera humana, animal, vegetal, mineral ou cósmica.

Até este momento, organizamos e apresentamos um relato de como a *alma* foi expulsa da psicologia acadêmica, sem nos esquecermos, contudo, de que, no final do século XIX, Freud trabalhava as bases da psicanálise. Conforme observa Hillman, o movimento psicanalítico ocorreu fora do mundo acadêmico, não sendo bem visto, na época, por muitos membros da academia. Também os primeiros institutos de treinamento psicanalítico foram independentes da universidade, "já que estas não queriam ter nada a ver com as concepções psicanalíticas" (*ibid.,* p. 120).

ECOLOGIA MENTAL DA MORTE

Num certo sentido, a psicanálise preservou a realidade de uma *psique com sentido de alma,* colocando-a no centro da psicologia como possuidora de poder autônomo e vital. A experiência da psique, em processo de análise, impõe descrições de vivências profundamente significativas, com sentido de *alma.* Freud e Jung escreveram sobre elas, porém, até hoje, existe certa tensão entre a linguagem acadêmica da psicologia e da psiquiatria e a fala da *alma.* O mal-estar começa a ser trabalhado por pesquisadores interessados na Psicologia da Religião. Aos poucos, a *alma* desperta a atenção de psicólogos atentos a sua posição estrutural e dinâmica na psique.

PSICOLOGIA ACADÊMICA E REVALORIZAÇÃO DA "PSIQUE COM SENTIDO DE ALMA"

Discussões sobre o termo *alma,* na Psicologia em geral e na psicoterapia em particular, não são restritas à abordagem junguiana, representada por James Hillman, assumidamente um crítico da psicologia acadêmica. Estudos recentes da Psicologia da Religião norte-americana e européia também avaliam a problemática psicológica concernente a *psique com sentido de alma.*

Paiva (2002) apresenta alguns desses estudos em texto alusivo a certo mal-estar decorrente do desaparecimento da palavra *alma* da linha mestra do pensamento psicológico. Na análise de Paiva, o conteúdo de tais discussões "não é, exatamente, a perda e o esforço de recuperação do âmago profundo da *alma,* em sua denotação religiosa, especificamente cristã, mas a perda e o esforço de recuperação do âmago profundo da pessoa" (*ibid.,* p. 4).

Preocupações relativas ao sentido de *alma* são convergentes com o tema do *self* em perigo, temática investigada por vários psicólogos, dentre os quais ressalta-se o empenho de psicólogos da religião, na reavaliação dos termos *alma e coração.* Paiva avalia a tendência geral dos estudiosos e configura o questionamento mais relevante (*ibid.,* p. 16):

QUESTÕES SOBRE ANÁLISE PSICOLÓGICA

Há uma impressão geral de que algo profundo se perdeu, na cultura ocidental, do indivíduo ou da pessoa. Essa perda é atribuída aos desdobramentos contemporâneos da modernidade e da pós-modernidade, com particular atenção ao processo da secularização tal como se deu. Penso que essa perda também pode ser atribuída, em parte, ao dimensionamento destacadamente psicossocial que se vem dando à questão da identidade.

O envolvimento dos pesquisadores com tradições religiosas cristãs e o reconhecimento da sacralidade do ser humano podem ter favorecido o interesse na problemática da *alma* e da linguagem do *coração*, a última enraizada na tradição cristã e na metapsicologia religiosa pré-científica. Não no sentido de restringir a indagação psicológica ao enquadramento religioso da perda e da recuperação do *self*. Especialmente em relação ao termo *alma*, Paiva ressalta que o próprio Freud, escrevendo em alemão, optou, muitas vezes, pela palavra *Seele*, que significa *alma*, em lugar de *Geist*, correspondente de espírito ou mente.

Neste caso, não há nenhum interesse religioso pelo termo. Na argumentação de Paiva, a escolha da palavra *alma* talvez indicasse a intenção de Freud em preservar uma ambigüidade inerente a noções reportadas ao núcleo mais íntimo da existência pessoal. Ele explica (*ibid.*, p. 16):

> Para Freud, *alma* não tinha nada de religioso, - embora não sejamos, por isso, obrigados a acompanhá-lo na recusa à abertura da alma para a religiosidade. Sua tradição judaica permitia-lhe, provavelmente, captar o vernáculo alemão com as ressonâncias do *nephesh* hebraico, "ser vivo, sede da vida, eu mesmo" (Barr, 1983, p. 266), de natureza não diferente do corpóreo. Nesse sentido, Freud, ao mesmo tempo em que propôs uma metapsicologia repleta de distinções (muitas delas hipotéticas), manteve a solidez da unidade humana fundamental, a *alma*, não só como objeto de cuidado, mas também como fonte de cuidado de si mesma, capaz de regenerar-se e de reintegrar-se.

A conclusão de Paiva sobre esses estudos põe em relevo a necessidade de "vivificar o discurso, demasiado mentalista, da psicologia e da psicoterapia" (*ibid.* p.18). A discussão de estudiosos da Psicologia da Religião abre espaço acadêmico para a psicologia da *alma*. Psicólogos e psicólogas da *alma* podem se interessar pela disciplina científica, beneficiando-se do empenho teórico e metodológico para ampliar a compreensão da subjetividade contemporânea. Talvez cheguem à Academia, justificando a recusa em abandonar o termo *alma*... Quem sabe o interesse acadêmico tenha sido despertado pela escuta de subjetividades com fome de amor, de ética e de espiritualidade... Será possível que tais carências implicam focos de degradação mental, decorrentes de processos coletivos de negação da morte?

CAPÍTULO 3

REPERCUSSÕES DA NEGAÇÃO COLETIVA DA MORTE

RELAÇÕES ENTRE ANÁLISE PSICOLÓGICA E TROCA SIMBÓLICA

Mitos da transcendência da alma podem ser subjugados por mitologias e ideais de sacralização da vida material, concreta, biologicamente definida? Identificada com a vida física, a psique contemporânea parece ter perdido sua "mais valia de vida" — o sentido de alma, de perenidade e o sentido de eternidade. A psicologia arquetípica, derivada da Psicologia Analítica de Jung, afirma que, na atualidade, modos dominantes de pensar vida e morte são sustentados por mitologias da Medicina e dos paradigmas biológicos, estando comprometidos com uma imaginação materialista e organicista (HILLMAN, 1993).

Estes padrões arquetípicos de pensamento, provavelmente, trazem ganhos em termos de valores da experimentação médica e diagnóstica. Entretanto, podem provocar uma série de degradações mentais, afetando principalmente o pensamento psicológico. Talvez a pior conseqüência dessa imaginação organicista seja o silêncio de

ECOLOGIA MENTAL DA MORTE

seres humanos em confronto com a própria morte. Vale lembrar uma afirmação consensual entre estudiosos da psicologia da morte: "O século XX nos traz a morte que se esconde, a morte vergonhosa, como fora o sexo na era vitoriana" (KOVÁCS, 1989, p. 8).

Tão ruim quanto esta conseqüência, é a sobreposição dessas mitologias com o conto de Frankenstein. A justaposição fala de uma espécie de homem-deus, médico e cientista, autor e comandante de poderosa tecnologia, capaz de criar vida de maneira artificial, dominar de vez a natureza e vencer a morte. Nesta perspectiva mitificada, a vida física está no centro da existência, o corpo projeta-se num vir-a-ser artificial e "robótico" e a morte é barrada do baile da vida, indefinidamente sem dança macabra, sem nada.

A análise psicológica sinaliza ressonâncias desses padrões míticos nas subjetividades contemporâneas. A avaliação está relacionada com sentimentos de vazio existencial, queixa comum nos consultórios de psicoterapia. Quantas vezes, ao longo do processo terapêutico, o vazio de sentidos sinaliza demandas psíquicas imateriais, pontua dores e sofrimentos silenciados; a psique esvaziada de recursos para lidar com as muitas mortes contidas em cada vida?

PATOLOGIA DA CIVILIZAÇÃO: NEGAÇÃO COLETIVA DA MORTE, UMA METÁFORA DO CÂNCER

Há quem diga que nossa civilização está doente, alienada de riscos inerentes ao crescimento acelerado, progresso sem limites e reprodução quase-infinita da vida física. São disposições potencialmente fatais aos organismos vivos, perigosas para a saúde psicológica da humanidade. Modelos de desenvolvimento patológico lembram o câncer, doença na qual a reprodução, um simbólico da vida, torna-se ameaçadora e mortífera. A linguagem oncológica é adotada para descrever efeitos destrutivos de uma civilização

REPERCUSSÕES DA NEGAÇÃO COLETIVA DA MORTE

submetida à cultura de consumo, cuja expansão acontece em escala mundial, atrelada ao processo de globalização da economia. Baudrillard, por exemplo, verifica uma *"desordem metastática"* instalada na cultura dos nossos dias (1990).

A metáfora da *"desordem metastática"* caracteriza um imaginário delirante, culturalmente estabelecido e socialmente compartilhado, inclinado a dissociar as ações de suas idéias, os objetos e signos dos próprios conceitos e dos valores e referências originais. A análise de Baudrillard esclarece desequilíbrios de uma organização social desgastada e simbolicamente empobrecida, esvaziada de universos ético-estéticos e da multiplicidade de referências existenciais. Na sua perspectiva: "As coisas continuam a funcionar, ao passo que a idéia delas já desapareceu há muito. Continuam a funcionar numa indiferença total a seu próprio conteúdo. E o paradoxo é que elas funcionam melhor ainda" (1990, p. 12).

O *câncer* é uma metáfora importante para ilustrar a patologia da civilização, porque pode espelhar seus efeitos mortíferos nas mentalidades. O processo de propagação aleatória e insana das células cancerosas e o fracasso do sistema de defesa do organismo para barrar tal multiplicação celular, comumente é associado à *negação coletiva da morte.*

A mentalidade contemporânea mostra-se profundamente adepta de uma espécie de "canibalismo tecnológico", entendido aqui como um tipo de desenvolvimento tecnológico e científico descontrolado e indiferenciado, desgastante para a vida psíquica da humanidade, porque leva ao extremo sua propensão para a negação da morte. Afirma Baudrillard que nossa cultura é uma cultura na qual (1990, p. 10):

Nada mais (nem mesmo Deus) desaparece pelo fim ou pela morte, mas por proliferação, contaminação, saturação e transparência, exaustão e exterminação, por epidemia de simulação, transferência na existência segunda da simulação.

Repercussão da negação coletiva da morte nas subjetividades

Há uma convicção generalizada de uma nova e dinâmica aceitação da desordem, apaixonada pela vida, que prescinde de refletir sobre a morte. Negar a morte implica alterar radicalmente a realidade de uma humanidade corpórea, enraizada na natureza física, feita de material biológico e perecível. São várias as degradações mentais associadas a uma cultura de negação coletiva da morte. De regra, as ciências humanas reclamam do empobrecimento simbólico da civilização. A psicologia profunda avisa: há perdas na capacidade psíquica de representação, tendente a ser sentida como vazio interior, estado de desolação, falta de sentido para a vida pessoal.

A cultura de negação coletiva da morte repercute na imaginação humana, produzindo efeitos indesejáveis nas subjetividades, como rejeição do envelhecimento e da decadência física e mental; interiorização da vida corpórea e mal-estar diante das funções corporais; perda de espontaneidade nos movimentos do corpo e na fluência das sensações etc. Ainda não estão computados desdobramentos dessa negação na micropolítica das relações da humanidade com a natureza, em sua expressão animal, vegetal, mineral ou cósmica. Tampouco se tem notícia de avaliações macropolíticas interessadas na negação coletiva da morte como fenômeno social.

Degradações mentais decorrentes da negação da morte não são fenômenos abstratos, indicativos de uma realidade simbólica, puramente abstrata e imaterial. Na verdade, são fenômenos materializados em práticas e costumes sociais, institucionalizados e encarnados por sujeitos e grupos humanos submetidos a vivências intensas: de medo do corpo e de sua natureza perecível; de horror frente ao aniquilamento; de angústia perante a desordem mental e o caos imaginário; de impotência e desespero pela impossibilidade de troca simbólica com a morte.

Nossa discussão pretende organizar um panorama das condições da civilização contemporânea em relação a valores do ser,

REPERCUSSÕES DA NEGAÇÃO COLETIVA DA MORTE

ampliando a reflexão psicológica associada à subjetivação da morte e do morrer. Desse ângulo, psicologia da morte integra a busca interior referida à constituição de modos de ser em si-mesmo auto-sustentados, aptos a renovar e a criar valores humanos para uma vida digna de ser vivida até o último suspiro. Esta preocupação ganha peso, quando a intervenção psicológica está comprometida com a construção de modos de "ser-para-a-morte". E a complicada questão de como "ser-para-a-morte" é desafio permanente quando se trabalha no apoio psicológico aos pacientes de câncer e a seus familiares.

Enfermidades oncológicas constituem um grupo de doenças, cuja característica comum é a anormalidade das células e seu crescimento ou divisão excessiva. Diferentes tipos de câncer têm etiologia multifatorial, ensina Maria Margarida Carvalho, importante estudiosa da psico-oncologia no Brasil (2002). A ocorrência do câncer parece depender da operação conjunta de vários fatores, como predisposição genética, exposição a fatores ambientais de risco, contágio por determinados vírus, uso do cigarro, hábitos alimentares inadequados, consumo de substâncias cancerígenas e outros. Numerosos estudos apontam nessa direção. Várias pesquisas também indicam possibilidades de contribuições psicológicas no crescimento do câncer.

O PORQUÊ DE A MORTE SER QUESTÃO IMPORTANTE PARA PACIENTES DE CÂNCER

O depoimento de pessoas obrigadas a enfrentar um diagnóstico de câncer apresenta um conteúdo em comum: é hora de reconhecer a própria finitude, de averiguar a possibilidade de morrer e considerar prognósticos de sobrevivência, de pensar a vida incluindo a morte como aspecto significativo da etapa final da existência. É um tempo de trauma, de choque, de susto, de confusão existencial muito profunda. No entanto, mesmo nos casos em que a morte é uma questão mais concreta, o assunto tende a ser evitado em família e com a maioria dos amigos.

As pessoas mais próximas do paciente de câncer não costumam facilitar a expressão de temores e antecipações catastróficas, nem verbalizam a idéia mais comum de estar "condenado à morte", ao receber um diagnóstico de câncer. Quase sempre, há um gasto imenso de energia para reprimir o medo e a angústia do fim, tanto da parte do paciente de câncer como da parte de familiares e amigos íntimos. Nem com o médico é freqüente falar claramente sobre o problema da morte. A situação costuma gerar um grau de tensão insuportável e necessidades específicas de orientação psicológica e apoio emocional.

O Centro Oncológico de Recuperação e Apoio de São Paulo, conhecido como CORA-SP, é uma organização não-governamental criada por pacientes e ex-pacientes de câncer. Sua missão social é responder a necessidades de apoio psicológico do paciente de câncer e de seus familiares. A finalidade básica da instituição é, citando folheto distribuído no Centro *oferecer conforto e informação de todas as formas, quer através de campanhas de divulgação, quer através de orientação pessoal ao paciente e seus familiares"* (sic) [grifo meu].

Quem trabalha no CORA, aprende que a necessidade fundamental de todo paciente de câncer é reforçar o potencial vital em sua totalidade, de modo a dar conta do tratamento e do confronto com a morte. E o confronto com a morte é inevitável na subjetividade de todo paciente de câncer e dos seus familiares.

Em primeiro lugar, porque quase sempre morte é a primeira fantasia a aparecer, vindo colada em todo diagnóstico de câncer, mesmo nos casos em que a cura é possível e acontece. Em segundo lugar, porque a doença ainda não está totalmente controlada, apesar dos avanços da medicina oncológica, havendo situações em que a morte concreta precisa ser encarada.

Quando o tratamento do câncer fracassa ou quando a medicina reconhece não ter como controlar a doença, tensões inerentes à subjetivação da morte tornam-se ainda mais agudas. É hora de trabalhar o luto por si mesmo, de viver o tempo em que se toca a morte em suas diversas dimensões: físicas e mentais, sociais e individuais, materiais e espirituais. Querendo ou não, é preciso encarar uma morte que se aproxima, inexorável, machucando a percepção com a degradação da aparência física do paciente e perturbando a mente com antecipação de numerosas separações.

O acompanhamento psicológico desses pacientes depende de abertura permanente para compreender, em profundidade, o apoio psicológico necessário nessas circunstâncias. Uma reflexão importante implica, nestes casos, um sistema de valores dominante na nossa sociedade, relacionado com atitudes coletivas de negação da morte. Afinal, que troca simbólica com a morte é possível, quando somos influenciados por uma cultura de negação da morte?

CONTEXTOS INFLUENCIADOS PELA NEGAÇÃO COLETIVA DA MORTE

É preciso ter em mente que pacientes de câncer estão muito expostos ao círculo médico e, geralmente, acabam submetidos a valores predominantes nas instituições hospitalares. É um contexto no qual questionamentos sobre negação da morte implicam desenvolvimento técnico-científico da medicina com situações concretas de muito sofrimento, tanto físico como psicológico.

Na rotina dos hospitais, vivenciada por quem precisa encarar infindáveis exames de controle e tratamento do câncer, pacientes e familiares experimentam angústias silenciosas, prisioneiros de um pacto de silêncio envolvente e intransigente, no qual se incluem discussões sobre continuidade ou não de quimioterapias e técnicas terapêuticas experimentais.

O dilema de suspender tratamentos fúteis, assim chamados porque estendem o sofrimento de pacientes sem esperança de melhora ou de cura, pode exemplificar a fusão existente entre valores dominantes na nossa civilização e o problema coletivo da *negação coletiva da morte* (quase-pleonasmo necessário). Há poucos anos, o repórter Diogo Schelp testemunhou parentes desorientados e incapazes de decidir entre confiar na recuperação do doente ou assumir a terminalidade da vida e proximidade da morte. Em artigo publicado pela revista Veja, ele escreveu (Schelp, 2002, p. 87):

> Pacientes de câncer submetidos a longos tratamentos quimioterápicos podem apresentar tal grau de sensibilidade nos órgãos internos, que é impossível saber se estão sendo tratados ou maltratados, quando se tenta alimentá-los com sondas devido à intensidade dos efeitos colaterais do tratamento. Mesmo assim, existem profissionais que acreditam que, sem a alimentação por sondas, os pacientes acabam morrendo de desnutrição, e não em razão da doença.

A situação ilustra dificuldades de aceitar a morte como limite não-passível de ser vencido. Percebe-se a negação do processo terminal, a confusão entre idéia de morte e idéia de doença, a recusa em aceitar o declínio das capacidades físicas e a falência dos órgãos de um paciente em estágio terminal. Esta atitude pressupõe negação coletiva da morte e diz respeito à temática da *distanásia* — palavra técnica para significar "o prolongamento exagerado da morte de um paciente", da vida de um morrente, "tratamento inútil" ou "obstinação terapêutica".

DISTANÁSIA: A MATERIALIDADE DA NEGAÇÃO COLETIVA DA MORTE

Distanásia ou *obstinação terapêutica* é questão contemporânea das mais polêmicas, investigada no campo da Bioética. Em artigo sobre o problema da *distanásia*, Léo Pessini discute o conflito ético dos médicos diante do grau de intervenção em condições de terminalidade (1996, p. 33):

REPERCUSSÕES DA NEGAÇÃO COLETIVA DA MORTE

Atualmente, a medicina trabalha com vistas ao futuro, procurando promover uma vida boa, saudável, aumentar o tempo de vida e sua qualidade. A morte é admitida com relutância no âmbito da medicina, como limite para atingir tais objetivos. É sentida como uma falha...

O problema também diz respeito a decisões difíceis de tomar por familiares, angustiados demais com o sofrimento de um ente querido. Em geral, parentes e amigos esperam uma decisão racional dos médicos, fundamentada em conhecimentos científicos para reconhecer se a situação do doente tornou-se irreversível.

Ao abordar o problema da *distanásia,* Pessini discute a necessidade da medicina aceitar a morte como um limite, que não pode ser vencido. Conforme argumenta, este limite poderia ser um ponto focal, indispensável, essencial para pensar doença e morte como parte da vida humana. A realidade do sofrimento produzido pela enfermidade fatal e da angústia diante da finitude da vida deveria favorecer reflexões éticas acerca de cuidados médicos mais adequados para pessoas com declínio das capacidades físicas e mentais, por causa da velhice ou de doença grave (*ibid.*, p. 33-41).

Este assunto supõe capacidade pessoal de assumir a morte e falar dela, esclarecendo condições concernentes à terminalidade da vida. Interrogações e decisões alusivas a esta situação abarcam graus variados de entendimento sobre a morte e o morrer, agenciando conflitos éticos vividos por integrantes da equipe multidisciplinar responsável pelo atendimento do paciente de doença grave, além de conflitos e confusões de familiares e do próprio enfermo.

O CORA-SP abriga uma população exposta a estes fatores, com muitas pessoas que precisam encarar tanto a possibilidade da morte concreta, como degradações mentais derivadas de práticas e costumes condicionados pela *negação coletiva da morte.* O duplo confronto, com a morte em si e com a *negação coletiva da morte,* atinge integrantes da equipe técnica, monitores em treinamento, (psicólogos e pacientes de câncer interessados em trabalhar nos programas de apoio), e o usuário comum, o próprio paciente de câncer e seus familiares.

No CORA, não são raros casos de fracasso do tratamento, quando paciente e familiares são obrigados a enfrentar o estágio terminal da doença. Como se lida com essa situação no CORA? O programa de apoio da instituição rompe com a *negação coletiva da morte* e, aliando-se aos movimentos de conscientização e aceitação da morte, procura acolher a possibilidade da morte de maneira franca e direta. A questão da morte é abertamente discutida com pacientes e com seus familiares.

Práticas de apoio psicológico a pacientes de câncer, e de outras enfermidades potencialmente fatais, estão instituídas. Todavia, falta elaborar respostas para a problemática, inscrevendo reflexões e questionamentos mais específicos acerca da *negação coletiva da morte*; é preciso organizar uma compreensão consensual do problema, esclarecer suas dimensões ético-estéticas e delimitar fronteiras entre a ajuda solicitada e o apoio possível de ser oferecido.

Nossa discussão vai seguir um caminho nessa direção, buscando articular uma nova compreensão de práticas de apoio psicológico a pacientes em confronto com o câncer e com a morte. Desenvolveremos um novo *olhar* para indagações sobre a morte e o morrer, centrado na troca simbólica com a morte; também consideraremos uma nova *escuta* psicológica, sinalizando rupturas com referenciais de uma cultura de *negação coletiva da morte*.

CAPÍTULO 4

QUEM SOFRE COM A NEGAÇÃO COLETIVA DA MORTE ?

PACIENTES DE CÂNCER E SUA BUSCA DE APOIO PSICOLÓGICO

Estudiosos da psico-oncologia avaliam a problemática do paciente de câncer, considerando três dimensões da experiência, todas envolvidas na demanda de apoio psicológico: uma se refere à vida intrapsíquica, outra, ao relacionamento social, a terceira deriva da doença oncológica em si (CARVALHO, M. M., 2002, p. 160).

A caracterização das três esferas de experiência favorece a visibilidade para núcleos de tensão diferenciados, mas dinamicamente inter-relacionados. Desse ângulo, é possível vislumbrar a intersecção bio-psico-social da realidade, vivida pelos doentes. Cada dimensão da experiência faz parte, em algum grau e em momentos diferentes, do processo da enfermidade e da situação enfrentada pelo paciente.

No âmbito da experiência intrapsíquica, preocupa a tensão emocional prolongada, caracterizada por estados de ansiedade, depressão, medo, raiva, revolta, insegurança, perdas, desespero, mudanças de humor e desolação. Na esfera social, predominam relatos nos quais são empregados termos como isolamento, estigma, mudanças de papéis, perda de controle das funções fisiológicas, labilidade emocional, perda de autonomia etc. No plano da doença em si, a experiência do enfermo reflete situações decorrentes da enfermidade, como problemas com mutilações, tratamentos prolongados, dor física e psíquica, efeitos colaterais de medicação, conflitos na relação com o médico etc. Idealmente, propostas de apoio psicológico a portadores de enfermidades oncológicas devem contemplar dificuldades das três dimensões mencionadas.

SOBRE O PERFIL PSICOLÓGICO DE PACIENTES COM CÂNCER

É possível afirmar a existência de uma personalidade típica do paciente de câncer? A pergunta suscita discussões relativas a generalizações baseadas em dados estatísticos, promovendo avaliação crítica de contradições entre diferentes pesquisas e entre pesquisas e condições existenciais de cada pessoa doente.

Por exemplo: conhecemos fumantes falecidos em idade avançada e sem nenhuma manifestação de enfermidade oncológica; muitas pessoas permanecem saudáveis após perdas significativas; enfrentamos situações de intenso estresse sem adoecer; desequilíbrio emocional persistente não é prerrogativa de quem recebe diagnóstico de câncer. Além disso, a biografia de pacientes de câncer nem sempre é machucada por sentimentos de abandono, rejeição e perdas.

Contradições entre teoria, estudos estatísticos e realidade existencial de portadores de câncer existem e são facilmente observadas; contudo, a identificação de características de personalidade associadas a doenças oncológicas corresponde a uma prioridade da psico-oncologia: descobrir possibilidades de trabalho preventivo do ponto de vista psicológico e educacional.

O perfil clássico do paciente de câncer descreve pessoa inclinada a cuidar mais dos outros que de si mesma, preocupada em se ajustar a situações-problema com o mínimo de desgaste e exposição. Muitos

QUEM SOFRE COM A NEGAÇÃO COLETIVA DA MORTE ?

doentes são vistos como seres humanos "bondosos demais", excessivamente tolerantes e compreensivos com os outros e com situações desagradáveis. Simonton e seus colaboradores, referência importante sobre apoio psicológico a pacientes de câncer, descrevem muitos pacientes como pessoas que assimilaram os ideais mais elevados da cultura, dispostas a se sacrificar pelos outros e a desistir de lutar adequadamente por desejos e necessidades próprios (1987, p. 113):

> A literatura que descreve os aspectos emocionais do câncer está repleta de exemplos que caracterizam as pessoas que têm câncer como 'boas demais para serem reais' — pessoas delicadas, generosas, respeitadoras e agradáveis em face de qualquer tipo de adversidade.

Várias análises, realizadas por diferentes profissionais "psi", assinalam a presença de sensações de insegurança na base de tais atitudes (conformidade e tolerância exageradas). A insegurança pode estar conscientizada ou não, mas sempre configura focos de tensão (*intra* e *inter* subjetivos), caracterizados por sentimentos de abandono, desânimo, vazio interior.

Estudos derivados da psicoterapia de pacientes de câncer revelam, também, dificuldades para enfrentar e resolver conflitos; a tensão emocional reflete ausência de recursos nas subjetividades para um confronto direto, aberto, consciente dos sofrimentos da vida, geralmente derivados dos encontros com a dor, com o amor e com a morte.

A passividade e a inadequação, refletidas por dificuldades desta natureza, sinalizam defesas psicológicas impróprias para aliviar tensões emocionais e bloqueio no processo de individuação da subjetividade. No contexto psicanalítico, a manifestação do câncer tende a ser interpretada como sintoma de crise existencial negada e não-resolvida.

Pesquisas fundamentadas na história de vida de pacientes de câncer demonstram alguns pontos em comum, dentre os quais, juventude marcada por relacionamentos difíceis e ameaçadores;

permanente sensação de isolamento, abandono e rejeição; tendência a concentrar toda energia emocional e física no relacionamento com uma pessoa ou com a carreira; sentimentos de perda muito intensos pela morte de ente querido ou separação do centro de atenção e motivação existencial (filhos deixam a casa dos pais, divórcio, aposentadoria, por exemplo).

MÉTODO SIMONTON E FALSA VONTADE DE VIVER DE PACIENTES DE CÂNCER

Simonton, Simonton e Creighton (1987) são pioneiros na análise de aspectos psicológicos inter-relacionados ao diagnóstico e ao tratamento de pacientes de câncer. Seus estudos focalizam relações entre depressão, estresse, enfraquecimento do sistema imunológico e surgimento de moléstias oncológicas. O. Carl Simonton, médico radiologista, foi o primeiro do grupo a reparar na relação entre condições psicológicas dos doentes, surgimento do câncer e evolução do tratamento. Chamou sua atenção um fato: de regra, seus pacientes afirmavam sentir "vontade de viver", porém, muitos agiam como se não estivessem suficientemente envolvidos com o tratamento.

Não seguiam prescrições médicas referentes a hábitos alimentares, continuavam a beber e a fumar ou não compareciam regularmente ao tratamento. Mesmo quando o prognóstico médico indicava possibilidade de vários anos de vida, e o paciente afirmava ter numerosas razões para viver, depressão, apatia e tendência a desistir do tratamento eram freqüentes.

Estes casos contrastavam com outros quadros clínicos, comprometidos com prognósticos negativos e, algumas vezes, até mesmo na fase terminal da doença, quando pacientes surpreendiam o médico por manter a saúde estável, contradizendo previsões estatísticas de forma inexplicável. Neste grupo, bem menor em relação ao primeiro caso, o doente parecia intuir possibilidade de exercer

QUEM SOFRE COM A NEGAÇÃO COLETIVA DA MORTE ?

alguma influência no curso da doença. Conforme avaliação do médico radiologista: — "Os pacientes que continuavam a ter melhoras, por uma razão ou por outra, tinham uma 'força vital' mais poderosa" (*ibid.*, p. 17).

Simonton e seu grupo de pesquisas, partindo de uma visão holística, organizaram uma programação de auto-ajuda sustentada por informações e atividades focadas no entendimento e manejo de dificuldades psicológicas freqüentes entre pacientes de câncer. Preocuparam-se, principalmente, com o dualismo imbricado em uma série de preconceitos médicos, postulando que a cisão mente-corpo deveria ser combatida pelo paciente de câncer. A visão holística foi articulada com estudos sobre controle da tensão emocional e do estresse.

ESTRESSE: ASSUNTO IMPORTANTE PARA PACIENTES DE CÂNCER

De acordo com Simonton, pesquisas interessadas no controle de estados físicos associados ao estresse, condições orgânicas normalmente consideradas fora do controle da consciência, demonstram alterações fisiológicas correspondentes a mudanças subjetivas conscientes ou inconscientes, e vice-versa. Deste modo: "qualquer mudança no estado emocional, consciente ou inconsciente, é acompanhada de uma mudança apropriada do estado fisiológico" (*ibid.,* p. 37).

Hans Selye (s.d.), autor do conceito de estresse, foi o primeiro a publicar estudos sobre estados de tensão associados a reações de defesa (ataque-fuga) do organismo. Biólogo, professor da Universidade de Praga, na década de 1920 já desenvolvia trabalhos sobre reações emocionais diante do estresse, associadas ao surgimento de doenças. Selye descreveu efeitos benéficos do estresse, evidenciando dinâmicas de proteção e preservação da vida orgânica; também investigou prejuízos orgânicos decorrentes da tensão prolongada.

As principais descobertas de Selye evidenciam relações entre níveis elevados de estresse emocional e alta probabilidade de surgimento de doenças. O estresse crônico causa profundos prejuízos ao sistema imunológico e pode desequilibrar sua reação de defesa; quando afeta o sistema imunológico também produz desequilíbrio emocional, aumentando a produção de células anormais, dentre as quais podem estar células cancerosas.

Pesquisas mais recentes confirmam grande parte dos estudos de Selye, como repercussões negativas do estresse prolongado no sistema imunológico. Tais investigações sinalizam a tensão emocional como elemento importante no tratamento de pacientes de câncer, pois, quando o sistema imunológico enfraquece, a produção de células anormais pode aumentar, exatamente num momento de maior fragilidade orgânica.

TEORIA DA VIGILÂNCIA IMUNOLÓGICA E SUSCEPTIBILIDADE AO CÂNCER

Não é precisamente a intensidade do estresse que leva à doença, a manutenção do estado de tensão depende mais da maneira pessoal de interpretar e administrar situações estressantes. Determinadas atitudes mentais intensificam a repercussão do impacto emocional sobre o corpo, desequilibrando ainda mais o sistema de defesa e criando oportunidades para o surgimento de doenças. O aspecto mais importante da metodologia de auto-ajuda postulada por Simonton incide neste ponto, concernente a uma abordagem denominada *"teoria da vigilância imunológica e susceptibilidade ao câncer"*.

Resumidamente, esta teoria afirma que o sistema imunológico vigia de perto o aparecimento de células anormais e as destrói naturalmente. Células anormais existem em todos os seres humanos, mas o sistema de defesa do organismo as elimina naturalmente. Quando ocorre inibição e desequilíbrio do sistema imunológico, células anormais podem escapar da vigilância imunológica, facilitando o desenvolvimento de doenças oncológicas.

QUEM SOFRE COM A NEGAÇÃO COLETIVA DA MORTE ?

A desorganização do sistema imunológico se associa a uma série de fatores emocionais e mentais inter-relacionados, conjugados a efeitos destrutivos do sistema de crenças da pessoa e a sua maneira habitual de gerir tensões e frustrações do cotidiano. A depressão resultante de condições existenciais adversas pode ser outro fator de peso no prolongamento do estresse.

Com base nesses estudos, Simonton e sua equipe construíram uma metodologia de ação educativa, visando à compreensão e à elaboração de dificuldades psicológicas associadas ao estresse prolongado, tendo em vista riscos decorrentes do enfraquecimento do sistema imunológico. O objetivo idealizado — reverter uma condição patológica do corpo por meio da reavaliação de crenças e convicções autodestrutivas, sobrepostas ao impulso de afirmação da vida e da saúde.

AÇÃO EDUCATIVA E PROGRAMAÇÃO DE APOIO PSICOLÓGICO

A Educação contemporânea sugere uma estruturação tríplice, observa-se uma educação formal, outra não-formal e uma educação informal. A estrutura formal da educação é escolar, regida por currículos e diplomas; a não-formal implica uma intervenção passível de sistematização e planejamento, mas sua aplicabilidade depende da livre adesão dos indivíduos; educação informal corresponde a uma estrutura fluida, constituída por processos dinâmicos, contínuos e atuais, ocorrendo no seio da própria sociedade, ações de ensino e de aprendizagem propicia- das por múltiplas inter-relações dos indivíduos.

A metodologia Simonton consiste em intervenção sistematizada para motivar pacientes de câncer a enfrentar sua doença com responsabilidade e interesse na cura. É, portanto, uma proposta educacional não-formal, de caráter psico-profilático.

ECOLOGIA MENTAL DA MORTE

Metas educacionais do Método Simonton

A metodologia de auto-ajuda Simonton considera como meta educacional: a) ajudar o paciente de câncer a fortalecer suas convicções a respeito da eficácia do tratamento médico; b) reforçar ou promover entendimento de que as defesas do corpo humano são poderosas e podem eliminar células do câncer, quando o sistema imunológico está equilibrado e fortalecido; c) estimular mudanças na autopercepção do paciente e na percepção que ele tem dos problemas de sua existência, de forma a facilitar a aprendizagem de modos mais eficientes de lidar com o estresse da vida quotidiana.

A programação combina ação educativa e intervenções psicológicas voltadas à restituição do equilíbrio emocional do paciente de câncer e de seus familiares. A idéia de equilíbrio emocional implica liberação das tensões físicas e o desabrochar do *"gosto pela vida"*, condições de fortalecimento do sistema imunológico e recuperação das energias necessárias para combater células cancerígenas.

Apoio psicológico instituído por pacientes de câncer.

CORA, Centro Oncológico de Recuperação e Apoio, é uma sociedade civil de caráter privado e âmbito nacional, sem fins lucrativos, destinada à união de esforços para atendimento de necessidades psicológicas, comuns dentre portadores de enfermidades oncológicas. O Centro foi fundado em 26 de junho de 1986, na cidade de São Paulo, adotando as siglas CORA e/ou CORA-SP para divulgar sua proposta de apoio psicológico.

A iniciativa de organizar a instituição partiu de um grupo formado por pacientes e ex-pacientes de câncer, seus amigos, familiares e alguns profissionais médicos, conscientizados da ausência de recursos, no Brasil, para atendimento adequado de dificuldades psicológicas decorrentes da doença e do tratamento. A missão social do Centro seria oferecer conforto emocional e informações sobre formas de combater enfermidades oncológicas.

Pacientes e ex-pacientes fundadores selecionaram e introduziram no Brasil, adaptando às condições nacionais, metodologia de auto-ajuda, desenvolvida por Magdalen Creighton, no *Cancer Support and Education Center*, Menlo Park (Califórnia-EUA). Na instituição brasileira, esta metodologia recebeu o nome de Programa Avançado de Auto-Ajuda, abreviado para PAAA.[1]

A ORGANIZAÇÃO DO PROGRAMA DE AUTO-AJUDA

O programa de auto-ajuda implantado no CORA-SP consiste na organização de um conjunto de atividades, coordenadas por especialistas em psico-oncologia, com treinamento na metodologia Simonton. As atividades são propostas para grupos formados por pacientes e familiares, consistindo em nove encontros, realizados semanalmente, elaborados de acordo com tópicos significativos no confronto com o câncer.

Cada sessão tem seis horas consecutivas de trabalho, intercaladas por um intervalo para refeição. O número de participantes de cada grupo pode variar entre oito e doze pacientes e acompanhantes. A equipe técnica de cada grupo é organizada da seguinte maneira: um coordenador responsável pela direção daquele Programa, sempre psicólogo ou psiquiatra com experiência na metodologia empregada; um assistente ou vice-coordenador, função desempenhada por paciente ou ex-paciente de câncer, com treinamento para atuar como monitor; psicólogos-monitores especializados na metodologia Simonton (no máximo, um monitor para cada quatro participantes).

---

[1] Atualmente, há no Brasil duas unidades oficiais do CORA, a matriz paulista (CORA-SP) e um segundo centro de atendimento, fundado em Brasília (1998), ainda em fase de implantação. Neste trabalho, apresentamos somente características gerais do CORA-SP e um breve resumo da programação da instituição. Informações mais completas a respeito da metodologia Simonton, da estrutura do CORA e sua programação completa, são encontradas nas seguintes publicações: SIMONTON, MATTHEWS-SIMONTON E CREIGHTON, 1987; CARVALHO, 1992; VERDADE, 2003a e 2003b. Esclarecimentos sobre atividades atuais, contatar diretamente o CORA-SP. End.: Rua Delfina, 705 — Vila Madalena, São Paulo, SP — CEP: 05443-010 - Tel. (011) 3813-3340.

Os nove encontros do PAAA são articulados de acordo com os seguintes tópicos:

1º) Técnicas de relaxamento e de expressão emocional, para aliviar tensões físicas e emocionais.

2º) Exercícios de visualização e criação de imagens de célula cancerosa e de sua eliminação pelo tratamento. A visualização do sistema imunológico também é trabalhada, principalmente para ressaltar a função das células brancas na destruição de células anormais e cancerosas. Os exercícios valorizam a capacidade de defesa do corpo humano e pretendem desmistificar o poder atribuído a todo tipo de câncer.

3º) Estresse é um dos temas mais importante, trabalhado por meio de exercícios imaginativos, dedicados a recuperar lembranças das situações de tensão de período anterior ao diagnóstico do câncer. O objetivo é identificar núcleos de tensão existencial e promover novas maneiras de avaliar e gerir situações-problema e conflitos pessoais.

4º) Ganhos secundários propõe reavaliação das circunstâncias de tensão existencial, na época da manifestação do câncer, estimulando o reconhecimento de benefícios indiretos da doença. A identificação de ganhos secundários do adoecimento configura conflitos profissionais ou pessoais, refletindo necessidades pessoais não-admitidas, tais como carências de afeto, de tempo para si, de atividade física etc.

Esta sessão é dirigida pelo assistente ou vice-coordenador do PAAA; conforme mencionado, sempre um paciente ou ex-paciente de câncer, com treinamento de monitor. A experiência com a doença é essencial nesta sessão, porque permite apresentar o tema, partindo de depoimentos a respeito de compensações positivas da situação de doente. De certa forma, a condição de paciente ou de ex-paciente de câncer confere autoridade e competência para afirmar benefícios derivados de estado tão penoso. O reconhecimento de ganhos secundários da doença reflete necessidades psicológicas socialmente desvalorizadas, incentivando processos de re-significação e aperfeiçoamento da auto-aceitação.

QUEM SOFRE COM A NEGAÇÃO COLETIVA DA MORTE ?

5º) Dinâmica familiar e expectativas familiares são significativas no desenvolvimento de moléstias oncológicas; implicam padrões de comportamento moldados na convivência familiar, durante a infância e mantidos nas relações atuais, constituindo núcleos de tensão emocional prolongada.

6º) Comunicação e atitude de escuta ativa também se associam a problemas de relacionamento familiar, no que diz respeito à capacidade de diálogo e de trocas emocionais profundas. A sessão envolve expressão clara e direta de necessidades e desejos, desenvolvimento da habilidade para compartilhar sentimentos, idéias e experiências.

A boa comunicação tem valor fundamental, principalmente entre pacientes, seus familiares e amigos, pelo potencial de atenuar sentimentos de solidão e carências afetivas. Durante o programa são apresentadas técnicas de comunicação baseadas no aprimoramento de atitudes de escuta, elemento essencial no restabelecimento do diálogo do enfermo com seus parentes e amigos.

7º) Decisões do início da vida é tema associado a circunstâncias vivenciadas na família de origem. Os exercícios estimulam lembranças da infância, principalmente momentos tensos referentes a opções e decisões existenciais, assumidas como solução de conflito familiar. As intervenções derivam da teoria psicológica dos papéis, — o "bonzinho" e a "vítima", por exemplo —, buscando características de personalidade pertinentes ao perfil clássico do paciente de câncer.

A identificação com determinados padrões de desempenho (papéis) exerce efeito bloqueador sobre a vida emocional, gera dificuldade de expressão de necessidades e desejos, causa de tensão emocional e estresse prolongado. A recuperação de escolhas e decisões da infância amplia a autopercepção, iluminando atitudes enraizadas em épocas passadas.

8º) Crenças sobre a morte é matéria delicada e difícil de trabalhar, sobretudo porque a preocupação central do programa de auto-ajuda é estimular o desejo de viver. No entanto, pacientes de câncer precisam

ECOLOGIA MENTAL DA MORTE

enfrentar a questão da morte de modo franco e direto, rompendo com mecanismos de repressão individuais e coletivos.

A problemática da negação coletiva da morte é tratada como fator de impedimento da livre expressão de receios e angústia, exacerbados por uma doença grave e, muitas vezes, fatal. A repressão do medo da morte produz tensão emocional prolongada, bloqueia energia psíquica importante na luta pela vida. Além disso, o medo da morte pode levar pacientes e familiares a evitar decisões relativas a projetos futuros. Sendo assim, a confrontação direta do assunto morte ajuda o doente a contatar uma realidade vivencial significativa, embora usualmente negada.

9º) Metas de qualidade de vida é tema de sessão dedicada a uma tendência comum entre pacientes de câncer, a de viver em uma espécie de *tempo condicional*. Um exemplo deste *tempo condicional* se expressa em frases do tipo: "quando ficar curada, vou tirar férias". O enfermo e seus familiares têm propensão a viver mais em função da doença do que da saúde, abandonando compromissos e atividades indispensáveis para uma vida divertida e estimulante.

Os exercícios desta sessão convidam a refletir sobre necessidades não- reconhecidas, desejos desvalorizados e projetos sempre adiados ou abandonados por causa da doença. As intervenções visam a identificar carências reais e profundas, comparando-as com expectativas externas e formais, alheias a dificuldades e problemas do cotidiano de pacientes e familiares (exames de rotina, tratamentos agressivos, gastos financeiros, desgaste físico e mental provocado pelo sofrimento etc). Os projetos podem referir-se a pequenas tarefas ou a grandes decisões, realizações a serem obtidas em um dia, em uma semana, três meses ou um ano; dependendo da situação de cada pessoa.

O estabelecimento de planos para melhorar a qualidade de vida ajuda a perceber possibilidades de tornar a vida mais agradável e significativa, dentro das atuais condições físicas do enfermo. O

QUEM SOFRE COM A NEGAÇÃO COLETIVA DA MORTE ?

essencial é descobrir como obter satisfação, alegria e prazer para melhorar a qualidade da vida do presente; o interesse maior é revitalizar e cultivar o entusiasmo e o gosto pela vida, dentro das condições existenciais do presente.

BUSCA DO POSSÍVEL DENTRO DO IMPOSSÍVEL?

A meta educacional da programação de auto-ajuda do CORA-SP segue a proposta Simonton, assumindo, também, a necessidade de incentivar mudanças na percepção que o paciente tem de si mesmo e dos problemas de sua existência, de forma a facilitar a aprendizagem de modos mais eficientes de lidar com o estresse da vida quotidiana.

A temática do programa sugere que reconhecimento e alteração de crenças e atitudes destrutivas provoca reação interior de renovação, revitalização e reestruturação da personalidade total. Nesse sentido, a concepção de apoio psicológico se apóia na afirmação de ideais libertários da individualidade.

É um trabalho que busca a melhor qualidade de vida possível, no seio de circunstâncias existenciais praticamente não-passíveis de serem bem vividas, se bem viver significar entusiasmo permanente, invariável sentimento de poder e de força física, disposição inabalável para a atividade.[2]

É POSSÍVEL "ENSINAR" A SENTIR ENTUSIASMO PELA VIDA?

A motivação humana está relacionada ao entusiasmo que mobiliza o ego em direção a determinado objetivo. Todo entusiasmo depende da mobilização das forças físicas e psicológicas do indivíduo, conscientes e inconscientes, direcionadas ao pleno engajamento numa

---

[2] Em artigo publicado, discuto a natureza psico-pedagógica do programa de apoio do CORA-SP, considerando a influência de idéias relativas à educação, de Reich, especificamente acerca da metáfora do "homem selvagem" e de suas implicações na troca simbólica com a morte (VERDADE, 2003b).

ECOLOGIA MENTAL DA MORTE

tarefa a ser cumprida. Tal engajamento pressupõe elementos intelectuais, ligados com o desenvolvimento da cognição, e fatores físicos, emocionais e imaginativos, referentes à dimensão mais profunda dos processos de ensino e aprendizagem. No CORA-SP, ação educativa e intervenção psicológica confrontam a problemática contemporânea da morte; ação educacional e intervenção "psi" pontuam enfaticamente a necessidade de liberar energia aprisionada na repressão do medo de morrer. E como apreender, avaliar e contestar negação e terror coletivos diante da morte?

PEDIDO DE APOIO PSICOLÓGICO, OFERTA DE AUTO-AJUDA

De modo geral, todo pedido de apoio psicológico tem, invariavelmente, o objetivo de diminuir ou suprimir um estado de sofrimento, decorrente de dificuldades de ordem emocional e cognitiva. Um pedido de ajuda psicológica sempre se relaciona com o legítimo desejo de não mais sofrer. A clínica psicológica ensina: a análise da vida psíquica tende a ajudar os indivíduos a ampliarem sua capacidade de tolerar o sofrimento, muito mais do que a reduzi-lo ou eliminá-lo. Talvez haja um acréscimo ou algum tipo de fortalecimento das subjetividades, capaz de amenizar a dor psíquica.

O apoio psicológico a pacientes de câncer pode apresentar resultados semelhantes aos efeitos terapêuticos da análise psicológica. No entanto, algumas dificuldades de pacientes de câncer são muito específicas e delicadas, principalmente quando a intensidade do sofrimento psíquico é proveniente da antecipação da própria finitude.

Infelizmente, em muitos casos, morte é possibilidade concreta entre pacientes de determinados tipos de câncer. E como compreender a vivência de pessoas conscientizadas da gravidade de sua doença, da possibilidade de fracasso do tratamento e da proximidade do fim da própria vida? Como avaliar interferências da *negação coletiva da morte* na subjetivação da morte e do morrer?

QUEM SOFRE COM A NEGAÇÃO COLETIVA DA MORTE ?

Considerada principal fator de fragilização das subjetividades contemporâneas, a morte coletivamente negada não pertence a ninguém, é finitude anônima, perigo sem nome, dor calada e desespero sem fala. Nossa discussão, alusiva ao paradigma da ecologia mental, impõe organizar uma análise psicológica atenta a focos de tensão correspondentes a desdobramentos subjetivos da *negação coletiva da morte,* partindo de depoimentos de pacientes de câncer e de "cuidadores psi" – profissionais especializados no apoio psicológico em situações-limite, ou seja, de concretização do fim. A análise visa a recuperar focos de intensidades psicológicas de difícil expressão, a angústia inominável, inquietudes e aflições obscurecidas pela ausência de sentido.

CAPÍTULO 5

O PROBLEMA: ALGUMAS INDAGAÇÕES

É PRECISO FALAR DA MORTE ENQUANTO HÁ VIDA

O debate sobre tanatologia exige um salto sobre muralhas disciplinares, que isolam e delimitam diferentes campos do conhecimento. Hoje em dia, estudiosos de diferentes áreas despertam para a necessidade de pensar e falar da morte e do morrer, reconhecendo a relevância do diálogo interdisciplinar. Na Psicologia, o debate social é visto como elemento essencial na recuperação e preservação da qualidade da vida na fase de partida, inerente à ética dos relacionamentos com pessoas enfraquecidas por doença fatal, idade avançada ou acidentes graves. Kovács, por exemplo, afirma: "é preciso falar da morte enquanto há vida" (1992, p. 9).

A declaração acima apreende e sintetiza preocupações de áreas de estudo e atuação, nas quais morte e morrer fazem parte da realidade, expondo sentimentos contraditórios em relação a seres humanos que, sem palavras, vivem a vida na fase de partida. Tais preocupações se manifestam quando a cegueira produzida pela *negação coletiva da morte* é rompida e, pela brecha, emerge um

ECOLOGIA MENTAL DA MORTE

olhar capaz de ver, na face do outro, o quanto se sente sem meios para assumir a própria morte e controlar a angústia por ela gerada.

Essa impotência diante da morte, essa ausência de recursos das subjetividades contemporâneas para o encontro com a finitude, notifica a impossibilidade de articular sentidos de ser-para-a-morte. Como avaliar silêncios e silenciamentos na etapa final da existência? Como profissionais, chamados a atender necessidades de pessoas à morte, podem contribuir para recuperar a fala e a sabedoria da vida na fase de partida?

Para responder a estas pergunta, na atualidade, não é possível deixar de lado a função repressora da *negação coletiva da morte*, nem subestimar a subjetivação de pseudovalores de positividade para a vida e de negatividade para a morte e o morrer. Por isto, julgamos fundamental ampliar questionamentos sobre a psicologia da morte, configurando aspectos ambientais e ecológicos da psicologia de negação da morte. Nosso questionamento diz respeito a um paradigma ecológico e a certa psique *com sentido de alma*.

PONTO DE PARTIDA

Estamos no ponto de partida de uma discussão, cuja meta cognitiva consiste em elaborar uma noção de ecologia mental da morte. Por enquanto, nossa especulação se situa a meio caminho entre uma observação inicial do problema da morte, — realizada na cidade de São Paulo, em instituição de apoio psicológico ao paciente de câncer, denominada CORA-SP—, e sua dedução teórica.

Neste momento inicial, segundo contribuições de Gaston Bachelard para uma psicanálise do conhecimento (1996), como pesquisadores, ficamos expostos à perplexidade diretamente gerada pelas primeiras observações do fenômeno e à tentação das generalizações fáceis e apressadas; sendo assim, estamos muito longe de qualquer resposta exaustiva ou de teorizações, que ultrapassem o estádio de uma hipótese de trabalho.

O PROBLEMA: ALGUMAS INDAGAÇÕES

Nunca é demais sublinhar a complexidade da problemática contemporânea da morte e rememorar interrogações fundamentais ao encaminhamento da perspectiva ecológica. Até agora, pontuamos aspectos do conhecimento da morte inter-relacionados ao tema da troca simbólica; tecemos considerações a respeito da criação do sentido último da existência; pontuamos valores da fé e da crença ou descrença religiosa; sinalizamos a importância do ritual e do mito como elementos significativos da função transcendente da imaginação. A natureza ético-estética de tais reflexões recomenda avaliação crítica de modos de pensar o Ser e a transcendência, a realidade espiritual e uma *vida psíquica com sentido de alma*.

Precisamos reconhecer a existência de dimensões muito profundas na realidade pesquisada, atributos de difícil determinação por meio da observação direta e objetiva dos fatos. Para avançar na direção desejada, ou seja, encaminhar nossa discussão para a fronteira da Psicologia com a Ecologia, será importante ter sempre em mente a complexidade do fenômeno investigado, como forma de administrar o persistente aparecimento de dificuldades e incertezas no pensar a morte e o morrer. Deste modo, não estranharemos a permanência de perplexidades e inquietações, após a conclusão de nosso estudo, pois, assumindo a natureza complexa da morte e do morrer, podemos admitir mistério e obscuridade como peculiaridades da temática tanatológica.

É POSSÍVEL PENSAR A COMPLEXIDADE?

O sociólogo francês Edgar Morin é bem conhecido por seus estudos sobre a questão da complexidade. O autor propõe o desenvolvimento de um "pensamento complexo" para dar conta da crise existente entre a chamada "ética do conhecimento" e necessidades humanas e planetárias, agudizadas no inicio do terceiro milênio. Na sua ótica: "O jogo da ciência não é o da posse e do alargamento da verdade, mas aquele em que o combate pela verdade se confunde com a luta contra o erro" (1996, p. 23).

Morin pontua contradições fundamentais enredadas nas atividades científicas da modernidade, ressaltando a necessidade de questionar a Ciência, no sentido de provocá-la para se auto-estudar e descobrir as próprias incoerências. Na concepção deste estudioso, a ciência contemporânea examina a si mesma, quando cientistas se autoquestionam, preocupados em indagar as próprias atitudes e compromissos éticos. Segundo expressão do próprio Morin, a ciência faz auto-análise, quando cientistas "se põem em crise", ao perceber injunções contraditórias entre sua ética do conhecimento e sua ética cívica e humana. Neste movimento de análise, de natureza ética, ocorre, atualmente, confronto e revalorização do problema da complexidade. Morin explica (*ibid*. p. 8):

> Atualmente, a complexidade começa a aparecer não como inimigo a ser eliminado, mas como desafio a ser enfatizado. A complexidade permanece ainda, com certeza, uma noção ampla, leve, que guarda a incapacidade de definir e de determinar. É por isso que se trata agora de reconhecer os traços constitutivos do complexo, que não contém apenas diversidade, desordem, aleatoriedade, mas comporta, evidentemente também, suas leis, sua ordem, sua organização. Trata-se, enfim e, sobretudo, de transformar o conhecimento da complexidade em pensamento da complexidade.

Na perspectiva do autor, em ciência também se deveria trabalhar o conhecimento como construção de sabedoria necessária ao dia-a-dia da humanidade, artifício que se "tece junto" com a finalidade de aparelhar o conhecimento cotidiano. Esta meta cognitiva depende de um diálogo "mais respeitoso" do conhecimento científico com saberes ainda não "domesticados" pela razão científica. Na criação desta perspectiva de conhecimento, é imprescindível desenvolver um pensamento científico "não-mutilante" da realidade, viabilizando possíveis ações "não-mutilantes" da natureza e dos seres humanos.

O PROBLEMA: ALGUMAS INDAGAÇÕES

Morin postula o desenvolvimento de um sistema de pensamento, capaz de articular um conhecimento científico especial, denominado "conhecimento-sabedoria", cuja meta cognitiva estaria sempre vinculada à melhoria da qualidade da vida pessoal, social e ambiental. O pensador francês situa sua noção de complexidade a meio caminho entre determinismo e relativismo, entre a assombração do objetivismo, atribuído à ciência clássica, e o subjetivismo, freqüentemente utilizado como apoio ao relativismo do pensamento contemporâneo.

CONHECIMENTO-SABEDORIA PARA SUPERAR A MUDA ANTIPATIA PELA MORTE

Concepções de Morin, relativas ao desenvolvimento do pensamento complexo, podem indicar focos de tensão derivados da principal característica da problemática contemporânea da morte, isto é, a exclusão da morte, dos mortos e dos morrentes da vida comunitária. Por exemplo, falta *conhecimento-sabedoria* para a apreensão e a compreensão de um desconforto peculiar, cada vez mais generalizado entre *vivos e saudáveis*, experimentado na presença de alguém consciente da iminência da própria morte ou sob impacto da perda de um ente querido, conforme alerta o sociólogo Norbert Elias (2001).

Elias escreveu ensaio contundente sobre tabus que cercam a morte e o ato de morrer, nas sociedades ocidentais avançadas. O autor avalia problemas sociais relacionados a "uma antipatia muda, mas perceptível, dos viventes em relação aos moribundos – uma antipatia que muitos membros dessas sociedades não conseguem superar mesmo quando não a aprovam" (*ibid.*, p. 101).

Nossa investigação deve produzir *conhecimento-sabedoria* a respeito de problemas psicossociais dessa natureza. Já não basta mostrar quão generalizada é a *negação coletiva da morte;* sobretudo, são necessários recursos para reconhecer seus desdobramentos nas subjetividades e intersubjetividades, para ver e ouvir o sofrimento extra, acarretado por essa rejeição silenciosa, tão perceptível e dolorosa para pessoas convocadas ao encontro face-a-face com a morte.

O saber pretendido corresponde a interesse muito particular, de psicóloga familiarizada com a educação ambiental: inscrever um paradigma de ecologia mental no campo da psicologia da morte e do desenvolvimento humano. Nesse "viés" ecológico, nosso estudo se desenvolve, problematizando a psicologia da morte com uma trajetória epistemológica interdisciplinar.

SOBRE PERCURSO INTERDISCIPLINAR: CUIDADOS E VANTAGENS

Todo diálogo interdisciplinar propicia comunicação entre diferentes áreas do saber, viabilizando aproximação entre conhecimentos aparentemente díspares. Falamos da possibilidade de construir pontes entre diferentes territórios de pesquisa, evitando tentações do ecletismo fácil. Uma das vantagens da trajetória interdisciplinar, importante para nossa discussão, reside na possibilidade de libertar o *olhar* e a *escuta* psicológicos de formas classificatórias de compreensão, permitindo abertura para articular informações inusitadas; no nosso caso, relativas à subjetivação da morte e do morrer.

A NATUREZA TEÓRICA DO ESTUDO

Se a questão da morte é, em si mesma, bastante complexa, o mesmo se pode dizer do paradigma da ecologia mental. É impossível uma observação direta da experiência da morte; também é impossível uma observação direta de processos de ecologia mental, desenvolvendo-se nas subjetividades. O "fato" a ser investigado depende de uma análise e de uma interpretação; sua apreensão implica configurar a negação e o terror coletivo da morte, e afirmar a necessidade humana de pensar a morte de maneira simbólica e metafórica. Há, de fato, uma experiência a ser circunscrita como processo de ecologia mental, inerente a trocas simbólicas com a morte?

PARTE II

REFERENCIAL TEÓRICO

FALA DA ALMA
E ARTE DE HABITAR

CAPÍTULO I

PARADIGMA ECOLÓGICO E A QUESTÃO DA MORTE

CONSCIÊNCIA DE SER-PARA-A-MORTE, CONTINGÊNCIA DA VIDA NA TERRA

Queremos entender como pessoas e grupos reagem a interpelações da cultura de negação da morte, especificamente quando é preciso assumir a difícil tarefa imposta pelo conhecimento da própria finitude. Esta meta cognitiva depende de referencial teórico adequado à reflexão ético-estética alusiva ao ser-para-a-morte.

Nosso estudo supõe questões éticas importantes acerca do relacionamento da humanidade com a própria subjetividade, com os outros e com o meio ambiente; as três esferas consideradas em seus aspectos naturais e culturais. O restabelecimento do diálogo com a natureza permite enriquecer a percepção da humanidade como ser que habita a superfície terrestre. Esta percepção é, provavelmente, a mais importante no desenvolvimento da consciência ecológica, é, igualmente, imprescindível na organização de uma sociedade ecológica.

ECOLOGIA MENTAL DA MORTE

Nesse sentido, é preciso promover processos de re-educação psicológica, incentivando revisão crítica das teorias e práticas instituídas. O processo revisor compreende ampliação e renovação de concepções cristalizadas no campo da Psicologia, abrangendo noções de realidade psíquica e de subjetividade, de pulsão de vida e de pulsão de morte.

O compromisso com paradigmas ambientais e ecológicos promove reflexões concernentes à necessidade de re-domesticar a *morte selvagem* — metáfora indicativa de estranhamentos provenientes do isolamento da morte, dos mortos e dos morrentes do cotidiano social. *A priori,* julgamos que para domar a selvageria da morte é indispensável re-valorizar a imaginação e sua função transcendente, como aspecto significativo da ecologia da morte.

Há, portanto, uma hipótese da qual se origina nossa investigação, idéia inspirada por reflexões de Félix Guattari (1990) a respeito de um referencial ético-estético, denominado *Ecosofia* ou paradigma de *As Três Ecologias* (ambiental, social e mental). Partimos do seguinte pressuposto: o inconsciente, individual e coletivo, protesta contra a *negação coletiva da morte* e tais protestos podem ser apreendidos por categorias de análise compatíveis com a tríplice ecologia.

O referencial teórico, previamente assumido, configura uma problemática ecológica inter-relacionada à individuação das subjetividades. Nesse contexto, dificuldades a respeito da conscientização e aceitação da morte apresentam, também, natureza ecológica, porque podem denunciar uma série de degradações mentais, sociais e ambientais, produzidas por uma mentalidade dominante. Guattari situa a singularização da subjetividade nos processos de *ecologia mental*; James Hillman, principal representante da Psicologia Arquetípica, concebe a individuação da personalidade como cultivo (produção) de uma realidade psíquica *com sentido de alma.*

118

PARADIGMA ECOLÓGICO E A QUESTÃO DA MORTE

AUTORES-CHAVE

Dois autores, Félix Guattari e James Hillman, sustentam nossa reflexão teórica e precisam ser situados em relação à linha mestra da Psicologia. Na verdade, ambos adotam posturas extremamente críticas, frente aos modelos científicos de "como fazer psicologia".

Félix Guattari (1930-1992), filósofo e psicanalista francês, abordou a questão da subjetividade contemporânea, de maneira original e inovadora. Seu campo de interesse abarcou muitas áreas do conhecimento humano, dentre as quais se inclui a análise institucional, a política e a ecologia. Um dos compromissos assumidos por Guattari foi desenvolver uma perspectiva de análise, que pudesse favorecer o trânsito das ciências humanas e sociais de *paradigmas cientificistas* para *paradigmas ético-estéticos*.

Nessa busca, o autor encontrou, no campo da ecologia, universos de referência e de valores úteis para repensar a questão da subjetividade, em termos de ecologia mental e social. Estudiosos das correntes filosóficas do século XX o consideram um pensador inserido no movimento da Arqueogenealogia, ao lado de Gilles Deleuze, Michel Foucault, Jean Baudrillard e Jean-François Lyotard (ARANHA e MARTINS, 1993, p. 375).

James Hillman nasceu em 1926, nos Estados Unidos, na cidade de Thompson, Connecticut. Passou grande parte de sua vida na Europa do pós-guerra. Lá estudou jornalismo, política, literatura e psicologia, dentre outras áreas de seu interesse. Iniciou sua carreira como radialista e jornalista político, tornando-se, depois, escritor e psicólogo. Analista junguiano, formado pelo *C. G. Jung Institut*, de Zurig, trabalhou durante dez anos como Diretor de Estudos daquela instituição. Em 1976, voltou aos Estados Unidos, onde fundou o Instituto de Humanidades e Cultura, em Dallas. Atualmente, vive no seu país de origem, no qual atua como analista, escritor e conferencista. Hillman é autor importante dentro da psicologia junguiana, figura central nos estudos da psicologia arquetípica, na sua visão um *"um movimento*

119

do pensamento psicológico", comprometido, de maneira radical, com o desenvolvimento e o aprofundamento do conceito junguiano de arquétipo.

Em geral, textos da Psicologia Arquetípica comprometem-se em resgatar e "cultivar" características de uma psique *com sentido de alma*, além de desenvolverem análises sobre como figuras arquetípicas podem participar do processo de individuação das subjetividades. Hillman preocupa-se com a "iconoclastia puritana", em ação na língua inglesa. Avalia que esse tipo de iconoclastia impõe ao mundo seus modelo e domínio, por meio de simplificações lingüísticas excessivas, capazes de abolir figuras de retórica, imagens poéticas, adjetivos, advérbios e toda sutileza adotada para embelezar o discurso, introduzir humor, ironia, nuances ou ambigüidade. Tal iconoclastia pretende dar lugar a uma linguagem aparentemente objetiva, porém, tende a produzir crescente vazio de sentidos, tamanha é a busca das abreviações, da comunicação direta e rápida.

Os dois autores convidam seus leitores a renovar o olhar para a realidade psíquica (Hillman) e para a questão da produção de subjetividade (Guattari), buscando segredos de nossa individualidade nos universos da ético-estética produtora de sentidos. Esta aproximação entre dois esquemas de pensamento psicológico não significa falta de apreço ou invalidação das peculiaridades de cada autor. Há muitas diferenças entre o trabalho intelectual de Guattari e o de Hillman e, provavelmente, seria adequado, no início, circunscrevê-las. No entanto, a meta cognitiva de nossa investigação, representada pela noção de ecologia mental da morte, permite priorizar pontos de convergência entre estudiosos da natureza psicossocial a propósito de graves problemas da nossa época.

Por esta razão, neste trabalho, divergências entre os dois esquemas de pensamento não são trabalhadas; nosso interesse incide na complementaridade entre a Psicologia Arquetípica, de Hillman, e o paradigma de ecologia mental, apresentado por Guattari. Seguimos nessa direção, buscamos afinidades e circunscrevemos pontos de concordância em relação a determinadas concepções da ecologia

PARADIGMA ECOLÓGICO E A QUESTÃO DA MORTE

mental; notadamente, a preocupação dos dois autores com a questão da individuação, seus cuidados com a reflexão ético-estética e a ênfase no potencial automodelador da fantasia; o interesse no jogo ecológico da imaginação, embasado na mito-poética das relações com a própria interioridade, com os outros e com o mundo habitado; a valorização do encontro consciente com a finitude, surja ela sob a forma de desejo, de dor, de amor ou da morte.

PONTOS COMUNS ENTRE GUATTARI E HILLMAN

Guattari e Hillman mostram-se avessos a organizar uma "escola" ou um sistema conceitual modelador de práticas psicoterapêuticas. Os dois autores estão mais preocupados com o desenvolvimento de uma reflexão psicológica favorável ao aprofundamento da experiência psíquica, evitando os excessos do racionalismo iconoclástico. Ambos discutem a influência da imaginação na criação de referenciais éticos e estéticos, que organizam modos de ser e estar em relação a si-mesmo, aos outros e ao mundo em geral.

Guattari aborda este assunto, quando menciona a importância do *jogo ecológico do imaginário,* e Hillman, por meio da Psicologia Arquetípica, dedica-se a elaborar uma compreensão do jogo imaginativo, subjacente aos processos perceptuais e cognitivos. As duas abordagens adotam uma atitude de desconfiança ou de vigilância, por assim dizer, em relação aos atuais modelos científicos da psicologia. Defendem a necessidade de desenvolver um pensamento crítico competente, no sentido de realizar análises psicológicas muito cuidadosas no que tange a efeitos negativos dos "dogmatismos teóricos", nas subjetividades (GUATTARI, 1990, 1992), e aos desdobramentos da "linguagem patologizante", nas experiências referidas a uma psique *com sentido de alma* (HILLMAN, 1984a, 1993).

Segundo os dois autores, essas tendências, ao dogmatismo teórico e à linguagem patologizante, são mais freqüentes nos espaços em que a psicologia profunda assume compromissos com o pensamento academico. Cada um, a seu modo, avalia que o imenso potencial cognitivo e criativo da vida psicológica da humanidade; atualmente, sob risco de ser aprisionado em esquemas conceituais cristalizados e dominantes na linha mestra da Psicologia, produzindo reflexão psicológica empobrecida, repetitiva e inadequada para apreender a alteridade irredutível da psique de nossos dias.

PENSAMENTO "PSI" E APREENSÃO DE MUTAÇÕES DAS SUBJETIVIDADES

Guattari e Hillman não estão sozinhos no questionamento dirigido à psicologia acadêmica. O problema da adequação do método científico à psicologia do inconsciente ou às variadas formas de psicanálises, não é novo. Desde Freud e Jung, levanta-se esta questão, permanecendo em aberto o problema da tensão estabelecida entre "uma dimensão clínica e uma dimensão de pesquisa, um método terapêutico e um método de investigação", conforme Figueiredo sintetiza o problema (1996, p. 134).

A escolha do referencial teórico é compatível com uma reflexão, que Figueiredo desenvolve ao discutir a possibilidade de solução para essa tensão existente entre a prática clínica e a pesquisa acadêmica. O autor sugere que (*ibid.*):

> (...) a função das teorias neste caso não seria jamais a de repetir a prática, tentando reproduzi-la, tarefa impossível; mas não seria também apenas a de informar a prática, propiciando recortes e focalizações interessantes e trazendo-lhe respostas. Sua mais fecunda função seria a de, *subordinada à dinâmica ética da clínica,* dar a esta experiência melhores condições de problematização, abrindo, por exemplo, no curso da ação, o tempo da indecisão, tempo em que podem emergir novos modos de escuta e de fala.

Nosso referencial parece favorecer a tensão entre a prática clínica e a teorização, obrigando a pensar e trabalhar com uma psique

PARADIGMA ECOLÓGICO E A QUESTÃO DA MORTE

direcionada ao campo da ética e da criação estética. Este campo revela-se de tal pluralidade de experiências psicológicas que, desde o início, é preciso entender a impossibilidade de sua apreensão global, quando se parte de sistemas teóricos fechados.

Abrir a reflexão psicológica para tentativas singularizadas de apreensão do psíquico é questão da ecologia mental e da psicologia arquetípica; abrigar a pluralidade de imagens do inconsciente humano, dar espaço e tempo para uma vida psíquica em busca de expressão, e buscar sentidos éticos e estéticos na atividade criativa da imaginação humana é compromisso dos dois autores.

Na perspectiva deste trabalho, as divergências entre os dois autores podem ser atenuadas, diante da importância da problemática psicológica pontuada por ambos, da psique *com sentido de alma,* que eles defendem, e de reflexões e críticas solidárias frente à amplitude e profundidade de uma vida psíquica contemporânea desconhecida.

PARADIGMAS ECOLÓGICOS E PRODUÇÃO DE CONHECIMENTO CIENTÍFICO

Ecologia é uma ciência cujo nome significa, literalmente, ciência do habitat. A ecologia atual apresenta limites extensos: das bases biológicas e físicas, sua preocupação se ampliou para a expressão social da preocupação do homem com a natureza e para a reflexão aprofundada acerca da natureza do homem. No seio do movimento ambientalista, a ecologia confronta-se com uma questão "incontornável": a identidade ambígua de uma humanidade, que emerge na confluência do biológico e do social (ACOT, 1990, p. 7).

A força com que esse modelo de pensamento afetou a civilização contemporânea, a partir da década de 1970, tornou popular o termo *ecologia.* A concepção corrente da palavra expressa a inquietação coletiva frente à permanente exploração da natureza, remetendo o pensamento aos efeitos nocivos de uma tecnologia poluidora, destrutiva quanto aos recursos naturais e a qualidade da vida, em todo planeta.

No sentido científico, porém, ecologia é palavra muito mais abrangente. Recebe conotações variadas, sempre referidas com uma idéia básica: há relações vitais, estabelecidas entre seres e o espaço habitado. O interesse ecológico aborda desde as questões práticas de sobrevivência física dos seres vivos (como encontrar alimento, abrigo, o microclima necessário para a preservação da vida), até se aprofundar nos problemas filosóficos e políticos de como a estruturação ético-epistemológica da civilização pode afetar as maneiras de organizar a racionalidade científica e a ético-estética da vida em comunidade.

Nesta última dimensão, inserem-se atuais reflexões acerca dos paradigmas científicos e do projeto de ciência, que a humanidade precisa assumir para promover a inteligibilidade do real. Entramos em áreas de interesses e preocupações com a problemática ambiental, cuja tendência é avaliar a época atual como sendo um momento de crise. Fala-se de uma crise no sentido cotidiano: crise de crescimento, crise de abastecimento, crise moral, crise existencial, crise religiosa...

Fala-se, também, de uma crise mais profunda, na qual a ordem da vida, até então considerada normal, apresenta-se perturbada. Nessa esfera de reflexões, considera-se que o nosso é um tempo de múltiplas transformações, de instabilidades experimentadas em vários processos humanos. Uma fase de transição cultural em que há uma crise de paradigmas. Edgard de Assis Carvalho desenvolve uma discussão sobre a ecologia do conhecimento científico e uma nova paradigmatologia, observando que (1992, p. 96):

> Os novos paradigmas têm que ser bioantropossociais, isto é, capazes de unir partes até aqui não comunicantes da ciência, assim como implicarão reinterpretação dos laços sociais, retorno ao sujeito, submissão à questão ética, inclusão do imaginário. Dessa complexidade, já depurada de degradações tecnicistas, doutrinárias ou vulgares, poderão advir o redimensionamento do humanismo e a instauração de uma nova ética para o progresso, para os ecossistemas, para a sociedade e para o indivíduo.

ECOLOGIA: BREVÍSSIMO HISTÓRICO

A palavra ecologia foi inventada em 1866, por Ernest Haeckel, biólogo alemão, discípulo de Darwin, considerado o criador da ecologia como disciplina científica. O neologismo é formado por dois vocábulos gregos: *oïkos e logos*, respectivamente, casa e ciência. *Oïkos* é derivado do radical indo-europeu *Weik*, referente de uma unidade social mais ampla que o domicílio da família e parecida ao que hoje é chamado de comunidade (ACOT, 1990, p. 27).

Em 1935, Tansley, botânico inglês, concebeu a noção central dessa ciência: o ecossistema. Segundo Edgar Morin, o fundamental na concepção de ecossistema é a idéia de auto-regulamentação, de um equilíbrio decorrente da interação entre os seres vivos, num ciclo de devoração, conflito, competição, concorrência, degradação e depredação, mas também de interdependências, solidariedades e complementaridades. Todo processo de auto-regulamentação do ecossistema configura a complexidade inerente à manutenção da vida no planeta, basicamente, porque tal processo integra todas as mortes na vida e integra todas as vidas na morte.

Num texto publicado em Portugal, Morin, Bocchi e Cerutti (1991) discutem questões ecológicas contemporâneas. Morin explica o ciclo trófico, no qual a morte e a decomposição dos grandes predadores alimentam, de fato, não só animais e insetos comedores de cadáveres ou necrófagos, mas também bactérias. As bactérias vão fertilizar os solos, enquanto os sais minerais provenientes das decomposições vão alimentar as plantas por suas raízes. Estas mesmas plantas vão alimentar animais vegetarianos, os quais vão alimentar animais carnívoros etc. O autor conclui (1991, p. 179-180):

> Assim, a vida e a morte sustentam-se uma a outra, segundo a fórmula de Heráclito: "Viver de morte, morrer de vida". Há motivos para nos maravilharmos com esta espantosa organização espontânea, mas convém, igualmente, não a idealizar, pois é a morte que regula todos os excessos de nascimentos e todas as insuficiências de comida. A Mãe Natureza é, ao mesmo tempo, uma Madrasta.

ECOLOGIA MENTAL DA MORTE

O LUGAR DA MORTE NA CONSCIÊNCIA ECOLÓGICA

A problemática da morte está na raiz do pensamento ecológico: é pertinente aos ideais de preservação dos recursos planetários, às questões de equilíbrio entre seres vivos e ao desenvolvimento da consciência ecológica. Em artigos concernentes a uma noção de ecologia mental do espaço interior, já trabalhamos, cuidadosamente, aspectos psicológicos valiosos para o desenvolvimento da consciência ecológica (VERDADE, 1998, 1999a, 1999b).

Para o presente estudo, são mais interessantes referenciais ecológicos aptos a enriquecer os atuais movimentos de revalorização da morte. Por isso, foram selecionadas certas premissas, situando vida e morte numa noção de equilíbrio ecológico. Discussões de Morin, Bocchi e Ceruti (1991) indicam um aspecto paradigmático novo, no pensamento "ecologizado", implícito na noção de ecossistema.

Morin examina este assunto especificamente, entendendo paradigma como palavra que exprime a relação lógica entre conceitos mestres, comandantes de todas as teorias e discursos, deles dependentes. Isso significa paradigma como termo organizador de um esquema de compreensão e de explicação sobre determinados aspectos da realidade.[1]

Nesse sentido, a noção central de ecologia remete, necessariamente, a um paradigma complexo, porque a noção de ecossistema é capaz de integrar polaridades como vida e morte, autonomia e dependência. Morin avalia a complexidade do paradigma ecológico, considerando que, na noção de ecossistema, "a autonomia do vivo, concebido como ser auto-eco-organizador, é inseparável da sua dependência" (ibid., p. 182).

A maioria dos psicólogos tende a apreender a psique como uma sensibilidade subjetiva, particular, imaginativa e desejosa, separada da soma das condições exteriores da realidade pública.

---

[1] Um estudo sobre a problemática dos paradigmas e suas relações com as estruturas do pensamento científico foi desenvolvido por CARVALHO JUNIOR (1999, p. 31-55).

PARADIGMA ECOLÓGICO E A QUESTÃO DA MORTE

Constantemente associada à subjetividade privatizada, a psique fica envolvida nas tramas científicas da relação sujeito–objeto, restrita à esfera da intra-subjetividade e das intersubjetividades. A perspectiva ecológica amplia a problemática psicológica para o ambiente e conserva em foco duas realidades simultâneas: a inseparável dependência dos indivíduos do meio em que vivem e os dinamismos de individuação das subjetividades. Este assunto será aprofundado ao se apresentarem os referenciais do paradigma da ecologia mental.

SOBRE DESENVOLVIMENTO DA CONSCIÊNCIA ECOLÓGICA

A nova dimensão paradigmática do pensamento ecológico é assimilada lentamente; vale lembrar, somente nas últimas décadas do século XX, a humanidade começou a tomar consciência de que a destruição de seu *habitat* corresponde a sua própria destruição. Em 1969, na Califórnia, ocorreu um movimento, associando a integração da ecologia científica à tomada de consciência de degradações do meio natural, no plano local (lagos, rios, cidades), e, no plano global (oceanos, planeta).

Desde essa época, a questão ecológica passou a ser relacionada com todo tipo de degradação, afetar os alimentos, outros recursos naturais, a saúde e o psiquismo dos próprios seres humanos, havendo, assim, uma passagem da ciência ecológica à consciência ecológica. De acordo com Morin, a nova consciência ecológica vai se fundir com uma versão moderna do sentimento romântico da natureza, desenvolvido, principalmente, no seio da juventude, ao longo dos anos 1960.

A mensagem ecológica racionaliza o sentimento romântico e reflete o sofrimento psíquico de uma humanidade, que se afasta, cada vez mais, do convívio com a natureza. Ao analisar o aspecto romântico da consciência ecológica, Morin identifica uma muito profunda reação psicológica, de natureza contrária aos desdobramentos negativos dos ideais de crescimento e progresso da civilização ocidental (*ibid.*, p. 177-178):

ECOLOGIA MENTAL DA MORTE

Até então, qualquer "regresso à natureza" fora encarado na história ocidental moderna como irracional, utópico, em contradição com as evoluções "progressistas". No fundo, a aspiração à natureza não exprime somente o mito de um passado natural perdido; ela também exprime as necessidades, *hic et nunc,* dos seres que se sentem molestados, sufocados, oprimidos num mundo artificial e abstrato. A reivindicação da natureza é uma das reivindicações mais pessoais e mais profundas, que nasce e se desenvolve nos meios urbanos, cada vez mais industrializados, tecnicizados, burocratizados, cronometrados.[2]

Na década de 1970, o prefixo *"eco"* passa a ser utilizado em vários países e aplicado em diversas áreas do conhecimento. Em diferentes campos, são discutidos os padrões de desenvolvimento da modernidade, identificando-se diversos pontos de degradação da vida humana e do planeta.

Luiz Octávio de Lima Camargo, sociólogo pesquisador da importância de uma concepção de *ecologia profunda* para o campo da Educação Ambiental, observa que toda consciência ecológica se desenvolve comprometida com uma noção de educação, uma vez que seu paradigma opera com um juízo de realidade — porque sempre aborda algo derivado da observação do ecossistema e do que preside seu equilíbrio —, e com um juízo de valor — porque de um equilíbrio existente na natureza é muito fácil passar para uma idéia de equilíbrio, a ser investigado nos seres e coisas do mundo.[3]

Consciência ecológica *versus* sociedade não-ecológica e negação da morte

O despertar da consciência ecológica parece interrogar a negação coletiva da morte, favorecendo a organização dos atuais movimentos de conscientização e aceitação da morte. O projeto educacional

---

[2] Aqui e agora (*hic et nunc*).
[3] Comunicação verbal.

PARADIGMA ECOLÓGICO E A QUESTÃO DA MORTE

responsável pelo desenvolvimento da consciência ecológica, depende, segundo Camargo, de enfatizar a interdisciplinaridade do pensamento ecológico e de construir uma perspectiva de profundidade para a ecologia (CAMARGO,1999, pgs. 9-30).

Nesse sentido, o pensamento ecológico de Guattari é de suma importância, porque identifica, além da esfera física da ecologia — amplamente divulgada e investigada —, outras duas esferas ecológicas, integradas nas ciências humanas: a social e a mental. Camargo defende a tese de que a construção da consciência ecológica corresponde a uma revolução em termos dos paradigmas que organizam a civilização ocidental moderna (*ibid.*). A compreensão desse tipo de revolução depende de uma análise das degradações sociais e mentais da atualidade. Guattari ajuda a criar referenciais para esse tipo de análise com recurso ao seu paradigma das três ecologias (a mental, a social e a física ou ambiental).

A tríplice ecologia, de Guattari, alerta contra riscos de reduzir o ecológico às dimensões físicas e orgânicas da vida planetária. Abordamos esta questão em correspondência via e-mail. Camargo afirma que resumir a ecologia ao cuidado com a natureza é escamotear a consciência de que "*nós e nossa história fazemos parte da natureza.*" A afirmação assinala a condição humana como ser habitante da Terra, considera a história da humanidade inalienável das contingências da vida natural do seu *habitat*.[4]

A proposta ecológica de Guattari ajuda a desenvolver a consciência ecológica, porque esclarece as múltiplas dimensões do desafio contemporâneo, presente na equação homem–natureza. Esse entendimento depende da revisão das relações do homem com a natureza (ecologia física); da revisão das relações do homem com os outros homens (ecologia social) e — "*suprema ousadia para o*

---

[4] Luiz Octávio de Lima Camargo elaborou uma reflexão sobre "sociedade não-ecológica" e a problemática da negação da morte em correspondência trocada na época da elaboração do texto original. As idéias integradas neste item foram recebidas via correio eletrônico, em 11 de outubro de 2002, como resposta a uma mensagem na qual perguntei: "O que seria a negação da morte numa sociedade não- ecológica?"

paradigma da época", afirma Camargo —, da revisão das relações do homem consigo mesmo (ecologia mental).

CONSCIÊNCIA ECOLÓGICA E PSICOLOGIA DA MORTE: HAVERÁ RELAÇÃO ENTRE ELAS?

O desenvolvimento da consciência ecológica exige permanente discussão da negação coletiva da morte? Como a pessoa confrontada com a morte vive e se relaciona numa sociedade de negação coletiva da morte? A negação coletiva da morte maltrata seus sujeitos? Existe ligação direta entre sociedade não-ecológica e negação coletiva da morte?

Interrogações dessa natureza implicam avaliar o posicionamento da psicologia da morte, da psicologia do desenvolvimento humano e da psicologia ambiental em relação à busca de soluções para a crise ecológica. Afinal, é preciso considerar que a crise ecológica diz respeito a toda perda de qualidade da vida, em nosso planeta: nas esferas física, social e mental. Com esse olhar ecológico, procuramos identificar o lugar da negação da morte numa sociedade interessada no desenvolvimento da consciência ecológica.

O QUE É SOCIEDADE ECOLÓGICA E SOCIEDADE NÃO-ECOLÓGICA?

Esclarecimentos sobre sociedade ecológica e não-ecológica pedem diálogo com a Sociologia, aqui representada por Luiz Octávio de Lima Camargo. Ainda via correio eletrônico, perguntamos a ele: o que seria uma sociedade não-ecológica?

Camargo responde: *"uma sociedade não-ecológica é a sociedade que nos produziu, com a consciência de que a natureza está a nosso serviço".* E explica: dela resulta o progresso estabelecido à custa da natureza. Esse é um desenvolvimento não-sustentável, porque suas únicas resposta e proposta para o esgotamento das reservas naturais e da própria natureza consistem numa tecnologia sempre sabedora de como resolver os problemas que ela mesma cria. Uma sociedade não-ecológica rejeita a morte, que faz parte de todos os ciclos da natureza. Na mesma mensagem, ele comenta:

> Se hoje a tecnologia luta até mesmo contra a idéia da inevitabilidade (ou a postergabilidade infinita) da morte e, sabendo que esse desafio é impossível, investe também no disfarce da morte, a ponto de a consciência civilizada valorizar até mesmo um certo ar de ausência diante da morte de um ente querido — em tudo isso, não há nenhuma novidade, é apenas um corolário.

Por quê a negação da morte é um corolário de uma sociedade não-ecológica? Porque acompanhou o desenvolvimento da modernidade ocidental e, hoje, está estabelecida; também, porque a referida negação da morte, faz parte de toda ideologia ocupada com o binômio homem X natureza, subordinando a última às necessidades humanas.

Ideologias articuladas com base na superioridade do homem sobre a natureza favorecem a criação de desejos e da vontade de vencer a morte, podendo constituir focos de negação coletiva da morte. Em vista da herança ocidental de exploração e domínio do homem sobre a natureza, é fundamental, a nosso ver, construir uma perspectiva de *ecologia profunda,* para ampliar a consciência ecológica da humanidade, na direção de degradações observadas na esfera social e mental da vida na Terra.

Reflexões sobre a morte são de grande valor na sociedade ecológica, pois essa sociedade valoriza possibilidades de recuperar, renovar e re-inventar o diálogo e a parceria homem-natureza. No que diz respeito à ecologia mental, a singularidade dos indivíduos põe em jogo modos de pensar a si mesmo como ser da natureza; o que consiste, na opinião de Camargo, em, não apenas aceitar a morte e preservar ou mesmo criar novos rituais para a morte, mas também pensar e preparar-se para a morte.

ECOLOGIA MENTAL DA MORTE

INTEGRANDO A QUESTÃO DA SUBJETIVIDADE NO CAMPO DA ECOLOGIA

O paradigma das *três ecologias,* de Félix Guattari (1990), no qual encontramos pressupostos teóricos da ecologia mental, pode abrir a porta de comunicação entre a psicologia, a educação e a ecologia. Guattari preconiza que atuais inquietações ecológicas sejam estendidas para três dimensões do real: a das mentalidades, a das relações sociais e a do ambiente físico, incluindo-se neste tanto a natureza como as máquinas de produção de signos, mensagens, produção industrial e de vida artificial. Em outras palavras, ele propõe integrar, no paradigma ecológico, tanto as ciências biológicas como as ciências antropológicas e sociais.

Sua concepção de ecologia mental assume a questão da subjetividade como aspecto da problemática ambiental, inscrevendo a vida mental da civilização no paradigma ecológico. Nesse sentido, o paradigma da ecologia mental pode tornar-se instrumento de análise e promover a ecologia do conhecimento científico, favorecendo a aproximação entre conhecimentos gerados em diferentes áreas da ciência, até agora não-comunicantes entre si.

Para tratar o problema da degradação das mentalidades, Guattari aconselha: a) um retorno ao sujeito; b) submissão da reflexão à questão ética; c) inclusão do imaginário para avaliar dimensões do desejo, referentes à criação de sentido e à construção do projeto existencial.

Uma preocupação fundamental da ecologia mental consiste em promover as reflexões ética e estética, base dos processos de singularização das subjetividades. Nessa busca, em que a individuação sempre implica questionamentos éticos, Guattari adota uma postura crítica em relação aos paradigmas capitalistas, dominantes nas trocas sociais contemporâneas e nos processos de subjetivação oferecidos pelos meios de comunicação de massa, avaliando as maneiras como eles criam e sustentam a sociedade de consumo e valores culturais, inteiramente massificados.

PARADIGMA ECOLÓGICO E A QUESTÃO DA MORTE

Indagações sobre degradação mental referem-se ao sentimento de vazio interior, correlato da desolação psíquica, uma característica de subjetividades que se sentem sem recursos para encarar a dor de viver, incapazes de gerir um mundo em permanente mudança e um si-mesmo em permanente fluxo de vir-a-ser.

A formação de subjetividades ecologicamente orientadas é tida como aspecto importante para a micropolítica libertária das individualidades, uma vez que o paradigma ecológico rompe com paradigmas econômicos dominantes da moderna civilização ocidental, hoje em dia relacionados aos ideais de lucro e poder sobre si-mesmo, sobre os outros e sobre a natureza em geral.

A concepção de ecologia mental permite avaliar uma espécie de *poluição* das mentalidades e das *práxis* sociais reguladoras das relações da subjetividade com sua exterioridade de múltiplas faces. Os referenciais da ecologia mental configuram um paradigma importante na busca de conhecimentos, empreendida pelas ciências sociais e pelas ciências humanas. Este assunto interessa tanto à psicologia quanto à educação, especialmente à educação ambiental.

CAPÍTULO 2

ECOLOGIA MENTAL E A QUESTÃO DA SUBJETIVIDADE

A ARTE DE TRANSFORMAR O AMBIENTE EM UM "BEM DOMÉSTICO"

Guattari considera a existência de uma dimensão ecológica das subjetividades, correspondente à necessidade da humanidade fazer, do ambiente em que se encontra, um *bem doméstico*. Em sua concepção, o ambiente pode ser transformado em *bem doméstico*, quando habitado por um projeto de vida, fundado numa nova ética do real. O projeto "guattariano" desenvolve um novo esquema de pensamento ecológico, denominado Ecosofia, em busca da sabedoria de habitar.

A abordagem tem como alicerce uma tríplice ecologia: ecologia do ambiente físico, ecologia social e ecologia mental. As três dimensões ecológicas são indissociáveis, correspondendo a três dimensões da realidade, expostas aos mesmos efeitos de degradação, constituindo três alvos de ação ou três registros de desequilíbrios: no meio ambiente, na existência individual e na existência coletiva.

A problemática da tríplice ecologia é buscar respostas para uma crise ecológica, cujo desenvolvimento acontece em escala planetária.

ECOLOGIA MENTAL DA MORTE

Na perspectiva de Guattari, a solução de tal crise impõe uma revolução política, social e cultural, para reorientar os objetivos da produção de bens materiais e imateriais. Essa revolução deve concernir "não só às relações de forças visíveis, em grande escala, mas também aos domínios moleculares de sensibilidade, inteligência e desejo" (1990, p. 9).

Ecosofia: ética do ideal X ética do real

Na base das três ecologias (ambiental, social e mental), encontramos um questionamento ético, ou seja, uma nova proposta filosófica, a *Ecosofia*. A questão ética implica a necessidade de se promover a *ética do real*, em oposição à *ética do ideal* ou do *desejável*. Guattari afirma a importância fundamental de colocar a *ética do real* em oposição à *ética do ideal*. Pondera que, diante das múltiplas degradações de dimensões planetárias — na esfera do ambiente, das relações sociais e das mentalidades —, idealizações pouco conseguem realizar.

Em sua ótica, a *ética do ideal* sempre acaba levando à definição de padrões de relacionamento — com o meio ambiente, com a alteridade e com a própria subjetividade —, perseguindo ideais de uma sociedade sem conflitos, concebidos conforme modelos de alguma ideologia. É preciso criar uma *ética do real* em oposição à *ética do ideal*; porque esta última tende a atribuir valores negativos ao conflito, deixando de fora diferenças e asperezas inerentes a todo tipo de alteridade: a do mundo, a do *socius* e a da própria subjetividade (considerando-se os estranhamentos, que, tantas vezes, sentimos em relação à nossa própria interioridade).

Sua *ética do real* fundamenta-se na solidariedade implícita na capacidade de conviver com o conflito, com a diferença, com as asperezas da alteridade. A análise *ecosófica* investiga perturbações ecológicas da atualidade, enfatizando a importância da vida psíquica em expressão, fluindo da interioridade humana para o ambiente. Na Ecosofia, a questão psicológica do processo de individuação, ou processo de singularização, é prioritária.

EGOLOGIA MENTAL E A QUESTÃO DA SUBJETIVIDADE

INDIVIDUAÇÃO E MICROPOLÍTICA DOS DESEJOS

Segundo Guattari, o problema da individuação das subjetividades caminha na direção do imenso potencial criativo da "micropolítica dos desejos". O pensador argumenta que a natureza imaginativa do desejo está ligada à construção de projetos e à criação de futuro. Sua idéia de desejo não tem nada a ver com concepções, que afirmam a espontaneidade do desejo e sua relação com alguma espécie de essência criativa do ser; tendo sim a ver com uma concepção de desejo como artifício, criação de sentido, produção de mundo. O autor defende uma ecologia depurada da "paranóia anti-tecnológica e, seu corolário, a romântica idealização da natureza", afirma Rolnik em artigo no qual discute a "ética do real" (1990, p.6).

Os postulados teóricos da ecologia mental, uma das três dimensões da *Ecosofia,* tratam da vulnerabilidade das subjetividades, em relação as suas instâncias formadoras, abordando a submissão da mentalidade individual aos valores produzidos de maneira coletiva, pela mídia, pela publicidade, pela escola e por todos aqueles que se encontram em posição de criar e difundir módulos de subjetivação.

O que a ecologia mental evidencia é a permanente necessidade de cuidados especiais para fazer evoluir subjetividades singulares, considerando-se, inclusive, as maneiras como os referenciais de psicanálise e da psicologia em geral, podem ser incorporados aos paradigmas da mentalidade dominante, tornando-se, também, agenciadores de modos de ser e de estar massificados.

Ao abrir o campo "psi" para a interdisciplinaridade e a transdisciplinaridade da ecologia mental, este estudo procura desenvolver um pensamento psicológico aberto para questões educacionais imbricadas com a psicologia do desenvolvimento humano e com as metas da educação ambiental, situando o problema da troca simbólica com a morte, numa instituição que oferece apoio psicológico a pacientes de câncer e seus familiares.

Numa sociedade tendente a isolar mortos e morrentes, alguma forma de educação ambiental pode ser necessária para lidar com um

ECOLOGIA MENTAL DA MORTE

momento crítico, como é todo momento em que um sujeito e um grupo de pessoas são colocados frente a frente com a finitude humana. É, então, que a questão da negação coletiva da morte surge como um problema visível e muito sério, com dimensões pertinentes às práticas médicas instituídas e à organização cultural da subjetividade.

Questões referentes à subjetivação da negação coletiva da morte afetam os processos de singularização das subjetividades e interferem nas relações intersubjetivas. A negação coletiva da morte envolve uma série de perdas na qualidade da vida psicológica, decorrentes de degradações mentais, cujos prejuízos recaem sobre as relações do sujeito com sua própria interioridade, com a vida comunitária e com o ambiente em geral.

As degradações mentais associadas com a negação da morte falam de uma situação "psico-sócio-cultural", ansiosa por um processo reeducativo em relação à formação do psicólogo — de questionamento ético, de revisão conceitual de teorias e de práticas de intervenção, de reavaliação das concepções de vida e de morte, de realidade psíquica e de subjetividade.

Tal processo re-educativo pode ser visto como demanda fundamental para o desenvolvimento de uma consciência ecológica, em confronto com paradigmas da sociedade de negação da morte. Nesses contextos de confronto com a morte, que impõem situações concretas de limite e de perda, há necessidade de organizar grupos e terapias de apoio. Aí, psicólogos e profissionais da saúde são obrigados a se perguntar: Como oferecer apoio psicológico, quando a crise existencial decorre do confronto da subjetividade com a morte física, concreta, vivida no sentido literal?

Subjetividade no paradigma da ecologia mental

O termo *subjetividade* abriga toda a gama de experiências humanas em sua variedade e intensidade. Como tema, subjetividade produz questionamentos sobre realidades *intra* e *inter* psíquicas. Geralmente, as perguntas referem-se às maneiras como o sujeito se relaciona consigo mesmo, com os outros e com as múltiplas condições do meio ambiente, sejam elas materiais ou imateriais, naturais ou artificiais.

O problema da subjetividade também pode englobar relações estabelecidas entre indivíduo e grupos e o conhecimento dos mais diversos campos: das artes à filosofia, da história à política, da economia à medicina, da teologia à comunicação, enfim, com todas as esferas culturais.

O paradigma da ecologia mental procura abraçar a questão da subjetividade, preservando sua complexidade e transversalidade. O primeiro passo nessa direção consiste em ressaltar a necessidade de desenvolver uma compreensão "polifônica" e "heterogenética" da subjetividade, ou seja, aberta para a multiplicidade de fatores, participantes de suas formação e organização.

Uma preocupação inerente à ecologia mental consiste em ampliar a definição da subjetividade, estabelecendo a possibilidade de ultrapassar a clássica oposição entre sujeito individual e sociedade, a fim de constituir um campo de reflexões em que seja plausível rever os atuais modelos de Inconsciente. Esta revisão conceitual é importante para ajudar a compreender a intersecção entre fatos sociais e naturais e o drama interno de sujeitos, submetidos a uma inconsciência, cujas dimensões são difíceis de especificar.

A IDÉIA DE ECOSSISTEMA NO PARADIGMA DE ECOLOGIA MENTAL

Nosso processo revisional está imbricado com a noção de ecossistema, que, conforme já foi mencionado, é central no paradigma ecológico. No contexto da ecologia mental, julgamos fundamental dar ênfase ao fluxo da pluralidade de espécies, de mundos e de seres habitantes do nosso planeta, de modo a integrar múltiplas faces da vida na Terra numa concepção de inconsciente, cuja amplitude seja suficiente para incluir universos de valores e referenciais da materialidade e da imaterialidade da vida, suas esferas individuais e coletivas, humanas e não-humanas.

Guattari recomenda cuidados especiais relativamente aos sistemas de explicação e às práticas dominantes nas psicanálises tradicionais, por estarem, atualmente, muito comprometidos com a busca de respostas científicas para o problema da psique. Segundo o autor, nos mais variados contextos da clínica psicológica, observa-se uma tendência para reduzir fatos sociais a mecanismos psíquicos, privando a subjetividade de um estatuto coletivo e afastando a reflexão psicológica das condições sociais e físicas do mundo habitado.

Conforme avaliação do pensador, as ciências humanas e sociais estão desarmadas para dar conta da multiplicidade de aspectos, caracterizadores do *"coquetel subjetivo"* da atualidade, uma mistura: "de apego arcaizante às tradições culturais e, entretanto, de aspirações à modernidade tecnológica e científica" (1992, p. 13-14).

Na perspectiva das três ecologias, a questão principal não é saber qual modelo de inconsciente fornece uma resposta científica para os problemas da subjetividade. Mais importante é estar aberto para apreender mutações da subjetividade contemporânea, além de favorecer a emergência de reivindicações muito profundas, da parte de indivíduos e grupos que se sentem molestados, sufocados, oprimidos por um sistema de valores, extremamente eficiente para produzir a *homogeneização das subjetividades,* decorrente da massificação de modos de ser e estar em relação ao mundo interno, aos outros e aos ambientes natural e artificial.

Quando a abordagem psicológica separa a psique do mundo habitado, ela tende a despir a questão da subjetividade de sua dimensão ecológica, ligada ao referido fluxo de múltiplos componentes, humanos e não-humanos, vegetais e animais, *maquínicos* e cósmicos.

De acordo com Pelbart, filósofo brasileiro, a proposta teórica e a trajetória pragmática de Guattari apresentam uma espécie de

EGOLOGIA MENTAL E A QUESTÃO DA SUBJETIVIDADE

multiplicação ontológica que remete a "um mundo material e imaterial sem centro, sem instância determinante, sem transcendências despóticas nem equilíbrios reasseguradores" (PELBART, 1993, p. 44).

DEFINIÇÃO DE SUBJETIVIDADE PROPOSTA POR GUATTARI

No paradigma da ecologia mental, a idéia de subjetividade é separada, em princípio, da idéia de individualidade. Guattari considera que a subjetividade se desenvolve além do sujeito, no *socius*, e aquém do sujeito, junto a intensidades pré-verbais capturadas pela lógica dos afetos, uma lógica relacionada à noção de processo primário, proposta por Freud.

A preocupação básica do paradigma da ecologia mental é cultivar a reflexão psicológica, interessada na subjetividade em estado nascente. Isto significa sustentar, permanentemente em aberto, a questão de como manter ao alcance da reflexão psicológica uma subjetividade em estado emergente, *"o ponto umbilical da subjetividade que escapa à conflitualidade"* [grifo meu] (GUATTARI, 1993, p. 9-28).

O autor lembra que, no processo primário, não há linearidade discursiva nem oposição distintiva entre sujeito e objeto, entre um objeto e outro objeto, entre um lado de dentro e um lado de fora, por exemplo. Na visão de Guattari, a noção freudiana de processo primário é valorizada como uma dimensão criativa do inconsciente, conduzida por intensidades psíquicas pré-verbais, das quais podem se originar processos peculiares, estranhos, constituintes de focos de ruptura com o mundo das significações dominantes.

Com essas observações, Guattari avalia a possibilidade de conceber uma teoria do inconsciente, visando a ultrapassar as bases da subjetividade inter-relacional, contemplando focos de subjetivação emergentes das profundezas do inconsciente, vinculados a intensidades do psiquismo não-passíveis de verbalização, pontos de tensão: "que

ECOLOGIA MENTAL DA MORTE

não são humanos, que só se tornarão humanos, antropológicos, num segundo tempo" (*ibid.*, p. 10).

Na concepção do autor, a subjetividade resulta de componentes múltiplos — heterogêneos —, envolvendo o registro da fala, mas também os meios de comunicação não-verbal, as relações com o espaço arquitetônico, os comportamentos etológicos[1], os estatutos econômicos, as aspirações estéticas, as preocupações éticas etc.

Ele apresenta uma definição *"provisória"* de subjetividade, correspondente a sua tentativa de preservar a complexidade da formação e da organização da subjetividade contemporânea. Para Guattari, subjetividade pode ser definida como (1992, p.19):

> (...) o conjunto das condições que torna possível que instâncias individuais e/ou coletivas estejam em posição de emergir como *território existencial* auto-referencial, em adjacência ou em relação de delimitação com uma alteridade, ela mesma subjetiva.

ENTENDENDO A DEFINIÇÃO DE SUBJETIVIDADE, DE GUATTARI

Já vimos que a questão básica da ecologia mental consiste em manter, ao alcance da reflexão psicológica, dimensões de uma *subjetividade em estado nascente*, vinculada a intensidades afetivas, podendo estas se engajar na criação de projetos existenciais. Guattari avalia a possibilidade do inconsciente individual e de grupos *"protestar"* contra essa homogeneização da subjetividade, constituindo focos de ruptura com referenciais dominantes na mentalidade coletiva, circunscritos como *"ponto umbilical"* de subjetividade em estado nascente.

---

[1] Na Etologia, comportamentos animais implicam sistemas e subsistemas de interação com o meio. Referem-se tanto às diferenças genéticas entre indivíduos e espécies, como à programação genética da sobrevivência e aos padrões de comportamentos decorrentes da aprendizagem.

EGOLOGIA MENTAL E A QUESTÃO DA SUBJETIVIDADE

Na perspectiva de Guattari, há dimensões do inconsciente ligadas a variáveis não-mapeadas. Ele as relaciona à problemática da subjetividade como focos de ausência de sentido, intensidades denominadas *"objetos sem nome"*, provenientes de uma inconsciência, cuja complexidade é possível avaliar, mas muito difícil de apreender. Um foco de ausência de sentido é, sempre, potencialmente criativo, porque pode se transformar num foco de produção de sentido, já que dele emergem intensidades afetivas estranhas, desconhecidas, indizíveis: *"subjetividade em estado nascente"* em busca de território existencial.

"ALTERIDADE, ELA MESMA, SUBJETIVA" E A SINGULARIZAÇÃO DA SUBJETIVIDADE

O estranho em nós corresponde ao que Guattari denomina *"uma alteridade ela mesma subjetiva"*. Esta estranheza, aspereza subjetiva indizível, configura um limiar intransponível para a lógica do conflito e para a oposição maniqueísta entre as pulsões, principalmente, entre Eros e Tânatos. Corresponde, simultaneamente, ao *"objeto impensável"* e ao *"ponto umbilical"* de vivências, que escapam ao domínio da razão e da palavra, mas precisam ser pensadas, de alguma maneira, e posicionadas num *"universo de referência ontológico"* (GUATTARI, 1993, p. 9-28).

A concepção de *"universo de referência ontológico"* refere-se a um conjunto de condições, que possibilitam e sustentam o remanejamento de enunciados e agenciamentos auto-referenciados, relativos ao processo de individuação da subjetividade. A subjetividade em estado emergente busca um universo de referência ontológico, propiciador da construção de um *território existencial*, no qual demandas afetivas sem nome podem ser humanizadas, domesticadas, enquadradas numa prática e num projeto existencial.

Guattari insiste no caráter *"criacionista"* e autofundador do inconsciente, capaz de reverter movimentos *"aniquilantes"* em movimentos vitais. Em nossa leitura, ambos os movimentos, — os aniquilantes e os vitais —, fazem parte dos processos de

143

ECOLOGIA MENTAL DA MORTE

subjetivação do romance familiar, do trauma e das intensidades afetivas ligadas ao social, ao mundo das técnicas e das máquinas, ao futuro, ao desconhecido, ao estranho...

Pulsão de morte: a necessidade de assumir processos psíquicos estranhos

Guattari defende a necessidade de articular uma prática terapêutica, capaz de dar lugar ao que Freud denominou de pulsão de morte, entendida como: "a pulsão de repetição, esta espécie de recusa intensiva de entrada, um processo, que é, exatamente dialético". Na visão do autor da ecologia tríplice, quando Freud afirma a existência de uma pulsão de morte, ele realiza *"um ato de coragem cartográfica"*.

É um ato de coragem, por dois motivos: em primeiro lugar, porque Freud correu o risco de não ser compreendido pela profissionais da Psicanálise; em segundo, porque ele se rendeu à necessidade de afirmar a existência de processos psíquicos estranhos, fechados para a fluência da vida. Nas palavras de Guattari, a pulsão de morte refere-se a um objeto estranho, ligado aos termos caos e osmose (1993, p. 12):

> (...) mas, é a exigência, exatamente, de descrever esta espécie de sistema de engajamento implosivo, no qual a pessoa recusa o bem, o bom, o belo, o 'tudo vai melhorar', e diz: "Não! Eu estou numa repetição neurótica e vou ficar nela! Vou morrer disso e isso não tem a menor importância, é nisso que estou". É essa espécie de objeto estranho que chamei caósmico, contra o qual Freud se chocou, durante toda a sua vida, e contra o qual chocam-se todos os terapeutas, efetivamente; num certo sentido, é um objeto impensável, mas que tem que poder ser pensado de alguma maneira.

O autor compartilha determinadas concepções psicanalíticas, a saber: concorda que é, certamente, impossível pensar o ser humano

EGOLOGIA MENTAL E A QUESTÃO DA SUBJETIVIDADE

fora de uma lógica do conflito; considera a existência de dinâmicas conflitivas ligadas ao passado pessoal e à formação de desejos proibidos; aceita relações dialéticas entre o bem e o mal como parte de dinamismos atuantes nos planos intra e inter-psicológicos, referentes à oposição maniqueísta entre as pulsões, sobretudo entre Eros e Tânatos.

No entanto, assegura, é preciso abertura para retirar o máximo de características universais do conceito de inconsciente. O desafio inerente à ecologia mental é o de assumir, com Guattari, a pergunta: — "será que os conceitos de inconsciente, que nos são propostos no 'mercado' da Psicanálise, convêm às condições atuais de produção de subjetividade?" (GUATTARI, 1990, p. 20-22).

A expressão "mercado da psicanálise" abarca todo tipo de análise e de reflexão psicológica, referido às dimensões de uma psique inconsciente. Segundo Guattari, a partir do momento em que a pessoa está engajada numa prática social, numa organização profissional, numa determinada formação, numa prática terapêutica, sua tendência é recorrer aos referenciais conhecidos, para considerar o que é da ordem do conflito e o que é da ordem do sistema.

Na sua avaliação, uma teoria do inconsciente deveria se preocupar em preservar a transversalidade da vida psíquica, situando-a aquém e além do indivíduo, num fluxo constante de processos simultâneos, ocorrendo em diferentes estratos da subjetividade e das inter-subjetividades.

Guattari desenvolve uma proposta teórica muito complexa sobre o Inconsciente, recheada de neologismos e conceitos pesados, maciços, difíceis de decifrar. No presente trabalho, o exercício científico não impõe a necessidade de esclarecer, em profundidade, o conjunto de suas idéias, formuladas com o objetivo de dar conta de impasses atinentes aos jogos teóricos contemporâneos. Nossa meta cognitiva permite selecionar determinadas reflexões e concepções incorporadas ao paradigma da ecologia mental, organizando um recorte com base em preocupações mais comuns, na prática de quem é chamado a trabalhar com o problema da subjetivação da morte e do morrer.

Neste estudo, o paradigma da ecologia mental constitui um referencial de análise, fundamentalmente aberto ao exame da dimensão ético-estética de práticas e discursos psicológicos. Portanto, podemos considerá-lo como um novo território de investigação psicológica, no qual a ênfase recai na revisão crítica de compreensões prévias da realidade psicológica, estimulando a produção de conhecimento proveniente de necessidades identificadas ao longo do processo revisional.

ECOLOGIA MENTAL: SUA QUESTÃO NUCLEAR E ALGUMAS PROPOSTAS DE RESPOSTA

A principal questão da ecologia mental diz respeito à criação estética de realidade existencial, enquanto produção de sentido para um si-mesmo, um outro e um mundo, no qual o ser humano possa se realizar, de acordo com sua singularidade particular. No contexto da ecologia mental, o mais importante é apreender aqueles focos de ausência de sentido, alusivos ao "impensável", sinalizando a necessidade de criar territórios existenciais para demandas subjetivas estranhas, não mapeadas e ainda sem nome, indizíveis. Talvez o mais complicado seja entender entrelaçamentos de processos de ecologia mental com dinamismos primários e inconscientes da subjetividade, pertinentes à micropolítica dos desejos, força impulsora da subjetivação singularizada.

MICROPOLÍTICA DOS DESEJOS: A FORÇA DA SUBJETIVAÇÃO SINGULARIZADA

Segundo Guattari, da "lógica" do inconsciente emergem fantasmas, figuras e processos psíquicos, que irrompem na quebra, na fratura do discurso, no tempo do sonho e da fantasia, da compulsão e da repetição dissonante, portadores de sentidos outros, diferentes

EGOLOGIA MENTAL E A QUESTÃO DA SUBJETIVIDADE

das lógicas racionais, assumidas coletivamente. Desta produção fantasmática, inventiva e desejosa brota a necessidade de criar territórios existenciais para uma vida psicológica desconhecida, mas sempre singular e auto-referente, decorrente da imersão do sujeito numa inconsciência, igualmente *"criadora do desejo"* e de sua linguagem simbólica.

Processos de ecologia mental vão organizar-se e desenvolver-se pela re-apropriação, por parte de um indivíduo ou de grupos de indivíduos, de um contexto existencial, no qual "um fazer" permite romper com o sistema de controle social, criando modos singularizados de assumir a própria psique e o próprio corpo, com sua vida e sua morte. É por esta razão que, neste trabalho, a expressão ecologia mental define, em sua essência, aliança com "inconscientes que protestam" contra a ausência de territórios existenciais aptos a promover a singularidade individual (GUATTARI; ROLNIK, 1986; GUATTARI, 1990; 1992).

Dentro desta perspectiva, seria uma prática de ecologia mental estimular a confiança dos indivíduos numa psique capaz de articular jogos simbólicos com a morte. Este interesse é inerente à elaboração de uma noção de ecologia mental da morte. Para identificar relações entre modos dominantes de apreensão da morte pela mentalidade atual, — submetidos à negação e ao terror coletivos diante da morte —, e a crise existencial imbricada no confronto das subjetividades com a morte, buscamos ensinamentos de uma corrente do pensamento neo-junguiano, a Psicologia Arquetípica representada por James Hillman e colaboradores (1992a).

CAPÍTULO 3

PSICOLOGIA DA ALMA E MUNDO IMAGINAL

PSICOLOGIA ARQUETÍPICA: UMA "REVOLUÇÃO MOLECULAR" DO PENSAMENTO "PSI"

Neste estudo, a Psicologia Arquetípica exemplifica um movimento de ecologia mental, em ação no interior de um pensamento psicológico tradicional. Na perspectiva ecológica deste trabalho, o desenvolvimento da Psicologia Arquetípica pode ser entendido como uma "revolução molecular", ocorrida no campo da Psicologia Analítica, de Carl Gustav Jung.

Jung elaborou uma abordagem psicológica, considerando a importância do inconsciente coletivo na organização da personalidade individual. Em sua concepção, a psique pessoal tem raízes na dimensão arquetípica do imaginário cultural. Dessa matriz teórica brota o compromisso da Psicologia Arquetípica: investigar dimensões arquetípicas da experiência psicológica, particular e coletiva, resgatando e atualizando o interesse de Jung pela *psique com sentido de alma.*

ECOLOGIA MENTAL DA MORTE

A expressão "revolução molecular" foi tomada de empréstimo de Guattari, porque inspira uma leitura de processos de ecologia mental, não-presos à organização conceitual do pensador. Neste trabalho, empregamos a expressão "revolução molecular" para nomear um movimento revisional do pensamento psicológico contemporâneo.

MOVIMENTO REVISIONAL, VINCULADO A PROCESSOS DE ECOLOGIA MENTAL

O processo revisional leva a renovar, a ampliar e a aprofundar concepções pré-estabelecidas, no interior de um pensamento psicológico tradicional, atualmente muito envolvido com dispositivos técnicos e institucionais, que o promovem. Aqui, a palavra *revolução* não implica dissidência, mas uma postura crítica, cujo objetivo consiste em reconhecer a necessidade de libertar o pensamento psicológico do dogmatismo teórico, um obstáculo ao trânsito das idéias tradicionais para contextos atuais, que influenciam e alteram a problemática da subjetividade.

Entende-se, por exemplo, que múltiplos processos de ecologia mental poderiam ser responsáveis pelos desdobramentos teóricos e práticos da Psicanálise, materializados nas diversas escolas enraizadas no pensamento de Freud. Nesse caso, ecologia mental seria um referencial importante para compreender a pluralidade de abordagens encontradas no campo da Psicologia profunda, constituindo um campo de investigações consagrado à revisão crítica das variadas propostas de análise e psicoterapia.

O universo de valores da ecologia mental pede demarcação de focos de degradação do pensamento psicológico, tais como, reificação de conceitos e sistemas de explicação relativos ao inconsciente, a dinâmicas psicopatológicas, a complexos, a técnicas de subjetivação etc ; circunscrição de dogmatismos teóricos e de outras condições de empobrecimento das intervenções "psi"; critérios de apreensão da alteridade singular e das condições favoráveis a sua afirmação.

PSICOLOGIA DA ALMA E MUNDO IMAGINAL

Este movimento revisional, vinculado a processos de ecologia mental e social, não deve ser confundido com a produção de publicações, cujo alvo é divulgar o pensamento psicológico no mercado consumidor. No campo da Psicologia Analítica, por exemplo, certas críticas mencionam uma tendência a banalizar o pensamento junguiano, pelas publicações dedicadas ao público leigo. Segundo Marcus Quintaes (2002), psicólogo do Rio de Janeiro, alguns pesquisadores consideram que, no seio da Psicologia Junguiana, existe um movimento voltado para a produção de *best-sellers*.

Nesse tipo de livro, é comum encontrar uma linguagem demasiadamente simplificadora, com o risco de deturpar conceitos e idéias de Jung, os quais, na verdade, fazem parte de um pensamento psicológico muito complexo e profundo. Além disso, algumas publicações comprometidas com o pensamento da "Nova Era" apresentam tendência a incorporar determinadas concepções da teoria junguiana, transformando a profunda reflexão psicológica de Jung numa ramificação de discursos esotéricos, místicos e religiosos.

Ressaltamos, em tais publicações, a grande freqüência de armadilhas simplificadoras e banalizadoras, inclusive para a Psicologia Arquetípica e , de modo geral, para movimentos da Psicologia interessados no resgate da psique *com sentido de alma.* Por isso, ao elaborar uma apresentação da Psicologia Arquetípica, cuidamos de preservar a complexidade e a especificidade de uma importante corrente do pensamento neo-junguiano, talvez a mais revolucionária em relação ao trabalho da imaginação, sobretudo no desenvolvimento da reflexão ético-estética.

De antemão, alertamos o leitor para o fato de que a síntese aqui elaborada possa não fazer jus ao rigor teórico e à profundidade dessa abordagem psicológica, apesar de nosso empenho em organizar os esclarecimentos, considerados fundamentais para compreender relações a serem estabelecidas entre a Psicologia Arquetípica e o paradigma de ecologia mental, visando à articulação de uma noção de ecologia mental da morte, apresentada como conclusão do estudo.

ECOLOGIA MENTAL DA MORTE

O leitor interessado em ampliar o entendimento da Psicologia Arquetípica, deve situar-se na trajetória epistemológica do movimento revisional, estudando o histórico e a organização conceitual da área.[1]

PSICOLOGIA ARQUETÍPICA: UM COMPROMISSO COM O PENSAMENTO DE JUNG

James Hillman e a maioria dos autores da Psicologia Arquetípica procuram preservar o fluxo criativo e original das idéias de Jung por meio de um processo revisor, atualizando concepções clássicas do seu pensamento, como as de arquétipo, *Self*, processo de individuação e anima, por exemplo. A revisão visa a promover o trânsito dos referenciais da análise psicológica e da prática clínica, estabelecidos pela tradição junguiana, para um uso "pós-junguiano" ou "pós-estruturalista", mais ajustado aos dilemas teóricos e práticos do contexto contemporâneo — que muitos denominam de "pós-modernidade" (HILLMAN, 1992a).

Hillman, principal figura desse processo revisional, apresenta a Psicologia Arquetípica como um movimento que (*ibid.*, p. 2):

> (...) teve desde seu início a intenção de ir além da pesquisa clínica dentro do consultório de psicoterapia, ao situar-se dentro da cultura da imaginação ocidental. É uma psicologia deliberadamente ligada às artes, à cultura, e à história das idéias, na forma como elas florescem na imaginação.

O traçado intelectual da Psicologia Arquetípica, especificamente de seus conceitos fundamentais, constitui uma nova perspectiva psicológica, cuja pretensão é aprofundar e atualizar idéias elaboradas por Carl Gustav Jung. Em não havendo rupturas, não se justifica pensar na fundação de uma "escola" ou de linhas de reflexão e de atuação divergentes.

---

[1] A bibliografia deste estudo permite acompanhar o desenvolvimento da Psicologia Arquetípica.

PSICOLOGIA DA ALMA E MUNDO IMAGINAL

O compromisso com a Psicologia Analítica, de Jung, leva em conta a necessidade de trabalhar idéias cristalizadas, pela convenção profissional e pela terminologia científica, questionando o aprisionamento do pensamento e da linguagem psicológica, no dilema dos opostos (HILLMAN, 1984a, p. 109-182, por exemplo).

O compromisso fundamental da abordagem arquetípica é resgatar uma perspectiva de *alma* para a subjetividade dos indivíduos, da cultura e do mundo habitado. Nesse contexto, a conexão ecológica entre uma psique e o mundo é valorizada e discutida, com base em uma noção de inconsciente coletivo, cuja função primordial consiste em privilegiar *o imaginal* e o discurso metafórico dos mitos.

De Jung vem a idéia de que a psique apresenta estruturas básicas e universais, verdadeiros padrões arquetípicos. Na leitura realizada por Hillman, a respeito desta concepção de Jung, padrões arquetípicos da psique devem ser entendidos como padrões formais dos modos de relação da psique com o mundo.

UMA REVISÃO FUNDAMENTAL: A CONCEPÇÃO JUNGUIANA DE ARQUÉTIPO

A teoria dos arquétipos provocou e ainda provoca muita discussão, mesmo entre junguianos. Alguns críticos julgam o conceito de arquétipo comprometido com certa pretensão metafísica, implícita no pensamento idealista de Jung. Os primeiros estudos da Psicologia Arquetípica, publicados no final dos anos 1960 e início da década de 1970, adotam postura crítica em relação a essa tendência do pensamento de Jung (metafísica).

Na concepção de Jung, os arquétipos são comparados aos órgãos do corpo humano, indicando que são concebidos como partes de uma estrutura congênita da psique. Não constituem, necessariamente, uma herança genética, no sentido de lei determinante de características de personalidade; são padrões passíveis de sofrer modificações, provocadas por fatores históricos e geográficos. Padrões arquetípicos

ECOLOGIA MENTAL DA MORTE

ou *"archai"* estão presentes nas artes e nos hábitos sociais de todos os povos, nas religiões e nos sonhos, por exemplo. Nos distúrbios mentais, eles tendem a se manifestar espontaneamente. De acordo com Hillman: *"Pela definição tradicional, arquétipos são as formas primárias que governam a psique"* [grifo meu] (1992a, p. 21).

Em Jung, padrões arquetípicos são antropológicos, culturais e também espirituais; não são considerados propriamente como fenomenais, na medida em que transcendem o mundo empírico do tempo e do espaço. Diferentemente da proposta inicial de Jung, muito influenciada pelo idealismo de Kant, a Psicologia Arquetípica vai adotar o termo arquetípico, sempre no sentido fenomenológico, ou seja, como um campo de experiências ligadas ao *"imaginal"*.

Isso quer dizer que a discussão, ou até a existência, do arquétipo em si, como substantivo, não é relevante. O que existe e importa apreender, compreender e discutir são atributos, valores, qualidades arquetípicas de imagens, que expressam padrões fundamentais da existência humana na Terra. Segundo Hillman, os arquétipos correspondem a dimensões da vida humana em geral e devem ser mantidos como fenômenos, que não podem ser contidos apenas pela psique: também se manifestam nos outros planos da existência, como o físico, o social, o lingüístico, o estético e o espiritual (*ibid.*).

A organização conceitual da Psicologia Arquetípica é fluida, por assim dizer, pois seu desenvolvimento teórico se faz muito rapidamente, num movimento continuado de revisão, renovação, ampliação e aprofundamento de tópicos e de idéias, articulando um pensamento psicológico mais próximo da cultura e da imaginação do que da psicologia médica e empírica.

As principais noções da Psicologia Arquetípica articulam uma base teórica adequada e competente, para levar adiante o interesse de Jung pela dimensão arquetípica da vida psíquica. Vale a pena repetir, essas concepções são relevantes no desenvolvimento deste trabalho, porque a perspectiva arquetípica sobre a morte e o morrer é elemento importante no paradigma da ecologia mental. Esta discussão, acerca

PSICOLOGIA DA ALMA E MUNDO IMAGINAL

das relações entre ecologia mental e perspectiva arquetípica, será desenvolvida posteriormente. Antes, porém, cabe apresentar noções fundamentais ao entendimento do jogo simbólico da alma com a morte.

Julgamos necessário situar o leitor no ponto de partida de uma análise psicológica pouco difundida nos meios acadêmicos, como é o caso da perspectiva arquetípica, de James Hillman e colaboradores. Destacamos, inicialmente, três pontos-chave: a noção de *"mundo imaginalis"* ou *"mundo imaginal"*, a concepção de padrões arquetípicos e de realidade psíquica constituída de imagens.

NOÇÃO DE *MUNDO IMAGINALIS* OU "MUNDO IMAGINAL"

Uma noção, muito importante na Psicologia Arquetípica, foi tomada de empréstimo de Henry Corbin (1903- 1978), filósofo, místico e acadêmico francês, conhecido por seus estudos e interpretação do pensamento islâmico. Dele foi adotada a idéia de que o mundo arquetípico ou *mundus archetypalis* é também um *mundo imaginalis*. A idéia de "mundo imaginal" oferece uma localização ontológica para a realidade arquetípica. O adjetivo "imaginal" foi proposto por Henry Corbin, para indicar uma ordem de realidade, ligada à imaginação, a ser diferenciada das conotações depreciativas, muitas vezes atribuídas ao termo "imaginário" (AVENS, 1993, p. 16-25).

A ordem do imaginal é vinculada ao poder criativo da imaginação, capaz de apreender e construir uma perspectiva de profundidade e de imaterialidade para a vida, transcendendo a concretude dos seres humanos e do mundo. Nesta acepção, o arquetípico existe *na imaginação* e *para a imaginação;* contudo, sua realidade e credibilidade dependem da revisão de uma idéia generalizada, que associa imaginação ao engano, ao irreal e ao ilusório, — nas fronteiras da percepção falsa e desprovida de sentido.

De acordo com Corbin, o *mundo imaginal* funciona como instância intermediária entre o mundo sensível e o mundo inteligível.

A apreensão da experiência relacionada aos padrões arquetípicos do *mundo imaginal* requer métodos e habilidades específicos, diferentes das disciplinas espirituais ou da genérica sensorialidade perceptiva do mundo concreto, esta última envolvida com nossas primeiras impressões, mais ingênuas, produzidas pelo mundo empírico. Isso significa que a apreensão da dimensão arquetípica depende de libertar a mentalidade do domínio da concretude. Neste contexto, o arquetípico diz respeito à necessidade de transpor o limiar da materialidade da mente para a instância da imaginação criadora.[*]

No mundo imaginal, a experiência psíquica transcende o universo de referências da percepção sensorial, em seu valor ou em sua aparência. Transcender a percepção sensorial, no seu valor e em sua aparência, implica aceitar a existência de uma dimensão puramente *imaginal* da experiência psíquica. Para a Psicologia Arquetípica, o poder imaginativo está, intelectualmente e cognitivamente, no mesmo patamar do poder dos sentidos ou do intelecto. Seguindo Jung, Hillman e colaboradores também afirmam a criação de imagens como dinâmica espontânea e primária da atividade psíquica.

FUNÇÃO DA IMAGINAÇÃO: CRIAÇÃO DE SENTIDO E DE SIGNIFICADOS

A psique cria imagens, permanentemente, e estas imagens não escondem nenhum sentido latente ou essencial, o valor de cada uma está no que ela mostra, nunca se situando além de seu sentido aparente. A verdade e a realidade do *mundo imaginal* estão naquilo que é criado, quer dizer, na imagem em si.

---

[*]Obs.: Na clínica psicológica, o apego da mente a objetos concretos é fator de empobrecimento da capacidade de simbolização e de reflexão ético-estética. Entre nós, Walter Trinca discute o problema da mente concreta ao investigar experiências psicológicas alusivas à imaterialidade da vida, referidas à esfera mental da imaginação e ao desenvolvimento da espiritualidade da mente (1988; 1991; 1997).

PSICOLOGIA DA ALMA E MUNDO IMAGINAL

As imagens articulam uma perspectiva psicológica, conectada à função principal da imaginação: de criação de sentido, de criação de significados. A apreensão desta dimensão arquetípica das imagens depende do interesse pessoal pela capacidade espontânea da psique produzir imagens. Em geral, é necessário um trabalho de resgate desse interesse pessoal, não sendo fácil manter atitude de atenção e cuidado em relação às figuras arquetípicas.

CONCEPÇÃO DE PADRÕES ARQUETÍPICOS

A Psicologia Arquetípica leva avante a idéia de Jung de que a imaginação é subjacente a todo processo perceptual e cognitivo. A realidade psíquica é fruto de um contínuo processo criativo da psique, de criação de imagens. No pensamento junguiano, cada processo psíquico é uma imagem e um ato de imaginar. Padrões arquetípicos devem ser entendidos como aspectos da imaginação criadora, fazem parte do processo de criação do *mundo imaginal.*

Assim sendo, todo padrão arquetípico sempre se apresenta como imagem e provoca o imaginar; constituem, fundamentalmente, possibilidades metafóricas consteladas na subjetividade de indivíduos e grupos. As imagens, o imaginar e perspectivas metafóricas são produtos emergindo da base poética da mente.

Padrões arquetípicos são atribuídos a qualquer imagem, por mais comum que ela seja. Por exemplo, podem se ligar ao formato de uma mancha que aparece no vidro de uma janela, sugerindo uma imagem, como o rosto de uma mulher jovem e bela. A mancha surge na vidraça por causa da ação de produtos químicos ou da água da chuva. No entanto, para várias pessoas, essa explicação não tem nenhuma importância, porque a experiência subjetiva é mais valorizada do que o "fato" exterior, pois, nelas, a imagem adquiriu valor arquetípico. A figura constelada pode despertar fortes emoções, ao evocar uma imagem religiosa, dotada de profundo valor psicológico, como é a imagem da Virgem Maria, de Nossa Senhora.

REALIDADE PSÍQUICA É CONSTITUÍDA DE IMAGENS

Na Psicologia Arquetípica, a concepção junguiana de que *"psique é imagem"* é radicalizada. A imaginação é focalizada como um dado primário da vida psicológica e as imagens psíquicas, como fenômenos espontâneos dos indivíduos e da cultura, cuja manifestação exige mais acolhimento, atenção, cuidado e relação do que o trabalho intelectual da decodificação e da explicação.

Nesta perspectiva, uma imagem é sempre mais abrangente que um conceito e preserva a complexidade e a profundidade da experiência subjetiva. Imagens arquetípicas fazem parte de toda cultura, estão na mitologia, nas artes, na arquitetura, na organização urbana, nos dramas e no ritual. Padrões arquetípicos criam imagens e elas participam do cotidiano de cada ser humano, manifestando-se em sonhos, fantasias, devaneios, poesias, psicopatologias e estados de humor. O arquetípico também aparece nas perspectivas metafóricas, por nós construídas, tentando expressar nossa experiência íntima e nossos modos de ser em relação aos outros e ao mundo em geral.

Alguns estudos da área procuram identificar e discutir padrões arquetípicos, cuja repercussão ocorre, de forma especial, na imaginação contemporânea, avaliando relações entre dominantes arquetípicos e seus desdobramentos na organização das práticas sociais e da subjetividade contemporânea.

HÉRCULES: PADRÃO ARQUETÍPICO ATIVO NA IMAGINAÇÃO CULTURAL DA ATUALIDADE

A questão da negação coletiva da morte pode ser examinada nos termos de padrões arquetípicos dominantes. Por exemplo: o herói arquetípico é figura central no imaginário contemporâneo de luta contra a morte. A mitologia de Hércules narra seu confronto com Tânatos

PSICOLOGIA DA ALMA E MUNDO IMAGINAL

(o gênio da morte), com Hades (o deus do mundo inferior e dos mortos) e com Geras (personificação da velhice) .[2]

O clássico confronto do herói arquetípico está presente em fantasias contemporâneas relativas a vencer a morte, dominar forças da natureza responsáveis pela doença, interromper ou reverter o processo de envelhecimento. De acordo com Hillman, a fantasia de destruir predadores não mudou. Agora, ela está alojada nos projetos "hercúleos" da biologia molecular e da nanotecnologia.

Essas pesquisas implicam tarefas grandiosas, de manipulação de matéria viva, num nível infinitesimal; de aproximação da engenharia e da biologia, para criar instrumentos microscópicos, capazes de reunir o reino orgânico e o inorgânico, a fim de agir em dimensões moleculares da matéria celular. A meta prioritária de tais projetos é encontrar meios para tornar a humanidade cada vez mais jovem, mais saudável e mais forte. Nas palavras do autor (2001, p. 53-54):

> Além de derrotar doenças tais como a tuberculose e o câncer, além de até mesmo diminuir a velocidade do envelhecimento e revertê-lo, o projeto herculeo definitivo enfrenta a morte de frente: precisamos estender ou eliminar as categorias condicionantes, que impõem limite a toda vida.

O mito grego ensina que Hércules não envelhece, ele enlouquece ainda jovem, após ter vencido Tânatos, Hades e Geras. O herói não sabe envelhecer e esta é uma reflexão importante em tempo de negação coletiva da morte. A mitologia de Hércules ajuda a questionar a negação da morte, atitude implícita no culto moderno ao herói. Hillman observa (*ibid.*, p.55):

> Em nossa época, devemos perguntar às ciências hercúleas, que pretendem vencer Geras, seja fazendo musculação e caminhando na

---

[2] Segundo Hillman, as palavras geriatria e gerontologia derivam de Geras (HILLMAN, 2001, p. 52).

ECOLOGIA MENTAL DA MORTE

esteira ergométrica ou através de minúsculas manipulações da causa genética do envelhecimento: a abordagem heróica não transgride a essência mortal de sermos humanos?

A análise dos dominantes arquetípicos revela numerosas possibilidades de reflexão psicológica, mas elas escapam às pesquisas, cujos processos submetem a questão da subjetividade aos estudos da realidade da percepção e da concepção, apontando possibilidades de vivências psicológicas irredutíveis a estatísticas da probabilidade, análise bioquímica ou especulações metafísicas.

Como movimento organizado, a Psicologia Arquetípica procura estimular e fundamentar um pensamento psicológico que ilumina o poder imaginativo da *alma* ocidental. Seu compromisso mais importante consiste em resgatar, preservar e respeitar o potencial multiplicativo da criatividade existencial, ontológica, da *psique com sentido de alma*.

IMAGEM E SÍMBOLO NA PSICOLOGIA ARQUETÍPICA

É essencial entender que, no pensamento de Jung, a palavra "imagem" não é equivalente à memória, à lembrança de um reflexo de objeto ou de alguma percepção, quer dizer, a palavra não se refere nunca a uma imagem posterior, ao resultado de percepções e sensações. Também não corresponde a uma construção mental que representa, simbolicamente, sentimentos e idéias. No pensamento junguiano e na Psicologia Arquetípica, o termo imagem adquire significado próprio, correspondendo à expressão condensada de uma situação psíquica, que reflete o todo da experiência vivenciada.

O vocábulo "imagem" abarca tanto conteúdos do inconsciente, como aqueles momentaneamente constelados na consciência. As imagens são a própria psique, na sua atividade psicológica de natureza criativa, ou em sua visibilidade imaginativa. O emprego do termo "visibilidade" não é indício de a imagem precisar ser vista. O ato de

PSICOLOGIA DA ALMA E MUNDO IMAGINAL

perceber imagens não deve ser confundido com o ato de imaginá-las. Uma imagem só pode ser percebida pelo ato de imaginar, uma vez que ela é dada pela atividade imaginativa da psique. Como aspecto do mundo imaginal, a "imagem" não tem nenhum referente além de si mesma, *"nem proprioceptivo, nem externo, nem semântico"*. Nesse sentido, *"as imagens representam coisa nenhuma"* (HILLMAN, 1992a, p. 27).

Elas são sempre criação da base poética da mente, sua função é, basicamente, de expressão. Imagens só imaginam, ou seja, constituem perspectivas imaginativas com múltiplas implicações, ainda que, na aparência, sejam muito simples. Por exemplo: uma paciente de câncer sonha com a imagem de um par de chinelos muito velhos. Essa imagem fica rolando na sua mente e é levada para a análise. Ela se imagina calçando os chinelos. O contato com a imagem produz reflexões, muito profundas, sobre sua necessidade de conforto e segurança, de relaxar e de ficar à vontade dentro da situação vivida, apesar do medo da doença e da morte. Ela assume a imagem daqueles chinelos velhos como um referencial ou paradigma daquele momento da análise psicológica e descobre um desejo secreto: de abandonar o tratamento e a atitude heróica que assumira.

O exemplo procura demonstrar que o caráter arquetípico de uma imagem consiste em seu potencial imaginativo, em sua polissemia e em sua polivalência: tudo nela é dado simultaneamente, tudo nela tem o mesmo valor. Dentro da imagem, todas as partes integram a política do *mundo imaginal,* comprometida com a criação de uma visão poética da vida, da vida *com sentido de alma.*

Símbolo

Em Jung, o símbolo está sempre envolvido com a dimensão arquetípica. Nesse sentido, o símbolo é criado pela psique e, como a imagem, constitui uma instância mediadora, organizando uma síntese da situação psíquica. Na perspectiva junguiana, um símbolo é a melhor formulação possível para algo relativamente desconhecido, sendo, por esta razão, impossível representá-lo claramente, ou seja, trata-se de algo relativo ao indizível.

ECOLOGIA MENTAL DA MORTE

Na visão junguiana, o símbolo tem uma função mediadora, transcendendo a recepção passiva dos sentidos e a elaboração da mente, constituindo um campo intermediário entre matéria e espírito. Deste ângulo, a capacidade de a psique criar símbolos está relacionada com a função transcendente da imaginação. Por meio do símbolo, a psique estabelece pontes entre pensamento e sentimento, entre razão e emoção, entre o que está oculto e o que é revelado, entre o concreto e o abstrato, o real e o irreal (JACOBI, 1986, p. 88-92).

SIMBOLISMO E SIMBOLIZAÇÃO NA ABORDAGEM ARQUETÍPICA

Segundo Hillman, simbolismo ou simbolização é um ato psicológico espontâneo, capaz de agrupar significados, de maneira comprimida. A simbolização tem possibilidade de aparecer sob a forma de uma imagem, de um objeto concreto ou de alguma formulação abstrata. Um símbolo só pode aparecer encarnado em uma imagem. Ele se transforma em imagem quando é constelado por um contexto específico, por um determinado estado de espírito ou por cenas específicas.

Por exemplo: a imagem dos chinelos velhos, levados pela paciente de câncer para a análise, simboliza sua necessidade de aceitação da doença e da degradação física, como forma de obter conforto e segurança. Os chinelos velhos, também, são um símbolo do abandono de atitudes heróicas diante da doença e do tratamento, um tipo de atitude, costumeiramente, geradora de muito estresse. Deste ângulo, os símbolos são abstrações, por nós realizadas, partindo de imagens particulares.

No pensamento junguiano, *imagens arquetípicas* e *símbolos* são conceitos tão interligados, que é difícil estabelecer claramente o que é específico de cada termo. É possível chegar às imagens por meio dos símbolos, do mesmo modo como é possível aproximar-se dos símbolos, partindo-se de imagens. A diferença entre eles toma

PSICOLOGIA DA ALMA E MUNDO IMAGINAL

maior relevo, quando tentamos diferenciar uma abordagem simbólica de uma abordagem imagística. Se uma imagem é focalizada em sua generalidade e convencionalidade, estamos trabalhando com uma abordagem simbólica. Por exemplo, neste enfoque procuramos descobrir o significado das imagens, consultando dicionários de símbolos. Quando preferimos examinar a imagem considerando *o como* um símbolo se expressa numa situação específica, isto é, quando buscamos sua particularidade na expressão do momento, focalizando detalhes e o que nele existe de peculiar, estamos adotando uma abordagem imagística (AVENS, 1993, p. 61).

RELAÇÕES ENTRE PSICOLOGIA ARQUETÍPICA E ECOLOGIA MENTAL

O paradigma da ecologia mental tem algo a ver com essa psicologia interessada no poder criativo da imaginação, na dimensão mítica da psique, na psicologia dos rituais e das fantasias vividas, de maneira inconsciente, pela coletividade e pelos indivíduos. A Psicologia Arquetípica promove um pensamento que caminha em direção ao campo da estética, no sentido mais amplo: de criação da realidade imaginal e de compreensão poética da vida. Ao escolher o caminho do mundo imaginal, a abordagem arquetípica incentiva a reflexão ético-estética, característica da busca de uma psique *com sentido de alma.*

O referencial da ecologia mental preocupa-se, também, com a individuação das subjetividades. No contexto configurado pelas três ecologias, processos de *singularização* estão envolvidos com a política desejosa das subjetividades e das intersubjetividades, com a criatividade da psique *com sentido de alma* e com a construção de referenciais éticos e estéticos, aptos a repercutir na interioridade humana, de forma a favorecer a emergência de um si-mesmo, *"sempre em estado nascente"* (GUATTARI, 1990).

No interior do pensamento de Guattari, encontramos o psicanalista, envolvido com a necessidade de buscar parâmetros estéticos para a vida psíquica, e o filósofo, amando a sabedoria e a intensidade *eco lógica* do imaginário da vida psicológica. Esta *eco lógica* tem por finalidade criar territórios existenciais para situar demandas psíquicas arcaicas, tornando a carga psíquica um "bem doméstico", a se investir no mundo social, como projeto de vida imbuído de valores da imaginação poética; isto é, imaginação capaz de tecer parâmetros de amor e de beleza, para fazer face às asperezas da alteridade — dos outros, do mundo habitado e de uma psique descolada de territórios existenciais.

As considerações de Guattari sobre a *"modelização da subjetividade"* — o fato de dependerem de demarcações cognitivas, míticas, rituais e sintomatológicas, mapeando universos de valores e territórios existenciais para angústias, afetos, inibições e intensidades psíquicas[3] — podem ser comparadas com idéias defendidas por Hillman e por sua Psicologia Arquetípica.

Já mencionamos que os dois autores se mostram preocupados com o desenvolvimento de um pensamento psicológico, principalmente voltado ao cultivo da experiência subjetiva e atento aos efeitos prejudiciais da racionalização iconoclástica; ambos lutando por fazer evoluir um pensamento, fundamentado mais em *parâmetros estéticos* para a experiência psicológica do que pela busca de respostas científicas, para os problemas da psique e de sua inconsciência. Vamos, agora, especificar melhor este aspecto.

O problema, tratado tanto por Guattari como por Hillman, pode ser relacionado com a questão da psicoterapia, de como favorecer a expressão e a integração, na consciência, de conteúdos inconscientes (sentimentos, impulsos, necessidades, tendências potenciais, emoções, desejos etc). Também pode ser relacionado com o problema de como manter aberta a criatividade imaginativa de cada indivíduo, engajado

---

[3] Em Guattari, subjetividade é encarada como produção de sentidos existenciais; como organização de modelos, que definem como alguém deve ser em relação a si-mesmo, ao outro e ao mundo habitado. As práticas que se apresentam capazes de influir nas instâncias psíquicas, decodificando o inconsciente e definindo como se apreendem fatos psíquicos, por exemplo, são tidas pelo autor como equivalentes de uma produção de subjetividade.

PSICOLOGIA DA ALMA E MUNDO IMAGINAL

na busca de sentidos ou significados para uma experiência íntima sem nome, mas muito freqüente nos momentos de crise existencial.

Na perspectiva adotada neste estudo, a expressão *parâmetros estéticos* tem relação com a valorização de modelos de pensamento psicológico, capazes de ampliar a vivência simbólica e a reflexão fundamentada em linguagem metafórica, remetendo o pensamento racional à elaboração de significados. Este assunto é complexo, vinculado à busca de significado e à criação de sentido. Tal tema envolve a *lógica* de expressão da psique *com sentido de alma.*

PARÂMETROS ESTÉTICOS, MUNDO IMAGINAL E CRIAÇÃO DE REALIDADE PSÍQUICA

Os estudos da Psicologia Arquetípica demonstram que a busca de parâmetros estéticos para a experiência psicológica é inerente ao desenvolvimento de um pensamento comprometido com a realidade psíquica mais profunda e misteriosa dos seres humanos. Na Psicologia Arquetípica, o psíquico emerge, na consciência, associado com a capacidade humana de simbolizar: a vida em si e a própria psique, o outro e o mundo habitado.

A afirmação baseia-se na idéia de que nossa existência adquire sentido nas e pelas experiências subjetivas, revestidas de coloridos afetivos e de *"sobretons românticos"*, como diz Hillman, transformando acontecimentos externos e internos em vivências dotadas de significado. O termo romântico procura sintetizar a influência do *imaginal* ou da base poética da mente na organização da experiência como um todo, ou seja, na criação de uma vivência capaz de integrar sensações, percepções, intuições, pensamentos etc, numa história de vida.

A criação da realidade psicológica não pode ser separada da noção de "mundo imaginal". Na compreensão arquetípica, o *imaginal* é real em si mesmo, porque é *vivido* pelo sujeito e tudo o que é *vivido* cria um mundo subjetivo válido em si mesmo. Neste contexto, vivenciar é mais do que experimentar processos interiores como desejar, atuar, pensar, perceber ou fantasiar. A realidade psíquica se estabelece no sujeito da vivência de uma situação, ou seja, realidade psicológica e sujeito constituem um conjunto inseparável, vivida segundo uma lógica própria, mediada por aquele fator desconhecido, que torna possível o significado: a *psique*, a *anima* ou a *alma*.

PSICOLOGIA ARQUETÍPICA: O CUIDADO COM UMA "PSIQUE COM SENTIDO DE ALMA"

De certa maneira, toda produção da Psicologia Arquetípica segue uma tendência de Jung — encaminhar o pensamento psicológico em direção à psique *com sentido de alma*. James Hillman elaborou, ao longo de muitos anos e de vários ângulos, uma reflexão psicológica voltada para a apreensão e a compreensão de diferentes aspectos da vida psíquica associada ao termo *alma*. Uma discussão importante diz respeito ao emprego da palavra *anima* nos textos de Jung.

Anima é palavra latina e significa alma ou psique. Jung adotou o termo *anima* ao se deparar com uma interioridade feminina, presente na subjetividade dos homens. Na Psicologia Analítica, *anima* equivale à imagem feminina, que todo homem carrega em si, e corresponde à própria interioridade masculina.

De acordo com Jung, os homens tendem a se apaixonar pela imagem da mulher interiorizada e podem ser possuídos pela *anima*, principalmente, quando ignoram ou desvalorizam as próprias necessidades afetivas e emocionais, por exemplo. A *anima* invade a subjetividade masculina na forma de humores e desejos, motivando ambições e confundindo os raciocínios. Na visão junguiana clássica, isso significa que a subjetividade masculina pode ser dominada por dinâmicas afetivas e imaginativas, culturalmente associadas à psicologia das mulheres.

Hillman amplia o alcance da concepção de *anima* – proposta por Jung em diferentes trabalhos, com várias definições —, identifica a *anima* com uma interioridade feminina, pertencente tanto aos homens

PSICOLOGIA DA ALMA E MUNDO IMAGINAL

como às mulheres. Na Psicologia Arquetípica, *anima* é uma noção de interioridade personificada como *imagem feminina*, refletindo imagens de humor e de desejo (no sentido de anseio, processo emocional referido ao apetecer, cobiçar, querer racionalmente ou almejar ardentemente). Ela está envolvida nas confusões vividas por homens e mulheres, em seus relacionamentos; está imbricada na criação de idéias sentimentais, que, muitas vezes, embaralham mentes masculinas e femininas. A *anima* habita a tensão provocada por sentimentos feridos e pelas fantasias por eles produzidas; pode ser encontrada nos questionamentos sobre feminilidade, sensibilidade e Eros e nos sofrimentos da busca do Amor, tantas vezes vividos como questão de salvação para a *alma* (HILLMAN, 1990). A idéia junguiana de individuação masculina focaliza o desenvolvimento da *anima* e *do feminino*, como princípio terapêutico importante, incorporando à noção de interioridade uma perspectiva de profundidade associada às palavras *psique e alma.*

PSIQUE, *ANIMA* E ALMA

Na Psicologia Arquetípica, *alma* é palavra revestida de conotações variadas, mas sempre constitui uma realidade imaterial, sutil, imaginativa, simbolicamente poderosa, relacionada com a natureza psíquica dos seres humanos. Para Hillman *psique, anima e alma* são sinônimos. De modo geral, os três termos são associados ao princípio vital, que anima a matéria orgânica, e a perspectiva de interioridade e de profundidade.

A importância de adotar e desenvolver a noção de *psique com sentido de alma,* como foco da psicologia profunda, decorre dessa riqueza de sentidos. A ambigüidade do termo é valorizada por ser resistente a toda e qualquer definição, obrigando seus estudiosos a manter a palavra "*alma*", como símbolo básico da psicologia profunda.

Hillman dedicou-se, principalmente, a investigar as características da *psique com sentido de alma,* nas imagens arquetípicas da cultura, na antropologia do imaginário, sempre atento ao aspecto sutil, evasivo e ardiloso de uma noção de interioridade identificada com a imaterialidade da vida e com a idéia de profundidade do ser, geralmente concebida como *alma*. Na Psicologia Profunda, a alma deve ser entendida como a possibilidade imaginativa da natureza humana, afirma Hillman. Freqüentemente, autores da Psicologia Arquetípica usam as palavras *anima*, *psique* e *alma* de maneira intercambiável. Os três termos são entendidos como símbolos de interioridade e profundidade, nunca como conceitos. Às vezes, outras palavras como coração, vida, humanidade, personalidade ou emoção, são adotadas para enfatizar o significado de uma vida psíquica *com sentido de alma*.

No pensamento junguiano, a concepção de psique tem um aspecto objetivo ou coletivo, relacionado ao poder *imaginal,* força impulsora dos padrões arquetípicos subjacentes aos nossos modos de pensar, agir, imaginar e sentir. Por isso, estudiosos da Psicologia Arquetípica defendem a idéia de a *alma* ser capaz de criar perspectivas psicológicas para cada situação vivida, assim como afirmam a possibilidade de a *anima* pertencer a tudo o que existe no mundo, como imagem de interioridade.

A *alma*, segundo Hillman, deve ser compreendida como o experienciar pela especulação reflexiva e pelo sonho, pela imagem e pela fantasia. No experienciar, a atividade é basicamente imaginal, porque a psique articula um ponto de vista imaginativo para todas as realidades, reconhecendo-as como primordialmente simbólicas ou metafóricas (AVENS, 1993, p. 46).

Na Psicologia Arquetípica, *alma* é palavra-símbolo; é *"raiz metafórica"* do pensamento psicológico, fantasia diretriz a partir da qual é modelado um sentido existencial para a vocação do psicólogo, seu fazer no mundo e sua realização como ser psicossocial. Esta psique *com sentido de alma*, tomada da etimologia do termo e de empréstimo do *backgroud* arquetípico da cultura ocidental, é *vivida* de maneira mais ou menos consciente, na e pela prática de análise da subjetividade. É, também, uma presença simbólica, existente de forma latente nas subjetividades, capaz de conferir sentido existencial para

PSICOLOGIA DA ALMA E MUNDO IMAGINAL

maneiras como psicólogos tendem a "ver" o mundo, sustentados por uma perspectiva de vida imaterial, vida psicológica a ser explorada graças a seu potencial criativo e a sua natureza ética e estética.

Anima, psique e *alma* são palavras, que configuram a referência básica da psicologia: *talvez* seja uma estrutura do sentir e do desejar; *talvez,* construção do ser humano, falando ao outro, em linguagem metafórica; *talvez,* a atividade da base poética da mentalidade criadora de imagens e símbolos, tudo isto conferindo sentidos existenciais para qualquer tipo de experiência humana. Hillman avalia ser melhor, para o pensamento psicológico, compreender a *alma* mais como uma perspectiva, do que como uma substância, mais como *"um ponto de vista"* sobre as coisas, do que como uma coisa em si (1992a, p. 40-41).

A PSIQUE COM SENTIDO DE ALMA, NO PARADIGMA DA ECOLOGIA MENTAL

Qual seria o lugar da alma no paradigma de ecologia mental? A noção de psique *com sentido de alma* implicaria uma presença no mundo interior, em nós vivida como o *"terceiro incluso"* na subjetividade, algumas vezes associada a perturbações da identidade, ao sentimento de alienação e ao estranhamento em relação ao mundo interno, conforme sugere Guattari (1990, p. 38); ou, ainda, a *"Outra Voz"*, falando por meio dos poetas, tradicionalmente criadores dos parâmetros estéticos da civilização e liberadores dos símbolos latentes no imaginário da cultura, segundo Octávio Paz (1993).

No contexto deste estudo, a palavra *alma* encerra sentidos existenciais relacionados com a expressão poética do ser humano e com uma série de experiências subjetivas, transcendentes à concretude da mente e à materialidade da vida. Deve ser integrada no paradigma da ecologia mental como aquela *"alteridade ela mesma subjetiva"*, parceira do pensamento psicológico livre de dogmatismos teóricos, ciente da influência criativa da imaginação e de sua irracionalidade. A Psicologia Arquetípica defende posicionamento semelhante,

ECOLOGIA MENTAL DA MORTE

assumindo a necessidade de manter o pensamento psicológico permanentemente aberto e receptivo para diferentes afirmações, pertinentes à vida psíquica. Hillman pondera (1990, p. 167):

> (...) a psicologia pode incluir todas as posições sobre a alma como descrições válidas. Cada afirmação reflete uma realidade válida; cada uma delas é uma expressão da alma falando algo sobre si mesma de acordo com sua constelação do momento. Porque a anima compreende tantas divergências, uma psicologia fiel à anima descreve a alma de muitas maneiras contrárias. Da perspectiva do prazer na pluralidade, a anima como uma unipersonalidade é meramente um dos seus muitos disfarces.

Deste ângulo, a possibilidade de apreensão de subjetividade singular em estado nascente se amplia, porque o pensamento psicológico reconhece a fluência da atividade psíquica, criada na base poética da mente, e pode aceitar toda afirmação psicológica como uma forma de expandir o conhecimento da subjetividade. Sendo assim, cada teoria psicológica pode corresponder a uma verdade sobre a vida psíquica, sendo válida toda afirmação capaz de aperfeiçoar nossa compreensão da subjetividade. Isto faz com que cada corrente de pensamento psicológico possa ser abordada como expressão de uma realidade psíquica polivalente, polissêmica e criadora de sentidos. A partir de agora, a palavra *alma* passa ser empregada de maneira livre (sem aspas ou itálico), a menos que haja intenção de recordar e realçar o sentido metafórico do termo.

PARADIGMA DA ECOLOGIA MENTAL E A NOÇÃO DE ALMA DO MUNDO

O paradigma da ecologia mental sugere manter reflexão e análise psicológicas mais próximas das artes, dos referenciais estéticos e éticos, da linguagem poética e metafórica, considerando a importância da

PSICOLOGIA DA ALMA E MUNDO IMAGINAL

atividade criativa da imaginação e sua eficácia estético-existencial, a serviço de um efeito de auto-referência existencial. A Psicologia Arquetípica está voltada para a mesma direção e desenvolve um pensamento psicológico afirmativo da profunda sensibilidade ecológica da psique com *sentido de alma*. Na visão arquetípica, a ecologia da *alma* está ligada à idéia tradicional de *Anima Mundi* ou de Alma do Mundo.

Na concepção da *Anima Mundi*, não existe separação entre a vida psicológica dos indivíduos e a vida psicológica do mundo habitado pela humanidade; a expressão propõe um aspecto de interioridade e de profundidade para seres e coisas do ambiente e, de modo geral, para tudo o quê existe na natureza, inclusive do ponto de vista cósmico. Por meio da noção de *Alma do Mundo,* a Psicologia Arquetípica favorece a integração de uma perspectiva da *alma* nos questionamentos contemporâneos, envolvidos com paradigmas ambientais e com uma concepção central do paradigma ecológico, o ecossistema.

Ao avaliar a problemática ambiental na perspectiva arquetípica da alma, esta corrente do pensamento neo-junguiano investiga padrões arquetípicos das fantasias ambientalistas e ecológicas dominantes, contribuindo para libertar a imaginação ecológica do organicismo e do fisiologismo. Dessa forma, neste estudo, aproximamos o paradigma ecológico de concepções psicológicas, afirmativas da profunda ligação da psique individual com a comunidade, com o lugar habitado e com a natureza, em escala planetária e cósmica.

Ao aproximar esta perspectiva de alma da abordagem ecológica, buscamos elaborar uma compreensão de problemas psicológicos contemporâneos, considerando inter-relações entre ideologias de crescimento e progresso inexorável de um mundo submetido a ideologias de negação e vencimento da morte, enquanto, do outro lado, esmorecem a vitalidade das subjetividades, das relações sociais e do próprio planeta.

CAPÍTULO 4

A ALMA E O JOGO ECOLÓGICO DA IMAGINAÇÃO

Jogo ecológico da imaginação: trocas da alma, com o amor e com a morte

Uma preocupação básica da ecologia mental consiste em renovar a análise psicológica, libertando-a das ditaduras teóricas, do dogmatismo dos sistemas de explicação psicológica e das reificações conceituais do inconsciente. Seu compromisso principal é promover toda reflexão psicológica que, antes de qualquer coisa, seja capaz de favorecer a singularidade dos indivíduos. Este processo se inicia com a criação de práticas de análise, potencialmente eficazes, do ângulo estético-existencial.

Para Guattari, a individualidade de um sujeito se cria, quando há um rompimento com a mentalidade coletiva; organiza-se partindo desta dissonância, do dissenso, da ruptura de sentido, da fantasmática do inconsciente, falando ao mundo na linguagem do desejo, da dor e da alegria, do sofrimento pessoal frente às interdições e às limitações da mentalidade dominante na cultura.

ECOLOGIA MENTAL DA MORTE

A singularidade pessoal fala primeiro em linguagem estética e ética, desenvolve-se apoiada em parâmetros literários, criativos e expressivos. Na ausência de sentidos existenciais para as demandas mais arcaicas da vida psicológica, a expressão da subjetividade pode ficar bloqueada, passiva, emudecida, anestesiada e, em tais casos, tende a permanecer "*assombrada*", condenada a implodir desejos ou explodir no mundo por meio de exteriorizações destrutivas.

O referencial da ecologia mental propõe a acolhida do "*fantasma negativo*" — o imaginário ameaçador e destrutivo para a organização social —, dando a ele um lugar na subjetividade; propõe, também, descobrir maneiras de facilitar a busca de paradigmas estéticos, aptos a agenciar a fala da fantasmática ameaçadora, seu simbólico e contexto existencial imbricado com valores éticos.

Tanto Guattari quanto Hillman põem em relevo a importância do imaginário da morte e de toda fantasmagoria negativa e destrutiva, imagens com função importante nos processos de individuação da subjetividade. Ambos preocupam-se em promover o *jogo ecológico da imaginação,* para que os indivíduos de hoje, assombrados por tantos paradoxos de uma cultura, cuja valorização da vida, ainda que degradante, é extremada às expensas da negação da morte, possam vir a suportar a tensão existencial, provocada pela percepção consciente da própria finitude e de suas misteriosas relações com os valores do ser.

As críticas e recomendações para colocar mais *alma* em toda a vida humana (Hillman) e estar permanentemente aberto para a criatividade da vida psíquica, em busca de territórios existenciais (Guattari) são quase um imperativo (ou uma provocação?) para o pensamento acadêmico avaliar as possibilidades teóricas e práticas de suas idéias.[1]

---

[1] As afirmações resumem preocupações manifestadas por Hillman e Guattari em vários textos, principalmente ao mencionar concepções fundamentais dos respectivos esquemas de pensamento. Exemplos: Hillman 1984b, 1992a, 1993, 1998 e Guattari 1990, 1992.

PSICOLOGIA DA MORTE E INDIVIDUAÇÃO DA SUBJETIVIDADE

Segundo a Psicologia Arquetípica, a individualidade de uma pessoa emerge, seguindo imagens arquetípicas significativas, no processo de individuação da alma. Todo processo de individuação depende de dois aspectos: liberdade de imaginar a própria morte e liberdade de escolher sentidos para a vida. Estas condições, inerentes à individuação das subjetividades, imbricam-se num estado mental aberto para a angústia existencial e para a busca dos valores mais profundos, valores potencialmente capazes de afirmar a coragem do ser, ser singular e único, individuado tanto na vida como na morte.

Toda Psicologia Arquetípica articula a compreensão do processo de individuação da personalidade, considerando a relação alma-morte como o aspecto primordial da atividade imaginativa; situando a morte como portal para o mundo imaginal, através do qual a base poética da mente segue a função transcendente da imaginação, alargando o espaço mental para além das contingências da vida orgânica e material. Isto significa, na leitura feita para este trabalho, que a vida psíquica organiza a si mesma, estabelecendo o simbólico da morte, para criar ou ampliar o espaço mental da consciência psíquica. Com este prisma de análise, torna-se fundamental reconhecer o valor metafórico de todas as mortes, a fim de abrir as intervenções psicológicas para processos de revalorização positiva da morte e do morrer, assumindo como *a priori* que toda morte negada é troca simbólica banida da vida.

É nesta direção que procuramos repensar a negação coletiva da morte, posicionando-a como um tipo de interdição cujo efeito é mortífero, do ponto de vista da imaginação cultural e pessoal, uma vez que dessa negatividade decorre profundo empobrecimento de perspectivas éticas e estéticas para os sofrimentos do corpo, da mente e da terminalidade existencial. Negar à morte seu valor simbólico — de criação de sentidos existenciais — é permanecer submetido ao terror coletivo diante da morte, é submissão à negação da morte, é passividade diante do bloqueio que barra as tentativas de *individuação da subjetividade.*

Nesta pesquisa, assume-se a postura de que todo processo de singularização de subjetividades depende de libertar a reflexão psicológica individual das mitologias de sustentação do terror e da negação coletiva da morte. Esperamos que a Psicologia Arquetípica, com seus escritos sobre a mitologia predominante na atualidade, com sua terapia *focada na imagem* e com seu compromisso com o *"cultivo da alma"*, ofereça suporte conceitual consistente e coerente para a compreensão da experiência simbólica diante da morte, vivida por pacientes de câncer, participantes da nossa investigação. Esperamos, também, que o paradigma da ecologia mental possa se transformar num instrumento de análise e de reflexões, mantendo abertura para apreender subjetividades em sua dimensão de criatividade processual.

FUNDAMENTO ARQUETÍPICO DA EXPERIÊNCIA PSICOLÓGICA E O TEMA DA MORTE

Na Psicologia Arquetípica, a prática terapêutica é denominada de *"cultivo da alma".* A expressão refere-se a um cuidadoso trabalho de atenção e fidelidade ao mundo da imaginação cultural. Estados psicológicos particulares e coletivos são tidos como retratos das forças arquetípicas a que estamos, todos, sujeitos, porque compartilhamos um campo psíquico comum, de natureza *imaginal.*

A atividade autônoma da psique, — no pensamento de Jung, identificada com a noção de inconsciente coletivo, — tende a criar um reino não-humano ou quase-humano, personificando figuras trágicas, monstruosas, fantásticas e situações dramáticas, cuja compreensão se encontra além da mente consciente. Segundo Avens: "No fundo, nossa psique é habitada por uma multidão de pessoas míticas, sendo que seu caráter ficcional consiste apenas no fato de *ultrapassarem* o nível pessoal e humano" [realce no original] (1993, p. 56-65).

A ALMA E O JOGO ECOLÓGICO DA IMAGINAÇÃO

Na abordagem arquetípica, o uso ortodoxo do termo inconsciente, realizado por junguianos, é rejeitado, porque obscurece a importância do mundo imaginal, ao configurar uma dimensão cheia de problemas "reais", "difíceis" e "resistentes", que devem ser analisados e resolvidos. De acordo com Avens, no enfoque arquetípico, o inconsciente é um instrumento para "aprofundar, interiorizar e subjetivar os conteúdos e os comportamentos aparentes de nossa psique" (1993, p. 98).

A realidade do inconsciente é reavaliada e reconhecida como a totalidade, a profundidade e a riqueza de uma noção de psique identificada com o mundo do sonho, como reino subterrâneo do inconsciente imaginal, criador da realidade psíquica. De modo muito simplificado, é possível considerar o inconsciente como a não-consciência de fenômenos imaginativos subjacentes aos processos conscientes. Avens afirma: — "Estamos sempre, ao mesmo tempo, conscientes e inconscientes; as fantasias são parte de toda a vida consciente" (*ibid.*).

Mitos antigos permanecem vivos no mundo subterrâneo da psique, imagens míticas nos envolvem e podem nos governar. Figuras míticas são poderes do mundo imaginal, são potências imaginativas, que afetam nossa maneira de pensar, de fantasiar, de sentir e de expressar emoções. Na perspectiva arquetípica, são conteúdos fantásticos e fantasmáticos, com os quais nossa consciência, geralmente identificada com um "ego pensante" — analítico, mais observador e controlador do que receptivo e experiencial — costuma estar em conflito.

Os deuses antigos constituem padrões arquetípicos personificados; são imagens poderosas e forças psíquicas, permanentemente ativas nas dimensões mais profundas e obscuras da psique coletiva e particular. Cada imagem ou figura arquetípica apresenta muitas faces e pode estar associada com uma imensa variedade de experiências psicológicas complexas e significativas. Quando e onde a imaginação predomina, acontece o personificar. Zeus, Hera, Apolo, Perséfone, Hermes, Dioniso, Hades, Psique, Afrodite, Eros e Tânatos , todos os deuses e deusas antigos e cada "pessoa" mítica personificam e

ECOLOGIA MENTAL DA MORTE

constelam forças do mundo imaginal. Há bases míticas em cada tema existencial: no amor, no trabalho, no lazer, na saúde e na doença, encontramos padrões arquetípicos subjacentes ao modo de pensar, sentir, agir e fantasiar, na situação vivida.

A INTIMIDADE DA ALMA COM A MORTE E A CRIAÇÃO DA CONSCIÊNCIA PSÍQUICA

Pensamento mítico é o modo primário de expressão da psique, segundo ensinamentos da Psicologia Arquetípica. É um fenômeno espontâneo da imaginação criadora, que experimentamos ao sonhar. O trabalho terapêutico de *"cultivo da alma"* toma o sonho como paradigma da psique. No sonho, explica Hillman, a vida psíquica apresenta-se abarcando o ego, empenhada na criação das imagens, fundamentalmente preocupada em imaginar e formar imagens, sem levar em consideração experiências do indivíduo, quando este se encontra em estado de vigília.

A pergunta primária da Psicologia Arquetípica, considerada como parte do cultivo de uma vida psíquica com sentido de alma, é: *o que esse evento* (aquilo que me afetou) *ou coisa* (que foi capaz de despertar uma reação, em mim) *mobiliza em minha alma? O que significa isto para minha morte?* Segundo Hillman: "A questão da morte entra aqui, porque é com relação à morte que a perspectiva da alma se distingue mais completamente da perspectiva da vida natural" (1992a, p. 56).

No sonho, entramos num mundo essencialmente psíquico, somos mais uma imagem, interagindo com outras imagens oníricas. Nos sonhos, como ego onírico, habitamos espaços imaginários e vivenciamos uma realidade de natureza essencialmente *psico lógica*. Uma *perspectiva de alma*, em relação ao sonho, demonstra, primeiro, que o sonhador está no sonho e não o sonho dentro dele; depois, considera que a vida psíquica não presta atenção, e até parece indiferente, no que se refere à mortalidade física.

A morte, situada na perspectiva arquetípica da psique com sentido de alma, não aparece da mesma maneira que se apresenta para nossa experiência empírica, nem pode ser reduzida a ela. As evidências de tal afirmação estão nas imagens que a psique cria enquanto dormimos: os mortos voltam à vida em nossos sonhos, nem sempre estando num "*outro mundo*", várias vezes aparecendo como personagens de situações atuais, integrados na vida cotidiana do sonhador.

Podemos sonhar a própria morte física, em épocas de boa saúde; sonhamos que estamos bem, quando a saúde está mal; há sonhos em que estamos no mundo dos mortos, visitando amigos e parentes falecidos; em alguns sonhos, a pessoa se vê velando uma pessoa querida, enquanto uma imagem duplicada do corpo morto conversa com ela. Em certos sonhos, uma pessoa querida morre, participamos de seu funeral e, em seguida, ela volta para casa mais jovem e fortalecida; outros sonhos mostram imagens de mortos nos perseguindo, em estado de decomposição. Na abordagem arquetípica, a experiência da morte é aspecto central da vida psíquica. Na avaliação de Hillman, a atividade imaginativa da alma *sugere* fantasias metafísicas.

Troca simbólica com a morte: jogo imaginário que domestica a morte

Para a abordagem arquetípica, a imaginação metafísica é uma característica da atividade espontânea da psique. Isso não significa reduzir a dimensão metafísica ao mundo imaginal, mas sim considerar a existência de fantasias metafísicas e avaliar sua função psicológica. A imaginação metafísica refere-se ao tema central da Psicologia Arquetípica: o problema de lidar com a morte como forma de despertar a consciência para *um sentido de alma*.

Na concepção de Hillman, a experiência da morte é requisito fundamental para a vida psíquica, porque, por meio da morte, o mundo *imaginal* ganha força. Do ponto de vista da arquetípico, a morte é

ECOLOGIA MENTAL DA MORTE

uma escuridão impenetrável à luz da pesquisa inteligente; porém, é tema dotado de imenso poder imaginal, imbricado com o trabalho da imaginação transcendente e com a natureza metafórica da reflexão psicológica.

O jogo imaginário com a morte é uma atividade psicológica importante, fundamental para criar transcendências em relação ao mundo dos sentidos e ao concretismo da mente; igualmente importante, para valorizar a interioridade mais profunda do ser, entrelaçada ao reino imaginal e à imaterialidade de uma *vida com sentido de alma*.

Ao invés de ver a morte como um acontecimento exógeno, um fato que acontece vindo do lado de fora, Hillman posiciona a morte como porta de entrada para uma dimensão da vida humana apartada da existência, como paradigma de uma realidade escura, psiquismo sombrio e subterrâneo, no qual tudo que existe só existe como imagem. Na visão desse autor, morte é o fim da vida somente no sentido literal; na perspectiva metafórica da psique, ela é o começo de uma *vida com sentido de alma* (AVENS, 1993, p. 133).

O valor metafórico da morte é enfatizado em vista da necessidade de despertar a mente para a visão poética da vida, para a ética e a estética de imaginar mais vida, vida estendida além da vida física e da mente consciente. A psique demonstra estabelecer jogos imaginários com a morte, criando imagens que *sugerem* fantasias metafísicas. Cada sonho com alguém já falecido, cada sonho com a própria morte, nos sonhos que nos levam para "outro mundo" e naqueles que passeamos por lugares *além da morte*; quando nos defrontamos com sentimentos e fantasias de morte — todas essas ocasiões podem ser apreciadas como expressão do jogo simbólico da alma com a morte. Esta relação da alma com a morte é o principal fundamento da Psicologia Arquetípica (HILLMAN, 1993).

Uma série de padrões de morte pode apresentar-se em sonhos, tantos quantos forem mitos e deuses, habitando a subjetividade da cultura. Cada figura mítica apresenta conexões com situações dramáticas, vulnerabilidades e desequilíbrios, considerados como

A ALMA E O JOGO ECOLÓGICO DA IMAGINAÇÃO

patologias ou enfermidades do arquétipo e maneiras específicas de conduzir à morte. Várias mortes podem ser imaginadas, muitas iniciações podem ser vividas.

O imaginário da morte tende a ser tão variado quanto o são os sofrimentos, tornando o viver doloroso; tão abrangente como são as dores existenciais, esses despertadores da consciência psíquica, obrigando a romper com o tédio, com a indiferença e com a falta de sentido de algum evento, interior ou exterior. Para compreender os diferentes padrões de morte, segundo ensinamentos de Hillman, é preciso acolher a linguagem metafórica da alma, buscar o sentido ético-estético de sua fala poética, ouvir as figuras míticas e arquetípicas consteladas no mundo imaginal, e discernir que afirmações sobre a morte elas estão fazendo, no atual momento de vida (1993, p. 78).

Ao lidar com a morte, partindo de parâmetros estéticos, ou seja, partindo de modos de pensar poeticamente organizados, ricamente simbólicos e dotados de realidade imaginal, a mente exercita sua função metafórica e, ao mesmo tempo, provoca a consciência para conferir sentidos psicológicos àquilo, cuja existência está submetida às leis biológicas. No exercício desta função, essencialmente mitopoética, a vida psíquica produz imagens, emoções, fixações antropomórficas; cria uma realidade psicológica, a ser revelada pelo envolvimento emocional nas situações que chamam nossa atenção para acontecimentos interiores, para aquilo que está ocorrendo na própria subjetividade, para imagens que nela tomam forma, ganhando movimento e vida próprios.

O conhecimento da subjetividade depende da intimidade vivida na relação com a própria interioridade, imbricando a familiarização da consciência com a atividade imaginativa e inconsciente da psique. Para Hillman, toda psicologia, pessoal e da Alma do Mundo, é criada no vale da intimidade vivida (1984a, p.34).

A perda de um sentido de alma, para a vida humana e para o mundo habitado, afastou-nos da linguagem metafórica, inerente às

ECOLOGIA MENTAL DA MORTE

trocas simbólicas com a morte? Será que a mentalidade humana ainda tem vocação para transcender a concretude da vida física e articular trocas simbólicas com a morte?

A psicologia arquetípica afirma que sim. Mais do que isso, afirma que a vida psíquica se organiza, estabelecendo o simbólico da morte para criar consciência psíquica. Por isto, essa psicologia coloca a morte como centro da atividade imaginativa da alma. A geração e a criação de metáforas para a morte fazem parte do processo de individuação da personalidade.

Neste estudo, os jogos simbólicos da alma com a morte são entendidos como espelhos, capazes de refletir tentativas da psique individual para se libertar da negação e do terror coletivos da morte. No espelho, a atividade imaginativa da base poética da mente adquire visibilidade, envolvendo as subjetividades com fantasias de vida, além da morte e de como *ser-para-a-morte*.

ECOLOGIA MENTAL E PSICOLOGIA ARQUETÍPICA, NA PSICOLOGIA DA MORTE

De modo geral, o referencial da ecologia mental é importante para a psicologia da morte, porque favorece o exame de degradações mentais, decorrentes do problema coletivo da negação da morte. O paradigma ecológico pode, inclusive, constituir um campo para pesquisas psicológicas, interessadas no exame de situações imbricadas com a subjetivação da negação coletiva da morte e das degradações mentais dela decorrentes. A investigação de vetores de subjetivação da negação da morte visa a configurar acumulação de valores de positividade para a vida e a desvalorização da morte e de sua importante função simbólica. Neste contexto, o paradigma da ecologia mental pode oferecer critérios para avaliar benefícios e cuidados alusivos à necessidade de falar da morte enquanto há vida.

A Psicologia Arquetípica oferece contribuição especialmente significativa, porque, além de apresentar muitas afinidades com o paradigma da ecologia mental, situa a psicologia da morte no jogo

A ALMA E O JOGO ECOLÓGICO DA IMAGINAÇÃO

ecológico da imaginação. Neste estudo, especificamente, o ponto de vista arquetípico adquire uma função prioritária: como prisma de análise psicológica, permite "desnaturalizar" o terror coletivo diante da morte, configurando a negação coletiva da morte como foco de *repressão* da atividade psíquica, criadora de sentidos.

Sua contribuição também favorece um novo *olhar* e uma nova *escuta,* que nos ajudam a ultrapassar o terror coletivo diante da morte, a fim de reavaliar o discurso da morte. Em primeiro lugar, por constituir referencial psicológico aberto à linguagem imaginativa da psique, situando a morte como elemento central na recuperação de um sentido de alma para a vida psíquica; em segundo lugar, porque na perspectiva arquetípica, a mentalidade coletiva é avaliada em sua dimensão mítica, e a subjetividade individual, valorizada em seu potencial de criatividade imaginativa, entrelaçada ao patrimônio mítico e poético da cultura contemporânea; finalmente, porque o arquetípico favorece o entendimento de variados modos de subjetivação da morte e do morrer, promovidos pela criatividade ético-estética da mentalidade poética e de sua capacidade de gerar, de maneira multiplicativa, numerosas maneiras de ser diante da morte.

Esses pressupostos teóricos são de grande valor para manter em foco a complexidade irredutível de uma realidade psicológica criada, partindo-se de relações estabelecidas entre um indivíduo e sua singularidade, entre a subjetividade individual e a subjetividade da cultura, entre as subjetividades e práticas de análise psicológica instituídas.

Em nosso estudo, ressaltamos o paradigma da ecologia mental, como universo de referências e de valores para examinar a questão da morte no contexto do apoio psicológico ao paciente de câncer, mediante parceria estabelecida com integrantes da equipe de monitores de uma instituição de apoio psicológico (CORA-SP). Esta parceria é adequada ao nosso interesse em compreender processos de conscientização e de aceitação da morte, um ponto essencial para o exame de dificuldades referentes à negação coletiva da morte e aos processos de troca simbólica com a morte.

ECOLOGIA MENTAL DA MORTE

A discussão relativa ao desenvolvimento de uma noção de ecologia mental da morte impõe a materialização de dificuldades vividas no confronto consciente com a doença e com a morte. Esta tarefa implica a narrativa de um paciente-monitor, interessado em falar da morte, de maneira franca e aberta. O relato expõe a situação de confronto com o câncer e a morte, revela desafios do processo de conscientização da morte e suas ligações com a questão da troca simbólica.

PARTE III

NARRATIVA

O PROBLEMA
NA CARNE

Morte continua um tema tabu. E, na minha experiência, ninguém entra em área tabu sem pagar um preço. Em meu caso, a ousadia de assumir o conhecimento da morte obrigou-me a conviver com muita confusão e angústia, impotência e medo, matéria prima para produção deste trabalho.

CAPÍTULO 1

UM PROBLEMA DE ECOLOGIA MENTAL

MATERIALIDADE DE UMA PREOCUPAÇÃO DA ECOLOGIA MENTAL

Nosso compromisso teórico supõe a criação de um *novo olhar* e uma *nova escuta* para quem vivencia o impacto de uma doença grave e fatal, como o câncer. O interesse central é a condição existencial do enfermo consciente do fracasso do tratamento e da iminência da morte. Nessa situação, processos de subjetivação da morte e do morrer são intensamente investidos, afetivamente e cognitivamente, dinamizando necessidades psicológicas concernentes à elaboração do luto por si mesmo, a despeito de degradações mentais e sociais resultantes da negação coletiva da morte.

Neste trabalho, o universo de referências da ecologia mental envolve o tema *troca simbólica da alma com a morte*, compreendendo uma reflexão de natureza ético-estética, vinculada ao processo de singularização das subjetividades. A comunicação oral apresenta um substrato *além da fala*, materializando operações intelectuais, imaginativas e afetivas, reveladoras da essência ética e estética da experiência psíquica. Um recorte dessas experiências é apresentado a seguir, compondo a narrativa das experiências de um integrante da equipe técnica do Centro Oncológico de Recuperação e Apoio, CORA-SP, paciente-monitor do programa de auto-ajuda apresentado na primeira parte do trabalho.

NECESSIDADE DE FALAR DA MORTE: RUPTURA COM A NEGAÇÃO COLETIVA

Roberto, nome fictício do paciente-monitor, foi parceiro de um estudo longitudinal temático, fundamentado na idéia de que é preciso falar da morte enquanto há vida. Aceitou participar da investigação com satisfação, pois, na sua opinião, a necessidade de falar da morte é um problema central na experiência de quem recebe diagnóstico de câncer. Sendo assim, a parceria seria com um estudo seria, também, uma maneira de ajudar outras pessoas em situação tão difícil como a dele — *com uma doença grave e muitas vezes fatal.*

Sua declaração de sentir *"forte necessidade de falar claramente da morte",* repetida em diferentes ocasiões, reflete uma condição subjetiva condizente com critérios da ecologia mental. Os depoimentos de Roberto exprimem vivências e reflexões sobre a morte, abarcando uma fase inicial, de bem-estar e esperança de cura, com quimioterapia de pouco efeito colateral, tornando-se, posteriormente, relato do fracasso do tratamento e da sensação de proximidade da morte.

A colaboração de sua esposa, profissional da saúde pública e principal "familiar cuidador", além de enriquecer o relato das vicissitudes do dia-a-dia do paciente, é pré-requisito para intervenções de apoio psicológico e orientação espiritual, na iminência da morte, valiosas para elaboração de uma crise de desespero, associada a conflitos de natureza religiosa.[1]

---

[1] Neste trabalho, não julguei necessário descrever procedimentos para obtenção dos depoimentos de Roberto e de sua esposa. No estudo original constam explicações detalhadas sobre a técnica adotada na pesquisa de campo, disponibilizando informações a respeito do referencial metodológico e de análise, elaborados dentro das especificações acadêmicas (VERDADE, 2003a).

UM PROBLEMA DE ECOLOGIA MENTAL

PERFIL DO NARRADOR

Roberto tem curso superior, ligado a uma área das ciências exatas. Bem-sucedido profissionalmente, fez carreira no serviço público, em função compatível com sua formação universitária. A licença médica não afetou a vida financeira; ele pode contar com acompanhamento médico adequado e até privilegiado, pelo acesso da esposa, profissional da área médica, a tecnologia de ponta e medicamentos de última geração. A atuação na instituição de apoio a pacientes de câncer foi assumida com alegria e entusiasmo, sendo freqüente ouvir Roberto exclamar: — *Esse treinamento foi uma bênção na minha vida!*

Quando começou a participar como monitor nos grupos de auto-ajuda, conversou com a coordenação, pedindo para trabalhar na sessão dedicada ao tema morte. Sua apresentação foi marcante, comoveu profundamente os participantes do grupo, sensibilizados por seus depoimentos sinceros e pela maneira franca e direta de abordar o problema.

Ele precisava falar da morte com honestidade e clareza, sobretudo com sua mãe. Filho único, sabia como era doloroso para ela vê-lo doente e sob risco de morte, mas algo lhe dizia para alertá-la sobre a possibilidade de perda. Além disso, Roberto percebia a mãe em atitude de negação; sentia-se mal por estar irritado com ela, todavia a raiva crescia dentro dele, quando ela repetia a frase: — *Filho, você vai vencer essa luta, vai superar a doença, vai se curar.*

A ladainha da mãe, reproduzida a cada telefonema, estava incomodando Roberto, cada vez mais, beirando o insuportável. Ele até conhecia a causa da sua raiva; a frase materna associava doença e morte a seu perseverante sentimento de fracasso, perturbação invariável desde a infância. E, apesar de não saber como abordar o assunto com sua mãe, ele pensava muito na morte, desde o instante em que soube do câncer no pâncreas e no fígado.

Ao receber o diagnóstico, perguntou sobre suas chances de cura. Lembra claramente da resposta do médico:

— *As estatísticas indicam quarenta por cento de chance de sobrevida.* — Outro choque!— *Pôxa! Quarenta por cento é mais pra lá do que pra cá, pô! Então, o negócio está complicado, não é!*

O cirurgião não falou mais nada. — *Ele deixou o assunto do mesmo tamanho, não respondeu nem sim, nem não.*

A participação no estudo longitudinal criou tempo e espaço para Roberto falar da morte e narrar sua história de vida. Nas entrevistas, compartilhou uma infância sofrida, lamentando perdas, dores e prazeres jamais vividos; falou de culpas e arrependimentos, sonhos e fantasias eróticas, ironias e brincadeiras; exprimiu dúvidas a respeito da própria religiosidade.

CUIDADOS ÉTICOS DIANTE DA MORTE DO OUTRO

Diante de uma pessoa consciente da gravidade de sua doença e da alta probabilidade de falecer brevemente, cuidados éticos não podem se restringir à formalidade habitual dos procedimentos de pesquisa, como o sigilo, a autorização do registro das entrevistas e a leitura e aprovação da contextualização dos depoimentos. Um tema tão profundo e íntimo, como a morte, impõe atenção e consideração permanentes pelas experiências agenciadas.

Como traduzir a responsabilidade por emoções que habitam a narrativa a ser construída, apresentada e analisada? É possível comunicar a realidade subjetiva de uma pessoa extremamente fragilizada, cujo sofrimento me toca profundamente e me faz testemunha do ser que imagina a própria morte? Com que palavras esclarecer a importância do apoio psicológico em situação tão crítica? Como assumir preocupação com o outro, quando percebo em mim o desejo de fugir da sua dor? De que forma explicar a escuta dos gritos silenciados e a visão do abismo, espelhada no olhar de quem antecipa a própria morte e a separação do amado? O que dizer da atenção voltada para a morte do outro? E da confusão de sentimentos que essa atenção pode produzir no psiquismo humano?

UM PROBLEMA DE ECOLOGIA MENTAL

A reflexão ética é obrigatória quando se pensa a morte do outro. Ela acompanha a preparação de todo trabalho: do contato direto com os depoentes à elaboração da análise e compreensão da narrativa. Questionamentos éticos levaram-me a conversar com amigos e colegas de profissão, especialmente com colegas pesquisadores do Laboratório de Psicologia Social da Religião, da Universidade de São Paulo. Queria falar de certa perturbação intima, associada ao interesse intelectual na morte do outro. Certo dia, quando comentava minha inquietação, um amigo comentou, com muito jeito, que eu parecia sentir culpa por "usar" a morte de alguém para elaborar uma tese. O que ele disse fazia sentido e me obrigou a aprofundar minhas reflexões, e muito. Eu não me percebia culpada, mas...

Na verdade, eu sentia o peso da responsabilidade pelo outro, por vivências que acompanhei, pelos sofrimentos que acolhi e tentei registrar. Descobri que, diante da morte, cuidados éticos abarcam uma noção de responsabilidade, concernente a dar abrigo e tradução para a experiência do outro, em sua nudez psicológica e miséria material.

ÉTICA: UMA NOÇÃO DE RESPONSABILIDADE E DE CULPA SEM ERRO

Segundo Emmanuel Lévinas (1906-1995), estamos habituados a uma filosofia em que espírito e saber são equivalentes. O esforço de ser, a contenção do ser, a perseverança do ser em seu ser é generalizada, tende a se repetir e a se confirmar. Estamos acostumados ao olhar que abarca as coisas - ele diz numa entrevista - à mão que as toma e as possui, à dominação dos seres, na qual a confirmação de si é o princípio da subjetividade (in: NEMO; POIRIÉ, 1997, p. 33).

Na visão do pensador, essa ontologia se interrompe ou pode se interromper, quando se reconhece que a emoção humana e sua espiritualidade começam "no para-o-outro, na afecção pelo outro". O grande acontecimento do psiquismo humano e a fonte da afetividade

ECOLOGIA MENTAL DA MORTE

estão no outro. Porque na face do outro aparece um comando e um pedido que fala ao "eu" (não importa quem seja); eu enquanto a "primeira pessoa do singular", a viver a realidade do encontro pessoal. Sou esse "eu" em busca de recursos para responder ao apelo do outro. Por isso, eu sou "sujeição ao outro", porque este outro me afeta e me importa em sua pobreza essencial. Nas suas palavras: "eu sou 'sujeito' essencialmente nesse sentido. Sou eu que suporto tudo" (*ibid.*, pg. 33).

Para traduzir concretamente a responsabilidade pelo outro, o mais importante é uma noção de *culpa sem erro*. Trata-se de uma responsabilidade precedente à noção de iniciativa culpada, uma "responsabilidade sem erro". Nesse sentido, cada um de nós é responsável pela morte do outro, por ela ser um "acontecimento notável e essencial de meu psiquismo como psiquismo humano". O cuidado ético deste trabalho impõe a necessidade de refletir, com Lévinas: "Não posso deixar o outro sozinho em sua morte, mesmo que eu não possa suprimir a morte" (*ibid.*, p. 32).

CAPÍTULO 2

A NECESSIDADE DE FALAR DA MORTE

ROMPER COM A NEGAÇÃO COLETIVA DA MORTE

A narrativa de Roberto expõe uma propriedade muito difícil do apoio psicológico a pessoas à morte — romper com uma ordem social que nos transforma em cúmplices da negação coletiva da morte, inconscientes de nossa participação nas relações de silenciamento, do doente e da vida em fase de partida. As experiências relatadas exemplificam dificuldades inerentes a essa ruptura.

Conforme mencionado, os depoimentos abarcam três momentos de vida diferentes. Em cada um, Roberto apresenta maneiras particulares de perceber, pensar e falar da morte. Um resumo das entrevistas iniciais situa o leitor na história de vida do narrador, revelando cicatrizes do passado como fontes de sofrimento. A terceira entrevista traz elementos fundamentais para uma análise do prisma da ecologia mental e, por isso, é apresentada na íntegra, logo após os resumos.[1]

---

[1] Na construção do relato, o itálico reproduz expressões dos depoentes; o negrito indica palavra ou frase comunicada de forma mais enfática, ou seja, num tom de voz mais alto em relação ao habitual na fala do narrador.

ECOLOGIA MENTAL DA MORTE

As dores da vida: resumo da primeira entrevista[2]

Estamos no mês de maio, poucos anos atrás. Roberto comparece à primeira entrevista. Tem aproximadamente 50 anos, é um homem muito bonito e charmoso. Veste-se bem, com simplicidade elegante. Sempre cortês, espirituoso e falante, tende a cativar a maioria das pessoas logo no primeiro contato. Ele chega comentando a satisfação de poder colaborar com um estudo sobre a morte, acredita que lhe fará bem falar de suas experiências, compartilhar sentimentos despertados depois do diagnóstico da doença. Logo menciona seu interesse em falar da morte: — *Um tema tão importante em si mesmo e especialmente importante para todo paciente de câncer.* — Estava contente e bem-humorado e disse, várias vezes, em tom de brincadeira: — *Você não sabe a encrenca que arranjou, não faz idéia de como eu gosto de falar.*

Fisicamente, seu estado atual é bom. No geral, sente-se bem e, diz em tom confidencial, acalentar esperança de cura ou, pelo menos, de que o encontro com a morte possa ser adiado para um futuro bem distante. Os tumores no pâncreas e no fígado permaneceram estáveis durante meses. Há um ano e meio, após cirurgia para biópsia, iniciou tratamento oncológico. A medicação inicial obteve resultados excelentes. — *Felizmente, o tratamento foi leve e deu certo até agora, é uma quimioterapia sem grandes efeitos colaterais.*

Uma infância dolorosa, extremamente difícil

No primeiro encontro, ele procura sintetizar acontecimentos significativos de sua história de vida. O relato expõe uma infância

---

[2] As situações relatadas são verídicas e, na medida do possível, incluem expressões dos próprios participantes; sempre omitindo e disfarçando qualquer elemento favorável à identificação dos depoentes. Além utilizar nomes fictícios, evito informações específicas sobre profissão, local de trabalho e de tratamento, igreja freqüentada, datas e referências diretas a parentes, colegas e amigos.

194

A NECESSIDADE DE FALAR DA MORTE

dolorosa — *extremamente difícil* —, marcada pelo alcoolismo do pai, homem violento quando bebia. Roberto recorda, lamentando, as brigas entre o pai embriagado e a mãe enfurecida, incapaz de conviver com o vício do marido. Sua narrativa salienta o sofrimento e a amargura da mãe: — *Ela se revoltava em relação a isso, discutia com ele, chegando às vias de fato, à agressão mútua.*

Roberto parecia dividido ao avaliar quem tinha causado mais danos ao seu desenvolvimento emocional, se o pai alcoólatra, descontrolado, agressivo e afetivamente distante, ou a mãe, — *uma mulher controladora, revoltada, deprimida e superprotetora.*

Ainda menino, com cerca de sete ou oito anos, Roberto acabou tomando a iniciativa de cuidar tanto do pai como da mãe. Seu depoimento permite pensar em uma criança precocemente amadurecida, tentando equilibrar a dolorosa situação familiar. Em muitas ocasiões, precisou acudir o pai alcoolizado, alimentando-o e fazendo-o dormir. Convenceu a mãe a fingir que estava dormindo sempre que o pai chegasse embriagado. Roberto explica: — *Eu tentava orientá-la para que ela não fosse agredida pelo marido. Eu vivia muito tenso, com muita vergonha da situação doméstica.*

Por essa razão, quase nunca brincava com meninos da mesma idade. A tensão do garotinho aumentava quando a noite chegava — *aí era insuportável.* Roberto reclama de ter o sono prejudicado durante a maior parte da infância; a sensação de perda, de não ter vivido uma infância, será permanente, vai acompanhá-lo pela vida toda. Lembra de como sondava os ruídos da noite, esperando o rangido do portão, os passos trôpegos do pai alcoólatra, a chave abrindo a porta... Com voz queixosa, relembra a tensão daquela época: — *Ah! Eram noites maldormidas, noites de aflição, de angústia, de espera.*

Em seu entendimento, a infância sofrida é fonte de uma angústia sem fim, presença subjetiva persistente e imutável. A violência dos pais provocava o medo de morrer, machucando a atividade imaginativa do filho. É possível imaginar esse garotinho assustado e decidido a ser valente, desenvolvendo uma espécie de heroísmo. Assumiu tarefas difíceis, como proteger a si mesmo e à mãe daquele homem descontrolado e grosseiro e, ao mesmo tempo, cuidar dele, até vê-lo adormecer.

Quando Roberto entrou na adolescência, seu pai parou de beber — *Felizmente, ele parou definitivamente de beber*. Na ocasião, o rapazinho tomou uma decisão importante: — *Resolvi que seria o melhor aluno do colégio, um bom menino, um exemplo de pessoa*.

Não queria dar motivos para que o pai voltasse a beber. A decisão de ser um bom menino e um exemplo de homem, tornou-se referencial de auto-avaliação. Desde então, para Roberto, o bem-viver dependia da coragem de enfrentar e superar obstáculos, vida digna era sinônimo de existência heróica. A meta existencial, ousada e estressante, alimentou sentimentos de insegurança na juventude e na vida adulta, mantendo a auto-estima rebaixada.

Vida adulta: maturidade aparente, insatisfação permanentemente

Os estudos em universidade pública, a constituição da própria família, a carreira bem-sucedida são conquistas importantes, com momentos alegres, principalmente durante a infância das crianças. Roberto lembra de como gostava de planejar o fim-de-semana da garotada, sempre pensando em algum programa novo e divertido. Uma fase boa, mas, quando cresceram, já não se interessavam em sair com os pais. A constante sensação de falta de prazer era perturbadora.

Na vida adulta, os traumas vividos na infância se manifestavam na vida doméstica. Sofreu muito, e fez a família sofrer também, por causa do temperamento difícil e violento. Em sua auto-análise, tanta agressividade era vestígio de conflitos mal-resolvidos com os pais, uma herança parental mal elaborada.

O excesso de responsabilidade enrijeceu o caráter de Roberto; como profissional, demonstrava autocontrole, disciplina e atitude

A NECESSIDADE DE FALAR DA MORTE

diplomática; na vida doméstica, era controlador, emocionalmente instável, furioso. Ao falar de si, descreve uma pessoa incapaz de apreciar as coisas boas da vida: — *Acabei ficando muito metódico, cobrador, exigente e controlador, intransigente; capaz de ficar muito violento quando contrariado.*

A impressão é de que ele vive atolado nas frustrações do passado, chorando pela infância nunca vivida. Sua mente continua acalentando ideais heróicos, muito elevados, como meninos sonham um futuro de grandes realizações. Roberto não estima suas conquistas como realizações; a casa bonita, os carros, a situação econômica estável e confortável não fazem parte da contabilidade do herói. Possessivo, entretanto, não sabe desfrutar do que tem; só sabe de uma falta indizível, um desejo indecifrável, só pode ser algo proibido e reprimido, como ele acredita.

Novamente, a necessidade de falar da morte com a mãe

Roberto lembra de um telefonema da mãe. Reafirma a irritação diante da constante repetição dela: — *Você vai vencer a luta... vai atingir a cura.* — Ele racionaliza: — *O desejo de minha mãe é compreensível, porém, pensando no assunto, concluí que, falando dessa maneira, ela transfere para mim essa obsessão por estar vivo... Essa coisa de que a morte é um fracasso, que a morte é uma derrota. E isso é um absurdo! Porque, na verdade, a morte é...* — Desvia o olhar, abaixa o tom da voz, quase falando para si mesmo. — *É o fato mais previsível nessa vida...*

Precisava ter outra conversa com a mãe sobre isso: — *Após a doença, eu vinha carregando uma preocupação... Não poderia fracassar nessa questão da cura.* — Roberto conta como foi importante enfrentar a negação da morte incorporada ao discurso da mãe. — *Fiquei aliviado ao fazer minha mãe entender que eu poderia morrer devido à doença, e que isso não seria um fracasso.*

Ele comenta que raramente tinha com quem falar sobre o assunto morte. Poucas vezes incluiu o tema em uma conversa; quando o fez, percebeu reações que lhe deram uma impressão desagradável. — *Para quem tem uma doença como eu, falar da morte com as pessoas... Não sei bem como dizer... Falar da morte soa piegas, é isso, parece que soa piegas.* Ele explica melhor. Ao reparar em certas expressões faciais, sugestivas de constrangimento, imaginava a pessoa pensando: — *Pô, esse cara! Acho que quer que eu diga a ele que ele não vai morrer, que ele vai superar a doença, que ele... Tá se fazendo de vítima, não é, tão de coitado! Que será que ele quer, não é?*

O assunto o fez lembrar de um período de depressão, ocorrido dois anos antes do câncer ser diagnosticado. Não havia uma causa para seu estado depressivo; era algo mais amplo e sutil, como se tudo na sua vida estivesse perdendo o sentido. Nada lhe parecia importante, nenhuma atividade fazia sentido, tudo lhe parecia pequeno, banal, aborrecido, um tédio. Algumas fantasias de morte eram freqüentes nessa fase.

Aí ele lembrou: — *É, pensando nisso agora, lembrei de uma coisa. Eu chegava a pensar que alguma coisa ruim ia acontecer comigo. Até comentei isso com amigos. Pressentia algo ruim, acontecendo dentro de mim. Sentia um mal-estar vago... Até que, um dia, estava deitado e passando a mão aqui,* — mostra o abdome — *eu senti um nó, ele pulsava. Pedi para a Berta* (nome fictício da esposa) *ver o que era. Ela achou que era tensão muscular, mas eu sabia que não era. Então, marcamos um médico no dia seguinte.*

Roberto faz um relatório pormenorizado de consultas e exames necessários ao diagnóstico. Nomeia médicos, clínicas e hospitais, recorda consultas, cirurgia, exames, tudo com dia e horário. A esposa está sempre a seu lado; é ela quem faz a seleção da equipe que o assiste. Sente-se muito bem amparado do ponto de vista médico, — *um privilegiado.*

A NECESSIDADE DE FALAR DA MORTE

Afinal, tem a seu lado a esposa da área médica, o convênio reembolsa totalmente os gastos nos melhores hospitais e laboratórios de diagnóstico. — *Meu oncologista é a maior autoridade no tipo de câncer que eu tenho, de pâncreas.*

Ao recordar como recebeu o diagnóstico, faz um relato da primeira consulta, após descobrir o "nó na barriga", até o momento em que fica sabendo do câncer. Sua esposa era chamada para conversar sobre resultados de exames e tratamento. Junto com eles, avaliava as alternativas mais adequadas ao seu temperamento, considerando a gravidade do caso. No início, ela e os médicos decidiram camuflar os resultados do exame e o diagnóstico. Na opinião de Roberto: — *Eles fizeram isso para que eu não ficasse nervoso e tivesse melhores condições de passar pela cirurgia.*

Percebia a esposa preocupada, mesmo assim, não desconfiou da gravidade do caso. Diante dos primeiros resultados, o médico (gastroenterologista) informou a necessidade da intervenção, só assim poderia ter um diagnóstico seguro. Roberto foi para o hospital muito tranqüilo e confiante, não esperava nada muito grave.

Após a cirurgia, foi levado para a sala de recuperação. Aos poucos, voltava da anestesia, tomando consciência do ambiente. Percebia toda movimentação ao redor, apesar de certa dificuldade para manter os olhos abertos. Foi quando ouviu uma enfermeira, próxima ao seu leito, comentar com a colega: — *Que pena! Este aqui vai morrer logo. Está com câncer no pâncreas.*

Foi um susto! Não podia acreditar que estivessem falando dele! Discutiu com a enfermeira, reclamou com o médico, ficou magoado com a esposa. Todos conversaram muito com ele, justificando a atitude de ocultar o diagnóstico. Roberto acabou compreendendo a postura protetora da esposa e dos conhecidos dela. Foi convencido pelos argumentos de Berta, receosa do impacto de uma notícia tão ruim antes da operação. Aos poucos, assimilou o impacto do diagnóstico e tentou conviver com o câncer.

No finalzinho da entrevista, volta a comentar a necessidade de conversar melhor com a mãe, sobre a própria morte. Ela deveria ser prevenida da gravidade da sua doença, ficar preparada para uma possível perda. Além disso, ele não quer viver por obrigação; não agüenta mais a convocação geral para que lute contra o câncer. — *É pesado, lutar contra a doença e vencer a morte. É uma exigência muito alta, para ser um vencedor.*

A idéia de batalha associada ao tratamento contra o câncer é freqüente, a chamada para a luta faz parte de suas reclamações. A doença produziu mudanças em sua vida; ele sempre foi muito tenso mas com a licença médica anda mais descontraído, dedicado ao tratamento e aos cuidados com os pais, idosos e com problemas de saúde. O trabalho como monitor no programa de auto-ajuda contribuiu para dar novo colorido a sua vida. Roberto gosta muito da afetividade dos colegas e participantes dos grupos; aprendeu a valorizar o contato físico, principalmente abraços. A família estranha sua nova atitude, ele nunca foi de muito abraço e beijo. Agora, vive pedindo carinho. Elas estranham, não estão acostumadas com esse homem mais carinhoso.

É visível seu desejo de levar a vida, a doença e até a morte, de um jeito mais leve. Na saída, comenta como a conversa lhe fez bem, sente-se aliviado. Só estava preocupado com uma coisa: falava demais, podia me dar *"muito trabalho"*. Na verdade, foi difícil encerrar a entrevista! Ele tinha tanta coisa para dizer!

O CAROÇO NO PESCOÇO: RESUMO DA SEGUNDA ENTREVISTA

Passou um mês, estamos no inicio de junho. A condição física de Roberto mudou para pior. Ele está abatido, deprimido e angustiado. A reação é decorrente da expansão do câncer. A metástase é visível em um *"caroço"* em seu pescoço. Ele explica: — *A quimioterapia agora é bem mais forte, os efeitos colaterais são muito ruins, estou com péssima qualidade de vida.*

A NECESSIDADE DE FALAR DA MORTE

O contato com Roberto e sua esposa nunca foi interrompido, apesar de esperarmos para agendar a segunda entrevista. Ambos participam da mesma comunidade católica que eu; conversamos todo domingo, após a missa. Há, também, telefonemas semanais, para atualizar a data da nova entrevista e falar do andamento do tratamento. A conversa, aos domingos, permitiu acompanhar a tristeza pela descoberta do "caroço no pescoço", a biopsia e a confirmação da neoplasia.

O ânimo para a segunda entrevista só veio depois de terminar o primeiro ciclo da nova quimioterapia. No início, rememora o impacto do diagnóstico de câncer, resgatando sentimentos de morte. Desta vez, descreve melhor o choque diante da notícia: — *Minha reação interna foi muito intensa, uma experiência de morte mesmo.*

Ao sair do hospital, após a cirurgia, já ciente do diagnóstico e prognóstico, estava muito aflito, mas calado. — *Eu sentia que estava para perder contato com tudo que amava.* — Roberto lembra claramente como imaginava a dor de não ver mais a esposa, as crianças, a casa... De volta ao lar, ele se percebe com um novo olhar. No carro, já reconhecia um jeito diferente de observar a cidade, o trânsito, os parques, as avenidas arborizadas, a rua onde mora, o jardim da residência, as pessoas da família.

No quarto, na cama, começa a se recuperar da cirurgia. A mente está mais aguçada, em conexão com os cinco sentidos; aparentemente depurada de qualquer tipo de preocupação, a não ser a de apreender uma espécie de vitalidade ao redor, a vida do mundo exterior. Ele descreve alguns momentos especiais dessa fase, logo após a cirurgia: — *Eu fiquei repousando, fiquei deitado e, do meu quarto, eu via pela janela a árvore que está na calçada, os passarinhos e o gradil... Aí eu me levantava e... E aquela sensação de que eu não... Eu não veria mais nada disso, entende?*

Sofria, antecipando numerosas perdas. Pensamentos e fantasias afetavam profundamente sua consciência, produzindo vivências subjetivas intensas, associadas à nova percepção da vida, mais densa

ECOLOGIA MENTAL DA MORTE

sensorialmente, como se pudesse apreender uma nova dimensão da vida, como presença inerente à beleza do seu mundo, do seu ambiente, jamais reconhecida. No espelho do quarto, via a si mesmo no leito, um homem doente e calado. Em silêncio, atento a experiências subjetivas muito absorventes.

Tinha a sensibilidade à flor da pele; a mente, ainda sob impacto do diagnóstico, parecia fabricar imagens e idéias de antecipação da morte. Dor e prazer fundidos, talvez contribuindo para criar imagens da beleza do mundo. Doença e morte faziam Roberto padecer: — *A perspectiva de ficar privado de tudo isso dava, assim, um desespero muito grande.* — Pelo sofrimento, ele recuperava a beleza e o valor da vida. — *Uma ironia da vida, do destino, não é? A gente precisar morrer, para dar valor a coisas tão singelas. Uma vez, um passarinho pousou na janela do meu quarto e cantou. Nossa! Como me comovi! Que momento lindo! E eu não via nada disso, antes de ficar doente. Estava tudo lá, como sempre esteve, a árvore, os pássaros, as flores, mas eu não percebia...*

No entanto, esse estado de melancólica contemplação não durou muito... O tratamento oncológico teve resultados extraordinariamente positivos. Durante um ano inteiro, a neoplasia no pâncreas e no fígado ficou controlada. Roberto sentiu-se revigorado, quando exames demonstraram redução de cinqüenta por cento no tamanho dos tumores:

— *Olha, o resultado foi muito festejado pelo oncologista, porque a medicação, uma novidade introduzida no coquetel da químio, deixa a pessoa sentir-se bem. Isso me deu um ânimo novo.*

Segundo o médico, o novo fármaco, específico para câncer no pâncreas, não tinha uma estatística elevada em termos de redução de tumores. — *Eu fiquei fora da estatística que se tem com o Gensar[*]. Entre os quarenta e tantos pacientes do meu oncologista, só eu reagi tão positivamente ao tratamento.*

---

[*] Tentei conferir o nome desta medicação, ao revisar o relato de vida com a viúva de Roberto. Berta afirmou que o nome do fármaco era pronunciado conforme está escrito, contudo, não tinha certeza de estar grafado corretamente.

A NECESSIDADE DE FALAR DA MORTE

A alegria do médico era justificada. Uma reação tão positiva estava na faixa dos cinco por cento de doentes. Bem-disposto, entusiasmado, Roberto assumiu de boa vontade a rotina do tratamento.

Durante um ano, sentiu-se muito bem. Quando entrou no treinamento para monitor do programa de auto-ajuda, nove meses após a cirurgia, estava otimista. Infelizmente, quinze meses depois da cirurgia, o tamanho dos tumores aumentou, tanto no fígado como no pâncreas. Agora, na época da segunda entrevista, quase dois anos depois da cirurgia, o quadro era mais grave. Surgira um novo foco neoplásico, o "caroço" no pescoço. Outro impacto. A metástase é sempre traumática.

Roberto está muito deprimido, acha que é a mesma depressão de antes do diagnóstico. Naquela época, parecia incapaz de sentir prazer, gosto pela vida, vivia afundado no mais completo tédio. Segundo ele, a depressão atual não é, exclusivamente, reação ao agravamento da doença:

— *É a mesma depressão de sempre, uma constante na minha vida. Minha tendência sempre foi para ver a vida cor de cinza; tudo que entra na minha vida, fica cinza.*

Ele procura descrever essa vivência, mas não consegue apreender o que acontece dentro de si, estranha-se. Intrigado, tenta explicar-se:

— *Eu não sou triste, nem sou feliz... Parece que minha vida é... Uma coisa que não tem significado, não tem um sentido, não tem mais uma razão de ser...*

Relaciona o estado interior à falta de "projetos" e ao tédio, característico da fase anterior ao câncer. Revela: em sua vida, tudo é aprisionado numa "rotina sem sentido".

— *Até a doença* — diz ele —, *as más notícias dos exames, tudo acaba entrando nessa rotina. Essa rotina banaliza tudo, a doença, o sofrimento e até a morte. Eu acabo me acostumando com tudo! É isso. A gente se acostuma com tudo, até com a morte.*

Demonstra indignação, sente o cinza como perda das intensidades afetivas. Em sua opinião, o sentimento de tédio e o vazio interior espelham a falta de prazer na vida, principalmente a ausência do prazer sexual:

— *Nada me dá prazer. Minha vida é cinza, cinza sem graça.* — De acordo com Roberto, o ideal do menino "certinho" é igual ao da pessoa contida, bem-comportada e adaptada. — *E isso tomou posse da minha vida!*

Recorda a gravidez pré-nupcial da esposa, acontecimento traumático para o casal, diante da reação dos familiares, surpreendidos pela transgressão do "filho certinho" e da "filha bem-comportada". A descoberta veio depois do casamento, por isso as recriminações foram tão dolorosas. Essa lembrança abre feridas antigas; é visível o ressentimento com sogro, que o criticou duramente e o chamou de irresponsável.

Desponta, em sua fala, uma idéia de pecado, muito pesada, descolada da idéia de perdão. Ao comentar sua noção de pecado, Roberto confessa a única aventura extraconjugal, em quase trinta anos de casamento. Ele nunca se perdoou ter traído a esposa. Esclarece a aventura, o medo, a culpa e o arrependimento.

Seus depoimentos sinalizam que a doença rompeu a mesmice do tédio, o vazio interior foi preenchido por afetos intensos. Mudanças nos relacionamentos, afastamento da rotina de trabalho, efeitos excepcionais do tratamento e a esperança de sobrevida longa, tudo favoreceu novos interesses e entusiasmo por uma vida diferente da anterior. No entanto, a metástase e a péssima qualidade de vida, resultante da quimioterapia, traziam de volta o cinza e o vazio interior, sinalizando a falta de perspectivas existenciais. Roberto estranha sua própria reação:

— *Eu achava que o câncer tinha me dado um chacoalhão! E, agora, vejo que não mudou nada, minha vida continua cinza, sem graça.*

A NECESSIDADE DE FALAR DA MORTE

TERCEIRO ENCONTRO: UM PEDIDO DE APOIO, UMA ENTREVISTA DE AJUDA

A terceira entrevista aconteceu em julho, porém, de forma especial, sem ser agendada como as duas primeiras. Roberto estava piorando, passava muito mal com a quimioterapia e apresentava quadro de hemorragia intestinal. Por isso, as entrevistas estavam suspensas. Entre uma internação e outra, telefonou-me, pedindo que eu o atendesse com urgência, estava muito mal.

Seu pedido foi uma surpresa, mas pudemos conversar longamente. Depois desse terceiro encontro, Roberto só piorou, mesmo assim continuamos em contato. Acompanhei o estágio terminal do paciente, todavia, de maneira mais informal e graças ao relacionamento de solidariedade e amizade estabelecido com Berta. O vínculo do casal com a pesquisa sempre foi preservado, permitindo levar o estudo longitudinal até a última semana de vida do enfermo. Tive oportunidade de conversar e de me despedir de Roberto, três dias antes de seu falecimento.

O relato da terceira entrevista precisa ser contextualizado. A rapidez com que a doença se agravou deve ser esclarecida para dar idéia das condições físicas e psíquicas de Roberto, no momento em que pede uma entrevista de apoio psicológico. Inicialmente, ele próprio telefonava, adiando uma entrevista agendada e remarcada semanalmente porque ele se sentia mal, tinha consulta médica, quimioterapia ou estava hospitalizado. Posteriormente, Berta assumiu os telefonemas, em vista da piora do estado dele.

Nesse período, ela se mostrou cada vez mais preocupada com a depressão do marido. Num dos encontros dominicais, agora sem a presença de Roberto, muito mal para sair de casa, ela comentou:

— *Estou muito preocupada com ele. Está cada vez mais deprimido, apesar de medicado com antidepressivos e morfina, para as dores. Não sei como lidar com esse estado, com a depressão.*

205

ECOLOGIA MENTAL DA MORTE

O histórico da última entrevista pretende demonstrar como, aos poucos, o principal "cuidador" do paciente pode passar a traduzir necessidades de apoio psicológico, quando o próprio doente não consegue assumir e comunicar suas dificuldades. No caso de Roberto, o familiar "cuidador" foi capaz de identificar, explicitar e providenciar a intervenção de ajuda, propiciando o apaziguamento de tensões ligadas à proximidade da morte.

Assim procedendo, Berta apoiou o compromisso assumido com o estudo, considerado importante pelo esposo, mesmo nos momentos mais difíceis. Sempre cuidadosa e atenta, procurava apreender necessidades emocionais do marido, extremamente enfraquecido pela doença. O vínculo com o estudo é visto como fonte de apoio psicológico, cada vez mais significativa diante de dificuldades emocionais mais agudas, profundas e urgentes. Ao valorizar o acompanhamento psicológico, Berta ajuda a romper, de vez, com a negação coletiva da morte, levando o relato do marido até o momento em que a vida dele beira o silêncio e a morte.

Berta é esposa e profissional da saúde, duas vocações e duas posturas distintas diante da doença e da perspectiva de morte. Ao longo das entrevistas, fica evidente que o marido doente compartilha com a esposa tudo o que sente e conhece de si mesmo. Roberto sempre deixou bem claro que não havia segredos entre os dois, ela já conhecia todo conteúdo das entrevistas. À profissional familiarizada com a rotina hospitalar confiou decisões sobre seu tratamento e tarefas inerentes à qualidade de sua morte.

HISTÓRICO DA TERCEIRA ENTREVISTA

Após a segunda entrevista, as sessões da quimioterapia continuaram, apesar de não haver resultados positivos. Tudo isso complica muito a situação emocional do enfermo. Roberto ligava para mim, explicando-se: não passava bem por causa da quimioterapia; na semana seguinte, estava melhor, mas tinha — *muita coisa para fazer.* Diz à esposa que não tem vontade de fazer a entrevista, não quer falar da morte.

A NECESSIDADE DE FALAR DA MORTE

Ele me telefona, será hospitalizado. Está com uma infecção intestinal, — *preciso ser internado porque estou muito fraco, é por causa da diarréia e das fortes dores de barriga.*

Uma hemorragia prolonga o tempo de internação. Berta também me telefona, enquanto o marido está hospitalizado. Ele continua preocupado com a entrevista, mas está sedado, dorme muito. Berta e eu começamos a nos telefonar diariamente. Roberto melhora e recebe alta. Ela informa o estado do marido, aflita com a depressão mais profunda. Insiste para que ele retome as entrevistas, faziam-lhe bem, era visível sua melhora depois de cada encontro.

Numa terça-feira, em meados de julho, o próprio Roberto entra em contato comigo, por volta das 13 horas. Queria saber se poderíamos fazer "nossa entrevista", naquela hora mesmo. Deixou aberta a possibilidade de vir no dia seguinte, mas esperava a confirmação de uma consulta com determinado médico, especialista no tratamento da dor. Se fosse confirmada, teria que viajar para o interior. Roberto insiste, não deseja atrapalhar minha agenda, mas está muito mal.

— *Estou péssimo, muito mal, muito angustiado; precisando de uma sessão de terapia.* — Então, diz, em voz mais alta:

— ***Eu gostaria de conversar ainda hoje, agora mesmo se for possível.***

Pergunto como devo entender o pedido dele. Essa entrevista deveria ser integrada em nosso estudo? Ele garante que sim, faz parte do processo. Faço as alterações necessárias na agenda, enquanto Roberto já está a caminho. Se meu parceiro de estudo estava pedindo ajuda, era importante ser acolhido. Dessa vez, o objetivo primordial da entrevista é uma sessão terapêutica, conforme ele mesmo definiu o pedido de apoio. Nesse momento, o principal seria acolher a pessoa submetida a tanta angústia, ver e ouvir — ajudar se possível.

A ORGANIZAÇÃO DA NARRATIVA

A terceira entrevista configura uma sessão de psicoterapia, como ficou esclarecido, atendendo solicitação de Roberto. Na construção da narrativa, procurei valorizar o olhar psicológico apto a ver, no corpo do outro, entraves à comunicação (o que dificulta o *escutar* e o *dizer*), descrevendo intervenções que parecem ter ajudado a resolvê-los. Essas intervenções, fundamentadas na experiência clínica, refletem a formação *reichiana*, desenvolvida em grupos de estudo, dirigidos pelo dr. José Ângelo Gaiarsa (de 1982 a 1985).[3]

De modo geral, o auto-relato gravita em torno de vivências dolorosas, anunciando conflitos, intensidades afetivas, enfim, sofrimento psíquico. Elaborei uma narrativa, ressaltando os focos de tensão e angústia enfatizados por Roberto. No texto, configuram conteúdos antecipados pela expressão — *"Falando sobre..."*

---

[3] Gaiarsa publicou diferentes textos sobre fundamentos e técnicas do trabalho corporal em psicoterapia. Minha abordagem envolve estudos a respeito da couraça muscular do caráter, conceito de autoria de Wilhelm Reich, sobre o qual Gaiarsa desenvolve leitura interessante e detalhada (1984), e relações entre respiração e angústia (GAIARSA, 1994).

CAPÍTULO 3

O PROBLEMA NA CARNE

Consciência da morte

Meia hora depois de me telefonar, Roberto estava diante de mim. Seu aspecto físico é preocupante: emagreceu muito desde nosso último encontro, está abatido, com olheiras profundas. A respiração está presa no peito encolhido, apertado, numa expressão de desânimo, ombros e braços caídos, como se a energia escorresse por eles, vazando pelos dedos das mãos para fora do corpo. A testa bem franzida reforça um olhar escurecido e sem brilho, os olhos transmitem frieza, parecem vidrados. Ele começa a falar, depois de um abraço longo e silencioso.

— *Agradeço muito ter-me atendido, espero não ter atrapalhado nenhum compromisso importante.* — Garanto que não. — *Você pode incluir na sua pesquisa tudo o que eu disser e você julgar que seja importante para o seu trabalho.*

FALANDO SOBRE INSÔNIA, TUMOR DO PESCOÇO E O TEMPO DA MORTE

Passou a falar do tumor no pescoço e, mostrando-o, pediu que eu tocasse e percebesse como estava maior. Depois, sentou-se e, dando um suspiro, disse: — *Eu estou muito mal, Marisa, sem esperanças mais.*

Pergunto por quê. Roberto responde:

— *Olha, o tumor do pescoço cresceu mais ainda, é indício de que a químio não está surtindo efeito. Isso significa que a morte está próxima, ela chega muito antes do que eu imaginei.*

Ele tem pensado na morte o tempo todo. Questiono, será que anda vigiando o tamanho do "caroço" no pescoço, medindo-o como se fosse a medida do tempo que lhe resta de vida? Ele diz que não sabe, e continua: — *O que sei é que estou com dor, ando sentindo muita dor e sem conseguir dormir à noite. **Não dormi nada esta noite!** — o tom da voz mostra como está irritado — *Não dá para continuar assim!*

Procuro saber se não recebeu medicação para aliviar as dores. Ele diz que sim, também está buscando um médico especialista em dor, porque sabe de seus efeitos prejudiciais ao sistema imunológico, devido ao estresse. Vai fazer a consulta, por indicação de pessoa amiga do CORA, apesar de ter muita medicação em casa, inclusive um remédio à base de morfina que, em geral, atenua bastante suas dores. Explica: no seu caso, a dor não é muito forte, pior é o mal-estar constante, provocado pela mucosite (inflamação das mucosas). Esta inflamação o impede de se alimentar. Além disso, a diarréia e os gases, tudo junto produz *"péssima qualidade de vida".*

Num tom de voz desesperado, conta que, na noite anterior, tomou remédio para a dor e ela diminuiu bem. Só que não adiantou nada, permaneceu acordado a noite inteira, até amanhecer. Então, *"por pura exaustão",* cochilou um pouco. Concluiu:

— *Isso me deixa prostrado, aborrecido que só vendo... A vida assim não tem nenhuma graça.*

O PROBLEMA NA CARNE

Explica seu desespero, passou acordado as últimas noites, sentindo-se muito só e triste. O tempo todo, pensando nas perdas que estava vivendo. Perguntei se ele fazia alguma coisa para se distrair das dores, do tumor no pescoço e dos sentimentos de perda. Falou:

— *Para me distrair eu acho que me iludo, faço coisas de adolescente.*

FALANDO DE COISAS DE ADOLESCENTE, AUTO-ILUSÃO

Pedi para explicar o que estava chamando de *"coisas de adolescente"*. Disse:

— *Só me restaram preocupações de adolescente.*

Afinal, ele ficava em casa o dia inteiro, sem ter nada para fazer. Quando estava melhor, sentia-se disponível para alguma tarefa doméstica, mas nem sempre queria fazer alguma coisa. Descreveu sua rotina diária, com ênfase em uma delas: só levanta da cama quando sente vontade.

— *Estou recebendo tudo de bandeja, no sentido literal mesmo; por exemplo, Berta até leva meu café da manhã, para que eu o tome deitado.*

Justifica-se:

— *Hoje em dia, me permito isso, mas até pouco tempo atrás eu levantava cedo e ia comprar o pão. Eu tinha assumido isso como minha responsabilidade; agora, é a Berta quem faz isso, mesmo quando eu estou bem. Se a cama está gostosa, fico deitado até mais tarde.*

Quando os *"efeitos colaterais das sessões de quimio passam"*, ele fica bem mais disposto. Aí, procura se ocupar, cuidando do jardim da casa, dos carros das filhas e de um antigo Voyage, adquirido anos atrás, zero quilômetro, do qual gosta muito. Este carro ele até andou pensando em *"incrementar, colocando umas lanternas escurecidas"*.

211

ECOLOGIA MENTAL DA MORTE

E por que considerava essas coisas como sendo de "adolescente"? Respondeu:

— *Parece que são as coisas de uma juventude que eu nunca tive, nunca me permiti viver. Imagine eu, aos 50 anos, me pegando nessas ilusões.*

Fazia referência a desejos da adolescência não realizados, como se eles estivessem voltando, exigindo atenção. Analisando-se, afirmou:

— *Você sabe, aquelas coisas que falamos outro dia? Das fantasias e lembranças que me ocorrem, às vezes? São fragmentos, lances rápidos... De alguns momentos em que senti atração por alguém e fui correspondido. Tudo muito rápido e efêmero... É isso, eu me sinto um adolescente. Acho que são coisas que não vivi no passado, isso do carro incrementado e da sexualidade.*

Falou mais das *"coisas de adolescente"*. Exemplificou: havia dado uma atenção enorme ao carro da filha. Foi, várias vezes, ao mecânico, procurando o que fazer. É um carro velho, *"já devia ter vendido"*. Na verdade, usou o carro para se manter ocupado com *"esse problema"*, durante vários dias. Talvez, justificou, porque, dessa maneira, parecia estar trabalhando. Concluiu:

— *Eu acho que isso me fez sentir útil.*

Não precisaria correr atrás do mecânico, nem se preocupar em apressar o conserto, pois tem um carro zero em casa, já faz alguns meses, — *ainda sem nenhum uso.* — Contou:

—*Eu quase nunca o dirigi, e nem deixei que ninguém o dirigisse, por um capricho meu. Só dirigi esse carro no dia em que o trouxe da loja. Nem quando uma das minhas filhas ficava sem o carro, por algum problema qualquer, eu nunca permiti que pegassem a perua Corsa, ia eu mesmo buscá-la ou fazia a mãe ir, sem haver nenhuma necessidade disso.*

A seguir, alguns exemplos de como ilustrou a expressão *"coisas de adolescente, coisas para se iludir"*. O termo ilusão indicava estratégias de auto-engano:

O PROBLEMA NA CARNE

— *Para mostrar como andei usando alguns interesses meus, para me distrair dos sentimentos de perda e da falta de esperança.*

As falas seguintes apareceram em vários momentos da entrevista, demonstrando interesses utilizados para se desligar das perdas e da desesperança. A repetição é importante, pois procura espelhar o envolvimento de Roberto com o tema. Sobre o carro zero, guardado na garagem durante meses, ele disse:

Comprei uma perua Corsa nova, para o trabalho que eu fazia lá na paróquia, junto às crianças da favela. Investi um bom dinheiro nela e acabou que nunca usei essa perua, que comprei zero quilômetro, com essa finalidade. Minha filha está usando ela agora, por que bateu o carro e eu o levei para consertar. (...)

Mas só agora eu percebi que, às vezes, eu ficava lá, olhando a perua novinha, que eu deixava parada. Era para usá-la no trabalho que vinha fazendo lá na paróquia, e agora não tenho mais condições de fazer.

Eu sempre me encantei com os carros que comprei zero. Eu cuidava deles e tinha essa mania de deixá-los bonitos, para sempre, eu acho. Quem sabe eu não queria andar por aí, me exibindo, pode ser isso, não é? E sabe que eu não usei a perua nova nenhum dia sequer! Eu não me permiti isso, nem deixei que ninguém lá de casa a usasse, até agora...

Roberto passou um bom tempo falando de como se comportava com seus carros, revelando uma espécie de ciúme deles. Descreveu atitudes prejudiciais ao relacionamento com a esposa e com as filhas. Recordava alguns episódios, julgando a própria conduta, repetindo sempre:

— *Eu era muito cobrador, exigente, queria tudo perfeito. Não deixava ninguém da casa à vontade para usar os carros, sempre preocupado demais em mantê-los bonitos, como se pudessem ter a aparência de zero quilômetro para sempre.*

Lembrou outra *"coisa de adolescente"*, com a qual se ocupara no último mês:

> Olha bem, veja outra coisa que fiz nessas semanas que passaram. Eu estava vendo um catálogo de compras e me encantei com um relógio, desses de marca. É coisa bem de adolescente, mas eu resolvi que ia me dar o tal relógio. Andei aí pelo shopping, investigando preço e tal, gastei um tempo enorme com isso.

> O pessoal lá de casa falava que eu não precisava fazer tudo isso, o que é verdade, pois eu podia ter encomendado pelo catálogo; mas achei tão gostoso ficar ali, olhando as vitrines, procurando o tal relógio, verificando se o preço estava bom e tal... Acho que fujo do que sinto assim, com esses sonhos de consumo. Mas até para isso, eu fico esperando melhorar. Acabou que não comprei nenhum relógio.

Preocupação com o estresse e necessidade de se sentir útil

Roberto aprendeu como é importante controlar o estresse para preservar o sistema imunológico. Entendia muito bem essa importância, uma vez que, antes da formação como monitor da instituição de apoio a pacientes de câncer, a esposa o alertara para tal necessidade. Preocupava-se com o estresse desde o início do tratamento. Então, você usa a fita de relaxamento e visualização para reforçar o sistema imunológico, comentei.[1] Respondeu que não, nunca havia se empenhado em fazer relaxamento, contudo:

— *Até pouco tempo atrás, eu vinha me disciplinando, evitando muitas atividades, preocupado em não ficar cansado.*

---

[1] O CORA entrega, a cada participante do Programa Avançado de Auto-Ajuda (PAAA), uma gravação de exercícios de relaxamento e visualização sobre eliminação das células cancerosas (15 minutos). É recomendado fazer os exercícios três vezes ao dia.

O PROBLEMA NA CARNE

Ele não entendia por que, exatamente nesse período, quando mais precisava fortalecer o sistema imunológico, havia entrado num ritmo acelerado de atividades, procurando se manter ocupado. Para isto, bastava sentir-se um pouco mais disposto. Esclareceu:

> Eu vejo que, quando estou me sentindo disposto, fico ansioso, querendo encontrar alguma coisa pra fazer, e acabo exagerando. Andei entrando num ritmo de atividades excessivo, até acho que fiquei hiperativo este último mês. Tenho estado muito agitado, dando importância exagerada para certas coisas, como o conserto do carro da minha filha, a rotina dos bancos, comprar remédios, arrumar o jardim lá de casa, por aí... Acho que é para me sentir útil.

Explicou: estava muito enfraquecido, os efeitos colaterais da químio haviam comprometido demais sua alimentação. Não poder comer era uma perda importante, descrita assim:

> Mas, isso, esse ritmo acelerado, eu já não consigo manter. A diarréia complicou muito mais a minha situação, pois eu já não vinha comendo bem, por causa da mucosite. Já tem algum tempo que eu como por obrigação, porque me obrigo a comer, porque sei que é importante me alimentar bem e, por isso, ultimamente, a hora das refeições virou uma tortura pra mim... Comer é um sacrifício! Nada me agrada, nada me apetece, dou umas beliscadas na comida e só... Em função disso, eu sinto muita fraqueza e aí...

— *Aí... Não dá mais para fugir do que sente...* — acrescentei. E ele concordou. Quando perguntei o sentia naquele exato momento, em que parecia estar tão mal, respondeu :

— *É solidão, uma solidão muito grande, e um sentimento de perda, que é muito doloroso.*

ECOLOGIA MENTAL DA MORTE

Falando sobre perdas

Pedi para falar um pouco mais das perdas. Era um sentimento muito forte, ele tentou explicar essa experiência, relacionando-a com o corpo, com as coisas da casa e com as pessoas da família. Descreveu longamente as várias perdas, voltando a falar delas em diversos momentos do depoimento:

> Ai, é uma sensação de perda do corpo, do meu próprio corpo, que era mais forte. Eu tinha a musculatura mais definida, meus braços e ombros eram fortes, apesar de eu sempre ter sido uma pessoa mais magra; mas eu era forte e me achava musculoso. Sempre fui vaidoso disso... (sorri)

> É perda também das pessoas e de tudo o que eu acho que não vou mais ver. Outro dia, lá em casa, estava vendo os gatos, os gatos da minha casa, — porque a Berta gosta muito de gatos e agora, há poucos dias, adotou um outro gato, é um filhote, apareceu no jardim, mas a gente já tinha outros gatos em casa. Um deles, já está há bastante tempo com a gente, morreu tempos atrás, achamos que foi envenenado. E, nesse dia, fiquei lembrando do gato que morreu... Pois é, até os gatos eu fico olhando e achando que vou sentir falta deles.

> Naquele dia, eu estava sozinho, e chorei muito por causa disso. Depois, falei disso com a Berta. Quando ela chegou em casa, eu ainda estava muito emocionado, e ela me disse: — Mas se você morrer, quem vai sentir sua falta somos nós! — Sabe, eu pensei muito nisso depois, e acho que é verdade. Só que o que eu sinto é isso, **pô**! Sinto que **eu** que vou ficar sozinho, sentindo saudades das pessoas e de todas as coisas da minha casa...

O PROBLEMA NA CARNE

Um momento delicado: trabalhar dificuldades da comunicação

A entrevista começara há cerca de meia-hora e Roberto, apesar de dar uma boa descrição de como havia passado o último mês, mantinha-se muito tenso. Eu prestava atenção na sua postura, ele me transmitia a impressão de estar desconfortável, não encontrava posição, parecia pouco à vontade. Era evidente seu empenho em responder a minhas perguntas, em falar abertamente de si e do que sentia, porém, a voz e a postura revelavam uma espécie de formalidade, diferente da descontração das entrevistas anteriores.

Na fala, havia uma mensagem; no corpo, outra, bem diferente. Eu comecei a reparar melhor na minha própria reação, ora me relacionava com o que estava vendo, ora prestava atenção no que ouvia, as duas mensagens diferentes e simultâneas. Na minha percepção, o conjunto da comunicação revelava um conflito: não quero me abrir, preciso me abrir; não quero contato com ninguém, preciso compartilhar o que sinto... A conversa deve aborrecê-lo, principalmente quando peço para compartilhar seu estado emocional.

A linguagem do corpo

Deixo as palavras de lado, a linguagem corporal reclama minha atenção. Avalio a situação desse ângulo, enquanto ele fala, o corpo expressa contrariedade. Quando o convido a explorar sentimentos, sensações, impressões, ele atende meu convite, mas o faz com uma expressão de enjôo, como se a vivência subjetiva lhe fosse indigesta. Descreve experiências emocionais dolorosas, num tom de voz monótono, mecânico e, às vezes, com uma pitada de irritação. A expressão facial e a posição do corpo lembram mais uma pessoa irritada e raivosa do que alguém frágil, solitário e triste, conforme descreve seu estado atual.

Roberto parece muito distante de mim; alheio ao contato interpessoal, quase desinteressado da própria fala e dos meus comentários. Quando verbaliza o sofrimento físico e psicológico, o

ECOLOGIA MENTAL DA MORTE

ritmo e a entonação da fala insinuam uma reclamação, uma exigência velada e polida, uma cobrança do tipo — faz alguma coisa, tira esses sentimentos ruins de dentro de mim.

Após esse momento de leitura corporal, resumi seu relato acerca da expressão: "Eu me apego nessas ilusões, para fugir do que sinto." Procurei saber se compreendia bem seu relato, resumindo o que ouvira até aquele momento. Ele acompanha minha síntese, dizendo sim ou balançando a cabeça, afirmativamente. Então, concluí meu resumo com um comentário:

— *Eu vejo você, Roberto, como um prisioneiro da solidão e dos sentimentos de perda.*

Sua reação foi retomar assuntos abordados no início da conversa, repetindo com mais detalhes o trabalho com o carro da filha, o dia no *shopping*, quando saiu em busca do tal relógio, nunca adquirido. Após descrever minuciosamente cada ação, completava o relato com julgamentos do tipo:

— *Olha, eu passei todo esse tempo envolvido com banalidades.*

Quando insisti em compreender seu estado emocional, assumiu o ar de desânimo. Havia algo estranho, passei a sondar cuidadosamente o terreno no qual pisava. Questionei:

— *E a falta de esperança, não tem relação com fantasias de morte? Que imagens estão perseguindo você?*

Roberto resmunga: — *Ai, isso...*— Solta um suspiro cansado, dirige um olhar *atravessado* para mim; como quem diz, — você, hein!? Sorrio, procurando seus olhos fugidios; há uma cumplicidade afetuosa entre nós. O vínculo positivo está preservado, contudo, nossa comunicação não flui...

Depois, Roberto esclarece a reação; estava num momento difícil, não queria contato com fantasias de morte, "*isso*" lhe dava uma sensação ruim. E como era essa sensação? Descreveu-a:

— *É de estar diante de um abismo e eu prefiro não entrar no abismo.*

O PROBLEMA NA CARNE

Perguntei se tinha medo do abismo. Ele me olhou, aparentemente mais aborrecido diante da minha insistência.

— *Não sei* — , murmurou entredentes. Depois, evitando meu olhar, virou as pernas para o lado contrário ao meu, insinuando se fechar mais ainda. Continuei:

— *E aquele Roberto que chegou aqui querendo falar da morte, precisando conversar do assunto com a mãe? Onde ele está?*

Ele respondeu, com ar de tédio:

— *Então, eu acho que foi por causa do livro que a Mercedes me deu,* — psicóloga, colega de monitoria dos grupos de auto-ajuda. — *É aquele, o* Vivendo a própria morte. *Eu tive mesmo que preparar minha mãe e fazê-la encarar a possibilidade da minha morte. Mas a morte estava distante ainda e, agora, com este tumor e a químio não funcionando, ela parece tão próxima...*

Naquela época, comentei, falávamos de uma morte racionalizada, "pensada", mas agora era diferente, porque ele estava "na morte vivida". Roberto acenou afirmativamente e continuou:

— *É, mais próxima, parece que já estou no fim. Tudo eu fico pensando se vai dar tempo para acabar, você vê como é...* Completei: — *Sem futuro.* — Ele especificou o que sentia de forma lacônica:

— *O futuro é muito curto, é isso. Pouco futuro.*

Disse-lhe, então:

— *E você vai chegar lá vivo ou morto?*

Sua reação foi forte, mudou rapidamente de posição, como quem levou um choque. Olhou bem para mim e, em seguida, riu! Aí, respondeu:

— *É, é isso mesmo. Sabe, tudo eu fico adiando, na espera de uma nova situação, que haja diminuição dos tumores, que haja um plano de combate à dor... Espero melhorar para tomar alguma iniciativa.*

ECOLOGIA MENTAL DA MORTE

Observo que ele se critica o tempo todo, de maneira até impiedosa. Digo-lhe isso, acrescentando, ele não só me parecia ausente de si mesmo até aquele instante, como alheio à minha presença também. Verbalizo minha leitura corporal, explicando o que vejo nele, para ter essa impressão. Ele estava evitando meu olhar, toda vez que nossos olhos se encontravam; quando isso acontecia, desviava o olhar para a cortina da sala, e:

— *Aí você fica falando com ela e não comigo!* — Brinquei, acrescentando: — *E quando é você quem fala, você faz isso olhando para o chão ou fixando o olhar no vazio.*

Ele ouviu atentamente minha descrição. Então, perguntei se não se dava conta dessa atitude. Confirmou:

— *É, mais ou menos, algumas vezes.* — Continuei: — *E aí, Roberto, o que você acha que está acontecendo aqui?* — Ele se explica:

— *Eu me sinto dividido mesmo; sinto que parte de mim fala, enquanto outra me observa, distraída.*

Também eu percebo essa divisão, como se uma parte dele rejeitasse qualquer tentativa de contato com tais sentimentos. Garanto ser impossível evitar a dor psíquica, o sofrimento está estampado no rosto e na postura dele, o corpo todo reflete sentimentos intensos e muito dolorosos. Descrevo o que vejo: uma angústia imensa, uma tensão aparentemente insuportável para o corpo, obrigado a ficar numa contração constante, respirando pouco e controlando emoções, sem dar trégua para si mesmo. Ele fala:

— *É verdade, estou muito tenso e não estou inteiro aqui, tem aquele vazio dentro de mim...*

FALANDO SOBRE VAZIO INTERIOR

Seu sentimento de vazio não me era estranho, ele já o mencionara. Suas palavras despertaram certa impressão de morte, quietude aparente e degradação da vida corporal. Disse-lhe:

O PROBLEMA NA CARNE

— *Você só consegue vivenciar essa fantasia de morte, não é? Porque, por enquanto, você vive uma fantasia, é uma imagem de morte que assombra você.*

Ele concorda por concordar, fixando o olhar no vazio. Apático, afirma:

— *Eu não quero morrer, tenho muito medo da morte.*

Não há sinal de medo em sua postura, tampouco no tom da voz. Faço essa observação, mesmo assim ele assegura, o medo é muito grande mesmo e, no entanto, também já notara esse distanciamento da experiência do medo, não conseguia ter conexão com a emoção, apesar de ser tão forte. Completa:

— *Na verdade, eu não sinto nada, só perda, tristeza, vazio...*

Roberto volta a falar do próprio corpo, explica como dói perder o corpo saudável, como fica atormentado ao averiguar a degradação física. Conta uma ação diária:

— *Eu me olho bastante no espelho, atentamente, várias vezes ao dia, sinto necessidade de olhar meu corpo.* — Descreve como se vê:

— *As veias estão inchadas, os ombros não são mais largos, estou muito pálido e sinto muita fraqueza. Lembro de um outro corpo, mais forte. Eu fazia de 50 a 60 flexões por dia, de braço, assim* — como se estivesse levantando um peso —, *de uma vez, com a maior facilidade* .

Fala do próprio corpo como um observador, como quem tem um olhar alienado da experiência corporal; o *eu-óptico* das atitudes de auto-análise habituais, *eu-visual* do observador, examinando experiências de uma subjetividade-objeto, interioridade vista de algum lugar do lado de fora. Então, pergunto, dando ênfase às palavras em destaque:

— *Mas você **olha** para a própria imagem no espelho e **vê** um corpo fraco, com as veias inchadas e com tumores na barriga e no pescoço ou você **sente** isso tudo?*

Ele reage, olha diretamente dentro dos meus olhos, parece intrigado, e diz:

— *É verdade, não é que eu **sinta** as veias inchadas, a barriga e os tumores. Eu **vejo** isso, eu **observo** isso tudo: os caroços, a pulsação no lugar onde está aquela bola, que percebi na minha barriga...*

A maneira de falar do corpo atual, leva-me a fazer o seguinte comentário:

— *Roberto, você parece um visitante do corpo, alguém que volta para casa e encontra as coisas mudadas, mais velhas, quebradas.*

Ele concorda:

— *É verdade, não sinto que esse corpo doente sou eu mesmo.*

Pergunto, então:

— *E quem é você, se você não é seu corpo?*

Ele repete, pensativo:

— *É, você tem razão, eu sou meu corpo, só posso ser meu corpo.*

Permanecemos um tempo em silêncio. Aguardo Roberto retomar a palavra, respeitando a pausa significativa; imaginei-o refletindo na frase verbalizada, talvez, meditando sobre quem ele seria, além do corpo. Aos poucos, começou a sustentar meu olhar. Está mais presente, recupera a postura receptiva e mais descontraída, atitude habitual das outras entrevistas. Enfim, reencontro a atitude de abertura para conversar assuntos difíceis: olho no olho, olhar aberto, acolhedor e honesto, espelhando o sentimento mencionado, mesmo ao tocar em assuntos mais íntimos ou constrangedores.

Falamos um pouco de como é difícil aceitar a degradação causada pela doença, a dor associada a um corpo estranho e a rejeição de manter contato com uma fonte de tormento e mal-estar. Comentamos as sessões de relaxamento do programa de auto-ajuda do CORA (PAAA); como monitor-paciente, ele sabia tanto quanto

O PROBLEMA NA CARNE

eu, era fundamental manter ligação com sentimentos, emoções e necessidades, compartilhar os primeiros, reconhecer e expressar a intensidade dos afetos e das carências.

Pergunto: ele não põe em prática o aprendizado de monitor do programa e, principalmente, não usa as técnicas de visualização, diariamente, como é recomendado durante a programação toda? Ele acredita que não conseguiu assimilar ensinamentos da metodologia de auto-ajuda; e não gosta ou não tem paciência para se dedicar ao relaxamento. Nas poucas vezes em que tentou, ficou inquieto enquanto ouvia a fita, distraído do conteúdo das instruções; não conseguia relaxar, nem imaginar nada.

Talvez não acredite nos benefícios da visualização, questiono. Roberto entendeu a visualização como ferramenta importante do programa, mas na verdade, nunca se *"empenhou"* em praticá-la, desistindo logo, nas primeiras tentativas. Fez uso das gravações pouquíssimas vezes e, acrescentou, nos grupos de auto-ajuda, sentia-se constrangido quando ficava mais emocionado.

Passamos a conversar sobre a metodologia de apoio psicológico, discutindo a ênfase na liberação das emoções, intervenções realizadas apenas por psicólogos com especialização em abordagens corporais, integrantes da equipe técnica. O trabalho sobre afetos reprimidos era componente importante de cada sessão do programa de auto-ajuda.

Roberto demonstra interesse no assunto; admite, no começo da formação de monitor, ficava assustado com as explosões emocionais. Nunca havia pensado na veemência dos afetos como intensidade física, como liberação do corpo reprimido; algo visível na resposta expressiva de pessoas que aceitavam o auxílio das técnicas psicológicas. Muitas vezes, testemunhou a descarga desses afetos e benefícios da elaboração. Ele sempre reconheceu a importância do trabalho corporal e, com ar de arrependimento, acrescenta:

— *Você sabe que, algumas vezes, mesmo eu estando muito comovido, não consegui me expor.*

Conversamos sobre o medo das emoções intensas, assumido pela maioria dos monitores e dos participantes do programa; esse medo da liberação explosiva é freqüentemente trabalhado em toda sessão. Alguns profissionais "psi", da equipe técnica, também questionam a ênfase nos exercícios de liberação emocional. Comento:

— *No fundo, todo mundo tem medo de se expor e desabar emocionalmente. Não só você, também eu e outras pessoas da equipe técnica.*

Apesar de assumir o medo diante das explosões emocionais, Roberto admitia certa atração pela experiência, imaginando ganhos significativos por meio dos exercícios.

— *Principalmente, gostaria de sentir a sensação de fluência, o desbloqueio dos sentimentos* — ele disse, e eu completei: — *E a possibilidade de mergulhar dentro de si mesmo, sem temer tanto o abismo interior; você já pensou nisso?*

Ele tem chorado muito, quando está sozinho ou na companhia da esposa, mas só em casa. Por opção pessoal, não participa mais das atividades de monitor, não tem condições físicas nem psíquicas para isso. Percebe-se muito mais sensível, influência da convivência nos grupos de apoio psicológico, nos quais a troca afetiva e manifestações de carinho são muito valorizadas, ele acredita. Lembramos, além do trabalho corporal, a visualização também era relevante, especialmente os exercícios sobre sistema imunológico, em luta contra as células cancerosas.

Recordo alguns casos antigos, relatos de outros pacientes, participantes e monitores dos grupos de auto-ajuda, alguns amigos e parentes. Todos assumiam a visualização só quando precisavam fazer quimioterapia e, mesmo assim, se a baixa de glóbulos brancos impedia a continuação do tratamento. Só aí resolviam se empenhar nas três visualizações diárias, recomendadas no programa.

Algumas vezes, os resultados eram extraordinários, eu mesma acompanhei tais processos. Após uma semana de visualização, praticada três vezes ao dia, os exames de sangue apresentavam grande

O PROBLEMA NA CARNE

elevação de glóbulos brancos. Fui surpreendida com efeitos das visualizações, nesse sentido; eu anotava o resultado do exame com baixa excessiva de glóbulos brancos, razão para suspender a quimioterapia. Depois, o paciente, sempre uma pessoa próxima, com quem eu tinha maior convivência, comentava sentir culpa, porque torcia pela baixa de glóbulos brancos. De antemão, sabiam a contagem-limite para interromper a quimioterapia.

Quando a culpa incomodava, diziam, era hora de voltar ao tratamento. Bastava cumprir a orientação da metodologia Simonton, realizando as três sessões diárias. Alguns dias depois, repetindo o exame, levavam os resultados para que eu visse. Acompanhei melhoras incríveis, sobre aumento da quantidade de glóbulos brancos em 3 ou 4 dias, o suficiente para retomar as sessões de químio.

Nunca entendi por que é tão difícil assumir três exercícios diários da visualização, comentei com Roberto. São agradáveis, relaxantes, além de constituírem apoio importante ao tratamento quimioterápico. E ele não era o único a rejeitar este recurso; em tantos anos de convivência no CORA, vi pouca gente adquirir o hábito da visualização, inclusive dentre monitores-pacientes e profissionais da equipe técnica.

E ele, indaguei, conhecendo bem a metodologia de apoio, como se apropriava dos recursos oferecidos, em benefício do tratamento e da melhor qualidade de vida subjetiva? Roberto respondeu:

— *Nunca interiorizei os recursos do programa. Não gostava de fazer a visualização, parece produzir um estado artificial. Experimentei umas poucas vezes, achei chato ficar lá, tentando criar imagens. Acho que não sou bom nisso.*

Questionei:

— *Ou é porque a visualização obriga a entrar em contato com esse corpo doente, que você rejeita? Bem no início da fita, há instruções para o relaxamento, nesse momento você precisa entrar em contato com o corpo, precisa perceber as tensões para soltá-las.* — Considerou interessante a explicação e "prometeu":

— *É, pode ser... É interessante isso, que você me disse agora. Preciso ver onde coloquei as fitas.*

Falando sobre... Voz da consciência e superego, Deus e barganha

Roberto declarava dificuldades para elaborar imagens durante a visualização; no entanto, sua linguagem continha imagens fortes. Uma delas me impressionou profundamente: a morte lhe aparecer como um abismo, no qual ele não queria entrar. Quando comentei este ponto com ele, justificou-se, desviando do assunto morte.

— *Passei esse tempo todo apegado numa ilusão, envolvido com banalidades e sentindo este vazio dentro de mim.*

Não entendi o sentido da resposta, indaguei se a ilusão se referia a afirmações da primeira entrevista, quando ele não pensava que iria morrer logo, até sentia esperança de ficar curado.

— *Parece que sim.* — respondeu, repetindo a fala do início deste encontro. — *É, porque agora eu sinto que a morte está próxima. O tempo todo eu fico pensando, se vai dar para acabar alguma coisa que comecei, se vou ver uma planta que plantei crescer, essas coisas.*

Novamente, volta à história da perua Corsa, não se permitira usá-la para alimentar uma *ilusão,* só iria usá-la quando ficasse melhor e voltasse ao trabalho com as crianças da favela. A seguir, passou a justificar sua atitude, racionalizando a situação. Também não era só isso. Podia não ter usado a perua por comodidade, outros carros ficavam na frente dela. Reiterou o já dito, sempre foi *muito ciumento com os carros zero.* Arrependido, lembra de um dia ter agredido fisicamente a esposa, — *por causa de uma placa de automóvel, acredita?* — A lembrança o machuca; ainda se sente culpado. Critica-se, a vida toda havia sido muito controlador etc, etc, etc...

Acompanho o relato repetitivo das entrevistas anteriores, a mesma autocrítica destrutiva, reparando como havia fugido do assunto morte. Interrompo seu discurso de auto-acusação e arrependimentos, dizendo de maneira enfática:

O PROBLEMA NA CARNE

— *Vejo que você pensa muito, analisa a si mesmo o tempo todo, pondera, justifica, explica as próprias atitudes. E faz uma autocrítica muito destrutiva! Você se põe pra baixo o tempo todo, Roberto! E tem uma voz de consciência muito ruim, só recrimina e não permite nem pequenos prazeres. Assim, bloqueia toda sensualidade do corpo, não é?*

Ele pára de falar, sustentando meu olhar. Reconhece, sua "voz da consciência" passava, mesmo, essas proibições. Indago: não acreditava na possibilidade de mudar uma maneira de pensar tão ruim? Respondeu: — *Acho difícil, não é fácil.* — Após refletir um pouco falou:

Eu acho, Marisa, que sou muito estóico. Fico agüentando tudo. E parece que demorei muito tempo para me incomodar com a dor. No começo, quando descobri a doença, comecei o tratamento e obtive aquela melhora extraordinária! Aí eu entrei numa de fazer barganha com Deus. Agora, não sei... Estou muito confuso... Não quero barganhar com Deus e fico tentado fazer isso. Eu fico questionando tanto isso... No começo, eu prometi que ia ficar bonzinho, **um santo** (rindo), e principalmente isso, parece ter-se concentrado no sexo.

Questiono:

— *Seu Deus se ofende com sua sensualidade?* — Sorrindo, ele diz: — *Parece que sim.* E conta:

— *Eu até me proibi de olhar a bunda de mulher bonita! Acho que barganho com Deus assim. Fiquei prometendo ser "bonzinho", mas com esta piora, não sei mais o que pensar...*

Quis saber se estava revoltado com Deus; dando um suspiro, Roberto respondeu:

— *Eu acho que não. Eu não sinto nada; não sinto raiva de ninguém, só perda e tristeza. Só sei que não quero morrer, mas...* — Completei a frase: — *Mas sente que a morte está próxima.* — A resposta foi seca: — *É.*

Ele havia pensado a respeito dessa morte, que lhe parecia tão próxima? Como seria, imaginava a hora da própria morte? Ele respondeu prontamente, indicando já haver pensado bastante no assunto:

— *Sedado, eu já disse para a Berta que quero ser sedado, não quero sentir dor.* Então, falei:

— *Você está pensando na hora da morte mesmo, não é?*

Acenou que sim, com a cabeça. Continuei:

— *Quer ficar inconsciente na hora da morte?* — Roberto: — *É, vai chegar aí.*

Prossegui com o mesmo assunto:

— *E, depois da morte, o que você imagina que acontece?*

Roberto mencionou suas vivências nos grupos de auto-ajuda, declarando dificuldades nos exercícios voltados à apreensão das fantasias de morte. Era um *"sofrimento"* extra para ele:

— *Ah! É isso que me angustia! Eu me vejo sozinho, sentindo saudades da Berta, das minhas filhas. É só perda!*

Nesse instante, procurei expor, o mais claramente possível, como entendia a situação dele.

— *E não é exatamente isso que você já está vivendo? Não é solidão e a perda do corpo saudável que machuca você, nesse momento? Essa morte imaginada, não é exatamente igual ao seu estado emocional de agora?*

Ele me olhou muito espantado, apesar de eu acreditar que me repetia. Desta vez, parecia surpreso, arregalou os olhos e disse: — *É, é mesmo!* — Garantiu, nunca havia feito nenhuma relação entre emoções e sentimentos atuais e fantasias mobilizadas pelos exercícios acerca do pós-morte. Foi minha vez de estranhar sua reação, mas avancei na mesma linha de pensamento:

— *E você não tem se isolado? Não está evitando o contato e a comunicação com as pessoas?* — Respondeu: — *Parece que sim.*

O PROBLEMA NA CARNE

Retomei as dificuldades do início do nosso encontro, como ele parecia fechado em si mesmo, prisioneiro dos sentimentos ruins. Perguntei:

— *Então, Roberto, como é que a gente pode chegar até você? Onde você está? Como poderíamos romper com esse isolamento?*

Ele não sabia responder, era difícil explicar como se isolava e como romper seu isolamento. Insisti em lembrá-lo do início da nossa conversa, como chamei sua atenção para a maneira defensiva de se posicionar, repetindo a descrição da postura e de como ele evitava me olhar diretamente nos olhos, o aperto da respiração, os ombros encolhidos; compartilhei uma imagem evocada durante nosso encontro. Descrevi: ele estava falando comigo, mas havia uma parede de gelo ou de vidro entre nós dois, e, apesar de estar mais presente naquele exato instante, a parede ainda estava lá e eu não sabia como chegar mais perto.

Roberto, muito interessado na minha descrição, respirou fundo e falou:

— *Eu também não sei o caminho, perdi o fio da meada. Também não sei me encontrar, estou **muito confuso**. Sinto que preciso de terapia. Agora é urgente!*

Perguntei por que não buscava psicoterapia, parecia tão arrependido de não ter investido em uma análise psicológica. Respondeu:

— *É, vou ter que ver isso, não sei o que impede.* — Voltou a falar da morte, já não sentia esperança de cura. Aceitei sua falta de esperança, comentando:

— *Bem, pode ser que você esteja com os dias contados, mas agora, neste exato momento, você está vivo e o mais importante é estar conectado com essa vida, até o momento do último suspiro, você não acha?*

Ele concordou, contudo, já não sabia como encontrar vida dentro dele. Quando olhava dentro de si, só encontrava solidão, perdas e tristeza.

— *Como diz a tradição, nossa vida está onde está a nossa alma* —, falei. Ele repetiu: — *Alma... É, parece que a alma é a vida da gente, nunca tinha pensado nisso.*

Tentei aprofundar um pouco o tema da alma:

— *E aí, como é que você trata a sua alma, como e onde imagina que ela está?*

Respondeu assim:

— *Como eu imagino minha alma, é gozado isso... É... Mas é verdade, a gente só pode mesmo imaginar a alma. Acho que a minha alma deve estar encolhida, presa, com medo.*

Sobre o cansaço da alma, o cansaço do corpo, o vazio interior

Pedi para deixar a imagem fluir, brincando com a imaginação, procurando reparar como era o lugar no qual estava a alma, por que razão estava amedrontada e quem ou o quê a mantinha presa. Como sua alma era, na imagem? Roberto achou difícil minha proposta, sempre tivera dificuldades para imaginar qualquer coisa. No entanto, após alguns segundos de silêncio, em sua mente surgiu a imagem de uma moça bonita:

—*Ela é muito jovem, porém está muito cansada, muito cansada mesmo.* — Deduziu: — *Acho que é o meu cansaço, não é? Eu estou tão cansado dessa luta constante, de tanta químio, de me obrigar a ir além das minhas forças, de ter o sono tão prejudicado! Ando dormindo muito pouco, de pura exaustão. Cansado de racionalizar tudo...*

Sugeri, seria bom explorar um pouco esse estado emocional, buscando na imagem condições de luta ou outra idéia qualquer, fantasias associadas ao termo alma. Ele poderia inventar uma pista, estimulando imaginação, esta atividade imaginativa poderia ajudar a descobrir contra o quê ele se debatia tanto. Roberto ouviu atentamente, sem demonstrar nenhum entusiasmo; mesmo assim, concordou:

O PROBLEMA NA CARNE

— *É verdade que eu me bato contra alguma coisa, mas não consigo ver o que é. Eu me lembro, no começo do tratamento eu sentia a presença de Deus, eu sentia que Ele estava comigo, mas agora eu não sei... Ando confuso, com dúvidas...*

O momento atual foi comparado com a época do diagnóstico de câncer. Às vezes, ele lembrou, pensava na doença como um "chacoalhão", um choque para tirá-lo do tédio, um susto que deveria acordá-lo para a vida. Comentei:

— *Você falou disso na última entrevista, mas disse também que não acordou... Parece que sua alma continua como a Bela Adormecida do conto de fadas.*

Ele se surpreendeu com a metáfora, refletiu um pouco e acabou considerando:

— *É mesmo uma comparação interessante* — vivia com aquela sensação de vazio interior e de adormecimento diante da vida.

Procurei descobrir se ele refletia na relação entre suas fantasias sobre a morte e as vivências subjetivas. Roberto achou difícil fazer a relação, no entanto, considerou:

— *Eu consigo perceber a sensação de ausência, de vazio, de não estar vivo completamente e, portanto, de estar adormecido; talvez isso se relacione com uma vida sem prazer.* — Explicou:

Olha, eu não consigo curtir nada! A gente já conversou sobre minha dificuldade de fazer amizades. Outro dia, recebi uma visita do pessoal do Centro de Apoio. Um grupinho de lá se reuniu, combinou de aparecer em casa. Foi um monte de gente que eu gosto, inclusive a Mercedes — quem deu o livro de presente — e o companheiro dela, o Saulo. Algumas pessoas não puderam ir e até me telefonaram, explicando, gostariam de estar lá com a gente, mas não podiam naquele dia. — Fala de cada pessoa e das justificativas da ausência. — E, enquanto estive no hospital, várias pessoas do Centro telefonaram diariamente, dando apoio. Berta falou com elas a maior parte das vezes, porque eu não estava disposto para atender ao telefone, estava sonado, medicado.

ECOLOGIA MENTAL DA MORTE

Falando sobre dificuldades de relacionamento

Enquanto relatava a visita recebida, explicava dificuldades de relacionamento social, uma esfera de vida muito "prejudicada", não só para ele como para toda sua família. Ele e a família sempre receberam poucos amigos em casa. A seguir, uma síntese de suas explicações:

E olha que lá em casa a gente fez uma reforma, tempos atrás, exatamente para ter um lugar confortável para receber pessoas. Onde era a edícula construímos um salão, com lareira e tudo, exatamente para receber convidados, fazer reuniões, dar festas, essas coisas.

> E o espaço ficou muito bom e bonito; acho até que está mais caprichado que o restante da casa. E essa idéia da reforma nasceu bem dessa questão, que eu e a Berta estávamos percebendo, a gente não reunia os amigos, não promovia encontros, estávamos muito isolados, sem vida social. Nós e as meninas também.

> A gente pensou que, com o salão lá, seria mais fácil receber as pessoas, os filhos poderiam trazer os amigos e tal. Mas que nada! Já faz um bom tempo que o salão ficou pronto e nós **nunca, nunca fizemos uma reunião sequer, não demos uma festa sequer lá, e isso antes mesmo da minha doença.** Só as meninas usaram raríssimas vezes, mas nunca foi para um grande encontro.

Detalhou as poucas visitas de amigas das filhas, a seguir, voltou a narrar a visita dos colegas do Centro de Apoio:

> E no dia que o pessoal até lá em casa, eu fiquei satisfeito, você sabe como eu gosto deles, mas estava difícil participar da conversa... Eu sentia uma sensação estranha, em resumo, **eu simplesmente não consegui curtir nada!** A conversa estava boa, mas... Não sei o que acontece comigo, será que sou incapaz de fazer amizade?

O PROBLEMA NA CARNE

Recordei, já havíamos conversado sobre como ele sabia seduzir os outros, apesar de não se permitir a vivência do prazer pela sedução, pela forma como atraía as pessoas para ele. Ele conquistava a simpatia das pessoas, mas não se satisfazia com suas conquistas. E, naquele instante, me ocorria que suas dificuldades na vida erótica poderiam ter relação com esses bloqueios, tantas dificuldades para curtir amigos e o convívio social. Roberto concordou.

Brincando, comentei, não era comum o pessoal do CORA reunir um grupo para visitar alguém. Parecia evidente que ele havia conquistado, só naquele ano, o coração de uma porção de gente. Afinal, era óbvio, ele era uma pessoa muito querida por todos a equipe de monitores.

Sorrindo, ele lembrou da coordenadora da equipe técnica, falando o mesmo que eu acabara de dizer. Contou:

— *Quando eles chegaram, ela me disse: "Viu só Roberto! Olha como você é capaz de conquistar amigos!"*

Passou a discorrer sobre o "fechamento" dele e da esposa na rotina familiar. A qualidade de vida social da família sempre fora muito ruim; quase nunca visitavam amigos ou parentes. Retomou o problema com a família da esposa, originado com a descoberta da gravidez pré-nupcial. Explicou a reação dos pais dela, as recriminações do sogro e como ficara magoado com ele. Havia se proposto a reconquistar "essas pessoas", apesar de, no fundo, não conseguir esquecer das discussões e das duras palavras deles que ouviu.

Inúmeras vezes Berta reclamou da sua recusa em visitar a família dela. A esposa pensava que as filhas precisavam conviver com os avós, tios e primos. Ele não pensava assim. Quando as filhas eram pequenas, acreditava que não precisavam de mais ninguém, só do pai e da mãe.

Pergunto se não tinha um amigo com quem pudesse fazer confidências, alguém com quem sentia maior intimidade; respondeu que não. Várias vezes, ele me dirige uma pergunta, sempre alusiva ao porquê de não conseguir usufruir o interesse e o carinho demonstrado por pessoas amigas. Suas dificuldades de relacionamento estavam mais fortes, no último mês. Confessou:

— *Eu gosto das pessoas, gosto da atenção que recebo, mas parece que não sinto nada por dentro, não percebo nenhuma reação de alegria, só sinto esse vazio.*

Para exemplificar, falou de uma colega do grupo de monitores, ela havia demonstrado muita preocupação com sua hospitalização. Tinha ido visitá-lo no hospital e se dispusera a ajudá-lo. Era uma pessoa com quem havia estabelecido uma "certa aproximação", por morarem na mesma região e darem carona um ao outro, quando havia reunião no Centro ou grupos de auto-ajuda.

Explicou, inclusive haviam trabalhado o ano todo nos mesmos grupos. A colega é psicóloga, especializada em trabalho corporal. No hospital, ela fizera um trabalho de relaxamento com ele, ajudou bastante. Ela ofereceu a possibilidade de ajudá-lo com técnicas de relaxamento, quando ele fosse para casa. Bastaria telefonar.

— *Ela até se dispunha a ir lá em casa, dar continuidade aos exercícios.* — Roberto concluiu:

Eu sei que ela fez a oferta de coração. Sei que o trabalho dela me fez bem, mas você sabe que **eu não aceitei!** Digo que não aceitei porque eu não telefonei para ela, para marcarmos um horário para ela ir lá em casa. Veja você... E olha, esta semana eu estava com dores e o trabalho que ela fez comigo, lá no hospital, trouxe um bom alívio para as dores que eu estava sentindo, mas..

Ele não pensou como o apoio oferecido seria benéfico para combater o *estresse?* Não se deu conta de que poderia aliviar a tensão física e mental, melhorando o sistema imunológico? Respondeu:

— *Não, não pensei que eu podia melhorar.* — Sentia-se muito *"preso nas formalidades",* um obstáculo difícil de superar. Questionei:

O PROBLEMA NA CARNE

— *Será que você teve medo da oferta dela? Ela é jovem, bonita... Você sinalizou, várias vezes, como se sentia atrapalhado com a sensualidade do relacionamento com algumas colegas de monitoria.*

Ele não rejeitou a possibilidade de sentir medo daquela sensualidade, aflorando quando se aproximava das colegas. Também não especificou, se a sensualidade era despertada pela mesma pessoa do relaxamento. Então, concluiu:

— *Esse complexo de inferioridade me impediu a vida inteira de curtir a vida, vem lá da adolescência, quando me comparava com os meninos da mesma idade.*

FALANDO SOBRE COMPLEXO DE INFERIORIDADE E "COISAS DE ADOLESCENTE"

Provoquei-o:

— *Como se você tivesse medo de ter o pinto menor que o dos outros?* — Ele riu. Lembrou de um período em que fizera psicanálise, o psiquiatra tocara neste assunto. Contou, na hora de análise, sua reação mental foi:

— *Vê, até minha cueca é transparente! Como é que ele está percebendo isso?*

Naquela oportunidade, resolveu esquivar-se do assunto, evitou trabalhar a questão com o analista.

— *Talvez tenha perdido a chance de mudar o sentimento de inferioridade,* — diz Roberto, — *que há tanto tempo me acompanha.*

Seria este um impedimento para aproveitar a vida e curtir a presença das pessoas cativadas por seu charme, questiono? Responde: — *Parece que sim.*

Trago de volta o tema da morte questionando:

— *E, então, alguma parte sua decidiu que se não consegue curtir a vida, é melhor morrer?* — Ele não sabia, tinha convicção de que queria viver, mas não estava conseguindo se ligar à vida.

235

Só sentia perda, solidão e muita tristeza; apesar de conviver com as pessoas de quem gostava, de perceber as coisas que lhe agradavam, de saber que estavam ali, presentes, não conseguia se ligar a nada disso. Irritado, concluiu:

— *Já não agüento mais isso, pô! Apesar de todas as pessoas à minha volta, eu me sinto sozinho, vazio, só percebo o sentimento de perda.*

Resumi o relato de suas dificuldades de relacionamento, indagando depois:

— *Percebo que você está carente de afeto e muita gente está disposta a dar o que você precisa, o que poderia impedi-lo de valorizar o apoio das pessoas?*

Roberto justifica as dificuldades vivenciadas, lembrando da infância solitária, da vergonha frente a situação doméstica conturbada, pelo alcoolismo do pai e pela maneira de ser da mãe. Voltou a afirmar, não gostava de "botar a culpa nos pais", mas trazia "muito forte" algo que a mãe lhe dissera, quando uma vizinha comentara que nunca via ninguém entrando na casa deles:

Ela ficou possessa com a vizinha, ela reclamava, xingando a vizinha, uma coisa que não costumava fazer era dizer nomes feios, mas dessa vez ela xingava, dizia que não tinha tempo para bater língua com as outras, que trabalhava e trazia tudo em ordem, por isso não tinha tempo para falatórios.

Lamentou, mas ele e a esposa haviam repetido o mesmo erro da sua mãe; agora, pensava, não havia nada a fazer. Não havia muito a fazer, porque o mal-estar físico era um empecilho ao convívio social. Havia o problema da diarréia e dos gases, sentia-se sempre indisposto, incapaz de controlar as funções fisiológicas, quase sempre ficava "pouco à vontade" diante das visitas. Geralmente, por causa do estado físico, estava evitando todo tipo de contato social.

O PROBLEMA NA CARNE

Confessei um sentimento despertado por suas justificativas, eu estava me sentindo completamente impotente; nossa conversa girava em círculos. Era como se ele passasse uma mensagem:

— *Eu quero ajuda, mas meu problema é tão grande que nada e ninguém seria capaz de me ajudar.*

De certa maneira, todo apoio era capturado no jogo de um *problema sem solução*. Um dos efeitos perniciosos desse padrão mental era a tremenda solidão sentida por ele. Procurei tocar nesta matéria com muito cuidado e delicadeza, explicando o jogo — *do sim, quero ajuda, mas... sei que ninguém vai poder me ajudar.*

Todo mundo saía perdendo, porque a impotência acabava contaminando todos os relacionamentos. Terminei minha fala dizendo: — *Eu assumo que não consigo ajudar você.* — E confessei, precisava descansar na impotência, pois naquele momento, era tudo o que estava sentindo. Minha declaração parece tê-lo tocado profundamente. Após refletir por alguns momentos, perguntou-me o que poderia fazer para mudar isso. Propus avaliar qual era o sentimento mais difícil de suportar. Ele respondeu: — *É esse vazio ...*

FALANDO SOBRE A VIDA ESPIRITUAL: FÉ OU BARGANHA COM DEUS?

Pergunto novamente:

— *Você está com medo de morrer ou sente que já está morto?*

Isso parece causar um novo choque nele, está espantado; ele me olha como se uma idéia dessas nunca lhe tivesse passado pela cabeça. No entanto, começam a surgir associações, entre sua experiência atual e sensações e sentimentos aflorados ao saber do câncer. Para ele, o "chacoalhão" da doença, que deveria acordá-lo para a vida, nunca aconteceu. Era preciso renovar a rotina, tratar de mudar atitudes que o faziam sofrer ou perder o interesse pela vida. Fez uma retrospectiva, associara a idéia de acordar para a vida com a necessidade de voltar a praticar sua religião da infância.

Roberto foi educado no catolicismo, numa pequena cidade do interior de São Paulo. Participava assiduamente das atividades de sua comunidade católica. Na infância, era coroinha, acompanhava a mãe em todas as cerimônias religiosas, com gosto, apreciava cerimônias, convivência e festas. Jamais abandonou a religião de vez, mas relaxou bastante. Em São Paulo, não era muito assíduo às celebrações, distanciando-se das orações mais freqüentes, apesar de fazer o sinal da cruz diariamente, antes de se deitar ou de se levantar.

Quando a caçula prestou vestibular, em curso muito difícil e disputado, Roberto prometeu voltar a participar da missa dominical. Isso aconteceu bem antes do câncer. Cumpriu a promessa, até que a doença o impediu; a cerimônia era longa para suas condições físicas. Na sua avaliação, o "chacoalhão" da doença foi lembrá-lo da vida espiritual, na busca de um sentido espiritual para seu sofrimento, redescobriu a satisfação de participar ativamente de uma comunidade religiosa.

Ao se recuperar da cirurgia, procurou o pároco de uma igreja freqüentada de vez em quando, apesar de não ser a mais próxima de sua residência. Queria receber orientação espiritual, decidido a viver sua religiosidade com mais dedicação. Confissão, eucaristia, oração, prestação de serviço: eram suas metas espirituais. Contou:

— Eu e Berta rezamos diariamente um terço, até eu perceber que estava ficando uma coisa mecânica.

Também lembrou da conversa com o pároco, logo depois da cirurgia.

— *Ele me disse para ser maior que a doença; eu deveria primeiro lutar contra ela e depois, assim que melhorasse, deveria me envolver com alguma atividade comunitária.*

A retomada da prática religiosa repercutiu dentro dele com muita intensidade, principalmente porque obteve aquela extraordinária reação positiva à primeira químio. Recuperado da cirurgia, Roberto insistiu com o pároco para lhe indicar alguma coisa para fazer. Naquela época, padre Bento (nome fictício do pároco) planejava criar um coral com

O PROBLEMA NA CARNE

crianças faveladas, sem ter ainda muita noção de como traria a garotada para a Casa Pastoral. Poderia contar com um maestro, disposto a organizar o coral infantil, e só. Roberto lembra:

> Ele me perguntou se eu não gostaria de ajudá-lo com esse projeto. Respondi que sim e, então, ele me disse o seguinte: "vai lá na favela, vê como aquela gente está vivendo e descobre o que precisamos fazer para trazer as crianças aqui, para começar com os ensaios do coral".

> Bom, eu fiz exatamente o que ele sugeriu. Comecei a andar lá dentro da favela. Batia na porta dos barracos, conversava com as pessoas, explicava a idéia do coral e perguntava sobre a situação deles. Algumas vezes, via lá umas coisas... Algumas famílias precisavam de tantas coisas.

> Foi uma experiência incrível, eu gostava demais de ir até lá; gostava de falar com aquela gente, de avaliar a situação deles todos e as condições necessárias para trazer as crianças para o coral. Eu, então, voltava e conversava com o padre Bento, dizendo: — Olha, eles até querem que os filhos venham para o coral, mas lá falta de tudo; eles estão precisando disso, daquilo etc.

> Padre Bento decidiu que deveríamos inscrever algumas das famílias no programa da cesta básica. Então, fiquei responsável por levar os mantimentos para as famílias mais carentes. Providenciei uma lista com o nome das crianças e levei lá para o padre Bento. Toda semana eu ia até a favela, conversava com as mães e, às vezes, indicava uma situação familiar mais difícil para o padre.

> E ele também foi lá comigo algumas vezes, conversar com as pessoas indicadas por mim. A coisa começou a funcionar assim, depois as crianças começaram a vir para os ensaios do coral. Eu então, assumi o lanche dos sábados. **E era com muita alegria, muita alegria mesmo,**

ECOLOGIA MENTAL DA MORTE

que me dedicava a isso toda semana. Eu me preocupava com o lanche, pensava no que íamos servir, providenciava o necessário... E ia lá, para a Casa Pastoral, todo sábado, por volta das 9 horas da manhã, levando as coisas do lanche. Era eu que preparava a mesa, enquanto as crianças ensaiavam lá dentro.

Num certo momento, achei que precisava de um carro mais adequado, para entregar as cestas básicas e carregar algumas coisas, que a gente conseguia para as famílias lá da favela. Comprei a perua Corsa zerinho para isso. Só que acabei ficando no prejuízo. Por que nunca entreguei nem um saco de feijão com ela!

Com o agravamento da doença, Roberto sentiu-se sem condições físicas para continuar atuando no projeto assistencial, a bem da verdade, desenvolvido por sua iniciativa. Outras pessoas levaram adiante o trabalho do coral e de ajuda a famílias da favela, iniciados por ele. Perguntei-lhe se o entusiasmo pelas atividades assistenciais, como as visitas semanais a famílias carentes da favela, as providências de orientação pastoral e cestas básicas, enfim, se seu engajamento social estaria relacionado com a necessidade de sentir-se útil.

— *Essa sensação era certamente importante*, — respondeu.

Completou: andava "confuso" em relação à questão religiosa. Perguntei se conversava sobre esse assunto com o pároco, com quem estabelecera um relacionamento muito próximo. Roberto acrescentou, tinha o sacerdote como amigo, inclusive ele freqüentava sua casa, recebera uma visita dele naquela manhã mesmo. Respondeu que conversava bastante com o sacerdote, mas não mencionava as dúvidas, nem discutia críticas e posicionamentos divergentes da instituição Igreja Católica.

Só comentava suas inquietações religiosas com a esposa e comigo. Atualmente, andava avaliando a própria religiosidade, perguntava a si mesmo se era "verdadeira". Desconfiou da dedicação ao projeto assistencial, poderia fazer parte de uma "negociação

O PROBLEMA NA CARNE

para ficar curado". Será que tudo isso não seria uma "barganha com Deus", questionou.

— *Que absurdo, Roberto!* — exclamei indignada. — *Você não vê como essa dúvida pode ser destrutiva? Será que não dá valor à alegria que sentiu naquela época? Você não disse que gostava de andar pela favela, não ficou comovido com a situação daquelas pessoas? Não eram verdadeiros esses sentimentos? Olha que superego ruim você tem!* — Continuei: a desconfiança acerca da verdade de seus sentimentos, manifestados com tanta sinceridade, havia, mesmo, mexido comigo. Concluí, ele deveria tomar cuidado com pensamentos desse tipo. Mais que isso, deveria ter *um advogado de defesa interno*, cada vez que o *tribunal interno* se montasse.

Falando sobre culpa, arrependimento e sentimento de fracasso

Ele gostou da minha reação inflamada. Esclareceu a falta de ânimo para se ocupar com atividades da paróquia. Exigiam muito tempo e até força física, muitas vezes havia trabalhado até como "carregador", quando precisavam levar móveis e utensílios para as famílias da favela. Não havia ninguém para providenciar o transporte do material, ele acabava assumindo uma tarefa pesada. Na situação atual, não era mais possível assumir tarefas assim, tampouco compromissos fixos.

Sentia-se "muito fraco" e deveria se poupar; além do mais, estava diariamente ocupado, envolvido na rotina de exames e das consultas. Antes de ficar tão fraco, já havia deixado o projeto paroquial, para dedicar-se integralmente ao trabalho voluntário no Centro de apoio a pacientes de câncer. Interromper o trabalho como monitor e divulgador do programa de auto-ajuda, tão importante e gratificante para ele, fazia parte das perdas mais dolorosas.

Roberto avaliou a interrupção dos afazeres relatados, com as seguintes palavras: — *Eu sinto que parar foi um fracasso; sinto que eu não fui até o fim, que eu poderia ter continuado mais um pouco, mas não consegui dar conta. Acho que abandonei as crianças, o projeto... Às vezes, penso nisso e sinto-me um inútil.*

Retomou sua auto-avaliação negativa; não se considerava corajoso, ao contrário, sempre se achava "um fracasso". Não aceitei sua autodepreciação, e perguntei:

— *E o trabalho realizado na favela? Não foi preciso coragem para entrar lá? Ele não foi perigoso?* — Roberto nunca sentiu medo de entrar na favela. Lá, via mais a miséria e a fragilidade das pessoas, nunca encontrou gente perigosa. E ele não estava fazendo um trabalho importante na instituição de apoio, ajudando outros pacientes de câncer? questionei. Afirmou o seguinte:

— *Eu acho que não fiz nada no Centro, sinto que lá eu só recebi, nunca dei nada.* — Declarou, o Centro Oncológico fora uma benção na sua vida; o treinamento de monitor e a participação nos grupos de PAAA haviam lhe feito muito bem.

Insisto: e suas conquistas profissionais e pessoais, como a constituição da própria família e o progresso financeiro, não eram significativas? Ele fica em silêncio, concordando com a cabeça. Pergunto por que alimenta tais pensamentos, o que estaria ganhando com uma auto-avaliação tão negativa. Não percebia quando um pensamento ruim machucava? O que estava fazendo consigo mesmo? Ele esclareceu, revelando uma impotência raivosa:

> Pois é! Eu sempre fiz isso comigo, me acho inferior. A Berta até já me disse uma vez, para eu me comparar com os colegas de trabalho, para ver qual deles tinha uma casa como a minha, os carros, enfim, a situação que consegui ter. Ela também me perguntou se isso não era importante, se nada disso tinha valor. Eu não sei porque eu penso assim...

Confessei, também eu, muitas vezes, me via na mesma situação, com aquelas cobranças todas. Disse:

O PROBLEMA NA CARNE

— *Roberto, a autodesvalorização é tão comum! A gente costuma se ver de um jeito muito ruim; a maioria de nós, cedo ou tarde, pensa mal de si mesmo. Muitas vezes na vida, não gostamos de nós mesmos; mas em você essa coisa escapou ao controle!* — Ele deu um suspiro profundo, desabafando: — *Eu estou cansado, Marisa. Muito cansado... Estou confuso, perdido, não sei o que eu quero...*

Não sentia nenhuma alegria pelas realizações do passado, apesar de racionalmente concordar com a esposa, continuamente valorizando as conquistas do marido, na carreira e no plano econômico, meta difícil em tempos de inflação e desemprego. Roberto pensa de um jeito e sente de outro, diferente. Sempre teve esse modo de ser, a vida inteira deixou de reconhecer o bom, o prazeroso e o belo, continuamente amargurado porque não encontrava tudo "exatamente" do jeito que queria. Repassou relatos das entrevistas anteriores, dando ênfase às exigências diante da família, explicando como havia sido controlador, confessando arrependimentos: — *Fui até violento com minha mulher.*

Ele se sentia culpado, muito culpado, uma culpa imensa o sufocava, observei. Ele concordou:

— *Tem culpa sim e muito arrependimento também.* — O que poderia fazer com tanta culpa? Roberto volta a falar da decisão de desenvolver a vida espiritual. O primeiro passo, foi a confissão, logo após a cirurgia.

— *E não recebeu a absolvição?* — Perguntei.

— *Claro!* — disse ele. No entanto, desconfiava tanto de si mesmo, da honestidade de sua consciência; tudo isso poderia fazer parte de uma "barganha" com Deus. Por causa dos sentimentos de culpa, já havia tido uma conversa com a mulher e com as filhas, quando estivera hospitalizado.

Uma conversa difícil, na qual todos expuseram suas mágoas. Haviam chorado muito, todos juntos. Roberto pedira perdão, principalmente para a esposa, porque sabia o quanto a fizera sofrer.

243

Ela garantia, estava perdoado havia muito tempo. Ainda assim, ele continuava se "atormentado com isso tudo"; sentindo que "havia desperdiçado toda uma vida".

A tendência para a autodesvalorização já aparecera nas entrevistas anteriores, havia se intensificado no último mês. Será que ele passara as últimas semanas só dando importância para as coisas ruins? Roberto esclarece que, na maior parte do tempo, especialmente no último mês, havia esperado por uma melhora; alimentando idéias sobre um plano eficiente de combate à dor, sobre melhora nos resultados dos exames, coisas assim. E, a cada dia passando mal ou a cada resultado ruim, via sinais de que a químio não estava surtindo o efeito desejado. Em momentos assim, tinha se sentido "destruído".

FALANDO SOBRE O CONTATO COM A VIDA INTERIOR

Nada de bom mesmo havia acontecido nos últimos tempos, digo a ele, qualquer um ficaria "destruído" após 30 dias de dor, mal-estar e frustrações. Depois, em silêncio, espero para ver sua reação. Ele se cala por instantes, pensativo. Começa a lembrar de algumas experiências boas, no meio de tanta aflição. Relatou-as:

> É, sabe, nem sempre eu tenho ficado tão mal. Ando comendo mal, como por que preciso, mas sem prazer. Ontem e outro dia, percebi que almocei com gosto, comi com prazer, sem forçar. Eu sinto vida em mim sim, só não sei o que fazer para melhorar.

> E sabe o que mais, outro dia tive uma experiência tão rápida e ao mesmo tempo tão agradável! — Começa a sorrir — Eu estava em casa e, de repente, me veio uma coisa assim: deixa o tumor pra lá! Você não tem nada a ver com isso. Você não pode fazer nada mesmo!

> Eu, então, comecei a me sentir tão leve! Havia lá, onde eu estava, uma claridade suave e confortável... Foi uma sensação tão agradável,

O PROBLEMA NA CARNE

gostosa mesmo! Pena que passou logo, mas eu me lembro bem dessa sensação...

Sorri junto com ele, imaginando a sensação. Depois, comentei, como era bom quando, de dentro de nós, brotavam essas experiências. Declarei:

— *Sabe, Roberto, acredito que, às vezes, algo em nós, nossa imaginação ou nosso inconsciente, não me refiro a nada sobrenatural, pode agir como uma mão protetora; de certo modo, o inconsciente produz experiências como a sua, talvez para corrigir atitudes inadequadas diante do sofrimento, ou para sinalizar alternativas melhores.*

Aquela experiência deveria ser relembrada, revivida, várias vezes, pontuei. A recordação era importante, porque, a meu ver, era portadora de uma sabedoria instintiva, de uma atitude gerada subjetivamente, no inconsciente. Entendi seu potencial compensatório, equilibrava a atitude consciente de fixação na doença, na degradação física, nas culpas. Nesse sentido, poderia ser um recurso para os momentos de maior agonia e desespero. Disse a ele como entendi sua experiência, esclarecendo as mudanças na sua face, o brilho no olhar, o sorriso bonito, o ar de satisfação diante da beleza do momento. Era uma sabedoria da alma, gerada na alma dele.

Ele ficou pensativo, sorrindo, olhando um bom tempo para mim. Ouviu tudo com um sorriso nos lábios, como se alongasse a trégua no sofrimento. Exclamou, com um suspiro:

— *É, Marisa, hoje está sendo diferente... Eu sinto que estou levando alguma coisa daqui e não é esse doce que você me serviu não!*[2] — Ao fazer seu comentário, estava rindo. Fiquei contente, gostei de rever o jeito brincalhão das outras entrevistas. Roberto continuou:

---

[2] Referência a um pote com pés-de-moleque, na bandeja do café.

— Estou vendo algumas coisas que faço, isso de aguardar algo novo para começar a me sentir melhor.

Perguntei se o bom só poderia vir de fora, do resultado dos exames, por exemplo. Foi rápido na reação:

— Isso! Que o médico constate melhora, alguma reação positiva. Sabe, a meu ver, a pior atitude que um médico pode ter numa situação como a minha, é dizer para o paciente rezar. Isso soa como uma condenação à morte!

Pedi para esclarecer a relação com a própria interioridade:

— E você não acredita no que vem de dentro de você? Você não acredita na sua alma? — Ele respondeu:

— É, não sei.

Relacionou a alma com seus questionamentos religiosos, estava se percebendo alheio nas orações e não se cobrava mais de ir à missa, pois não estava gostando de ficar "barganhando com Deus", não achava isso "honesto".

Expliquei: eu não empregava a palavra alma para me referir exclusivamente às suas questões religiosas; procurava saber se ele acreditava numa vida interior, muito profunda e ampla, de certa maneira, independente do seu estado físico e do "eu" que pensava tanto. Por isso, perguntaria de novo: como imaginava sua alma naquele exato momento.

Ele, novamente intrigado com a proposta de imaginar a alma, pensou um pouco e disse:

— Tá, eu penso... Eu imagino que ela esteja acuada, num canto, presa e com medo. — Indaguei*: Esta não poderia ser uma boa descrição dos seus sentimentos mais profundos? —* Roberto concordou:

— É isso! Não tem jeito, preciso mudar alguma coisa em mim, só que não sei como. Estou tão confuso... Eu não sei o que eu quero.

O PROBLEMA NA CARNE

Resumi como compreendera seu relato, até aquele momento:
— *Bem, pelo que você me disse até agora, entendi o seguinte, você quer aliviar o sentimento de solidão, outra necessidade importante, é poder diminuir a carência afetiva. Também quer carinho, compreensão, quer ser ouvido com atenção e cuidado, quer curtir a companhia dos amigos, quer expressar suas emoções com sua família, mas sua família está tão travada...* — Anuiu, fazendo que sim com a cabeça:

— *É, eu me sinto sozinho.*

Expus como entendia a carência afetiva associada ao relacionamento familiar. A meu ver, todos, na casa dele, estavam se sentindo sozinhos e com medo da morte.

— *Imagino cada pessoa da sua família se isolando, principalmente suas filhas, chorando num canto, escondidas, cada uma trancada no próprio quarto, evitando falar da doença, escondendo sentimentos. Como a situação está mais grave, acabam ficando longe de você, além de estarem mais distantes entre si.*

Ele ficou muito surpreso:

— ***Eu não sei se elas estão chorando, nunca tinha pensado nisso!*** *Minhas filhas estão fazendo as coisas delas, ficam fora de casa o dia inteiro. Minha mulher tem o trabalho dela e, quando chega, traz trabalho para casa. Eu tenho ficado muito tempo sozinho. Outro dia, reclamei. A Berta chegou, foi analisar uma lâmina e demorou. Aí, eu reclamei com ela. Estava com fome, queria que ela viesse jantar comigo. Ela não está acostumada com isso. De repente, uma pessoa que sempre foi independente fica assim, carente!*

FALANDO SOBRE SENTIMENTO DE FRACASSO E QUESTIONAMENTOS RELIGIOSOS

Por que era tão difícil assumir a carência? Sua carência foi associada ao declínio da independência e a sentimentos de fracasso.

ECOLOGIA MENTAL DA MORTE

Segundo Roberto, tudo acabava aparecendo nos questionamentos acerca de sua religiosidade. O sentimento de inferioridade, a maneira como se cobrava ter feito alguma coisa de valor na vida, estavam na base de um julgamento e de uma condenação, ele não merecia ficar curado.

Lembrou de um dos padres da congregação responsável pela paróquia, pessoa por quem nutria profunda admiração. Procurou padre José, pedindo apoio espiritual. Quando mencionou a doença, o sacerdote revelou, também tivera um câncer e "Deus o havia curado". Roberto rememorou a história do padre, profundamente emocionado:

> Quando padre José me contou que também teve câncer e ficou curado, ele me disse o seguinte: — "Filho, eu falei com Deus assim: tá bom. Você sabe o que faz, estou nas suas mãos. Se Você quiser que eu morra, eu morro, mas essas crianças vão ficar por conta própria".

> Foi isso que ele me disse, quando fui procurá-lo. Aí, quando saí lá da sala de atendimento dele, eu pensei assim: mas que vida eu levei para merecer isso, que trabalho eu fiz para receber um milagre?

> Padre José tem aquele trabalho maravilhoso com as casas de amparo à infância; fez tanta coisa boa na vida! Ajudou centenas de pessoas. E eu? Que foi que eu fiz? Eu só vivi para mim! Minha vida não é tão importante assim, ninguém será muito afetado se eu morrer. Quem sou eu para pedir a Deus que permita que eu viva mais um tempo? Que diferença eu faço neste mundo, estando vivo ou estando morto?

A comparação deixou-me surpresa e, para provocá-lo, brinquei: — *Algum dia você sentiu vocação para ser padre?* — Ele respondeu que não, rindo. Roberto estava se cobrando demais, novamente! Estava comparando a vida de um pai de família com a vida de um sacerdote católico, a qual se desenvolve dentro de uma subestrutura social diferenciada, levando em conta a dedicação exclusiva ao serviço comunitário.

O PROBLEMA NA CARNE

Eu também me fazia exigências como as dele, confessei. No fundo, porque imaginava grandes feitos para dar sentido à minha vida pessoal. Lembrei de um sonho importante, de anos atrás. As imagens compensavam aquele tipo de auto-avaliação dura demais. Contei o sonho:

> No sonho eu dormia. Enquanto dormia, fui levada para uma reunião de espíritos. Eram espíritos de pessoas vivas, com quem convivia diariamente, amigos, parentes e vizinhos. Um deles era um senhor de idade, pessoa simples, servidor público, aposentado havia muitos anos. Vivia muito bem com a família, morava em frente à minha casa. Costumava ser muito carinhoso comigo. Sempre me dava um abraço quando me encontrava e, às vezes, vinha até minha casa, só para saber se eu estava bem. No meu sonho, ele estava de pé, descrevendo seu dia-a-dia. Calculava, contando nos dedos, quantas pessoas havia cumprimentado naquele dia, falava das músicas tocadas no velho piano da sala, relata a conversa com esposa e filhos, durante o café da manhã. Os outros espíritos estavam muito contentes, o aplaudiam dizendo: — Muito bem, que maravilha! É isso mesmo, sua missão está sendo cumprida.

Roberto ouviu o relato do sonho com muita atenção, algumas lágrimas apareceram em seus olhos. Ao terminar, comentei como este sonho havia me feito bem. As imagens singelas, associadas a sentimentos agradáveis, me fizeram refletir muito. Acabei compreendendo que toda vida, por mais simples que fosse, era importante e tinha um sentido espiritual. Depois de ouvir meu relato, ele ainda repetiu como seus questionamentos religiosos o incomodavam, apesar de evitar se aprofundar, em busca de respostas.

Era possível perceber certo desespero, subentendido na indagação religiosa diante da morte. Avaliei a necessidade de uma orientação espiritual. A meu ver, ele precisava de uma autoridade religiosa, alguém em quem confiasse, para compartilhar suas dúvidas

ECOLOGIA MENTAL DA MORTE

e receber alguma indicação de como procurar respostas. Eu, leiga, não me sentia habilitada a trabalhar nesse campo.

Roberto lembrou da visita do pároco, naquela manhã mesmo. Eram amigos, mas não lhe mencionara, em nenhum momento, suas preocupações religiosas. Estimulei-o a compartilhar as questões religiosas com o amigo padre, quando voltasse a visitá-lo. Roberto não demonstrou muito entusiasmo diante da sugestão, pensaria no assunto, talvez uma conversa franca e aberta com o sacerdote pudesse trazer algum alívio.

Estava ficando tarde, ambos reconhecemos como a conversa fora difícil e nos deixara cansados. Havia muita coisa para conversar, poderíamos marcar outro encontro. Naquele dia, a entrevista havia chegado ao fim. Na saída, Roberto parecia bem mais tranqüilo, falava de maneira próxima e aberta. Garantiu que ia embora se sentindo muito diferente de como havia chegado.

Na despedida, ainda considerou a possibilidade de agendar as sessões de relaxamento, oferecidas pela amiga psicoterapeuta. Incentivei-o a aceitar esse apoio, sem se fazer muitas perguntas. Seria um recurso valioso no combate ao estresse, além de envolver uma atitude diferente da habitual. Cheio de "bons propósitos", ele até lembrou das visualizações. Assegurou a intenção de adotar mais este recurso. No dia seguinte, esperava falar com o médico especializado no tratamento da dor.

Os encontros futuros poderiam ser semanais, caso ele assim o desejasse. Roberto telefonaria para combinar uma nova conversa, assim que consultasse o especialista em dor. No entanto, esta foi nossa última entrevista formalizada.

A ÚLTIMA VEZ

No começo de agosto, Berta telefonou, o marido fora hospitalizado novamente. Outra hemorragia exigiu procedimento cirúrgico e internação em UTI. Telefonei-lhe algumas vezes, buscando notícias

O PROBLEMA NA CARNE

sobre o estado de Roberto. Só uma vez ele falou comigo ao telefone. Naquele exato momento, estava recebendo alta da cirurgia.

Pensei em visitá-lo, mas Berta, com atitude de profissional da saúde, comentou estar desestimulando as visitas: — *Para não estressar o paciente.* — Ele estava "muito emotivo", chorava demais quando recebia visitas.

Nos meses de agosto e setembro, não vi Roberto nenhuma vez. Tomava conhecimento do seu estado físico e emocional por meio dos telefonemas de Berta e dos bate-papos, na saída da missa. Agora ela ia sozinha para a igreja. Estranhei quando soube de novas sessões de quimioterapia. Afinal, conforme ela mesma relatava, o marido não suportava mais os efeitos colaterais. Ela não tinha coragem de pedir ao médico para suspender a químio, temia sentir-se culpada por não ter tentado tudo, até um limite definido pela medicina.

O tratamento ainda se prolongou por mais de um mês, quando o oncologista avaliou a impossibilidade de qualquer resultado positivo. Anteriormente, o médico conversara com ela. Deveria se preparar para o fim, ele não tinha mais esperanças; mesmo assim, insistiria no tratamento, enquanto o doente tivesse condições para suportar os efeitos colaterais.

Berta passou a me telefonar mais vezes, sempre preocupada com o estado emocional do esposo. Disse, em diferentes ocasiões:

— *Marisa, eu acho que ele está muito mal emocionalmente, não sei o que fazer. Ele está deprimido demais, acho que vai precisar da sua ajuda para aliviar um pouco a depressão.*

Coloquei-me sempre a sua disposição, para ajudar no que fosse possível. A cada telefonema dela, eu procurava saber se ele aceitaria uma visita minha. No entanto, Roberto não queria falar com ninguém. Quando ela perguntava especificamente, se não gostaria de conversar comigo, ele respondia que não, e reclamava:

— *Eu não quero mais falar da morte.*

No final do mês de agosto, Roberto melhorou um pouco e pediu à esposa para me telefonar, dizendo que ele estava "pedindo

ECOLOGIA MENTAL DA MORTE

acompanhamento psicológico". Queria saber quando poderia ir até minha casa. Agendamos um horário, desmarcado várias vezes, ainda havia sessões de químio e começaram as consultas de urgência, devido à piora crescente do quadro clínico. Nessa fase, cada crise era seguida de rápidas internações hospitalares.

Roberto evitava a maioria da visitas. A esposa começou a desencorajar todo tipo de visita, inclusive dos colegas monitores do Centro de Apoio. Eles telefonavam diariamente, para obter notícias. Ela reforça a mensagem:

— *O paciente precisa descansar.*

Algumas pessoas do CORA telefonam para minha casa, preocupadas. Estão estranhando a posição do casal, por que desestimular quem deseja vê-los? Esse isolamento faz bem? — questionam. Eu também não sei como agir; com receio de impor uma presença indesejada, espaço um pouco meus telefonemas.

Mais esporadicamente, encontro com Berta na saída da missa dominical. Ela informa que não é a químio o motivo das freqüentes hospitalizações; surgiu uma nova metástase, na membrana do peritônio. O caso está gravíssimo, mas o esposo não sabe. Ele continua a acreditar na infecção intestinal, causa de tantas hospitalizações e de passar tão mal. Berta julga melhor não falar sobre a nova metástase; ele ficaria muito pior se soubesse, ela imagina.

A cada encontro, ela deixa claro que gostaria muito se eu fosse visitar Roberto — *poderia fazer-lhe bem.* — Berta assegura o vínculo estabelecido comigo:

— *Ele continua gostando muito de você, Marisa, mas não quer ver ninguém, está muito revoltado com tudo. Reclama demais dos médicos, xingando: "Esses medalhões! Não conseguem curar nem uma diarréia de merda!"*

Fazemos um trato, eu irei vê-lo assim que ela notar alguma disponibilidade para receber alguém. No final de setembro, toda família já sabe; Roberto tem pouco tempo de vida. Em casa, passa a maior parte do tempo deitado. Não come quase nada e pede constantemente

O PROBLEMA NA CARNE

medicação para dormir. Berta me telefona freqüentemente, a fim de trocar idéias sobre o estado emocional do esposo.

Em diversas ocasiões, falamos da possibilidade de visitá-lo. Ela gostaria que eu fosse conversar com ele, porém, está em dúvida, não consegue saber como o marido reagiria. Ponderamos, seria melhor visitá-lo quando ele também desejasse falar comigo.

A instabilidade emocional de Roberto se agrava, desgastando mais ainda um organismo tremendamente debilitado. Berta e eu combinamos apressar minha visita, seria no sábado seguinte. Ela somente avisaria o marido, quando eu lá chegasse; se ele rejeitasse minha presença, poderia permanecer no quarto, como vinha fazendo com a maioria das pessoas. Ela e eu tomaríamos um cafezinho e conversaríamos um pouco. Estava muito constrangida ao fazer a proposta, desculpando-se pela possível rejeição do esposo. Aceitei seu plano e, no sábado, no final de setembro, fui até a casa deles.

Quando cheguei, Berta avisou o marido. Ele levantou da cama imediatamente, foi até me encontrar na entrada da casa. O impacto diante do estado dele é indescritível! Fiquei chocada com a aparência de Roberto, a despeito das várias experiências vividas com familiares falecidos devido ao câncer. Estava pele e ossos, alquebrado e envelhecido, aparentando uns trinta anos a mais dos seus cinqüenta e poucos, completados poucos meses antes. Um contraste dolorosamente impressionante, diante da lembrança do belo homem da primeira entrevista, cinco meses atrás!

Quando me viu, Roberto me abraçou bem forte e chorou, chorou e chorou muito, durante um bom tempo. Ficamos abraçados até o choro convulsivo se acalmar. Ele estava revoltado, indignado com seu estado, mas garantia, chorando:

— *Olha, eu sinto esperança de cura, tenho certeza de que ainda posso sair dessa.* — Depois, soluçando, dizia: — *Eu não me conformo, não me conformo! Sou muito moço ainda, não mereço isso!*

253

ECOLOGIA MENTAL DA MORTE

Quando se acalmou, começamos a conversar, nós três, ele, a esposa e eu. Logo nos acomodamos. Roberto começou a falar, estava muito mais confuso e perturbado com seus questionamentos religiosos do que na nossa última conversa. O casal tentava explicar a seqüência da piora; um amigo fora visitá-lo, levando um livro de presente. O texto apresentava uma doutrina evangélica, professada pelo amigo.

Roberto contou a história, lamentando: — *Esse livro me fez muito mal, me fez muito mal.* — Berta tentava me explicar melhor a história, pois a narrativa dele estava confusa. Ela também estava muito ansiosa, sofria com o desespero do marido enfermo, esclareceu:

— *Eu não queria que ele se metesse nisso, eu o preveni, ia fazer mal a ele; porque ele já estava com a cabeça muito confusa. Eu lhe disse que seria melhor não misturar as coisas e ficar na religião da infância.*

O amigo — *só estava querendo ajudar* — eles entendiam isso. Apenas insistiu em compartilhar a própria crença religiosa. Berta ilustra a questão despertada pelo livro:

— *Na religião dele, toda doença é uma ação do diabo e a cura depende de não ter, por um segundo sequer, qualquer dúvida de que será curado por Deus.*

Conforme a doutrina exposta no livro, toda dúvida seria uma ação das forças do mal, enquanto a confiança total na cura significaria fé inabalável no poder e no amor de Deus. A família inteira acabou se envolvendo com o livro e com alguns rituais, realizados pelo amigo, — *para expulsar o diabo da casa.*

Berta esclarece: — *Roberto ficou muito mais atormentado do que já estava.* — Ele, que estava duvidando de tudo — *tentou aplicar tudo o que o livro ensinava e, é claro, como continua muito fraco, não conseguia eliminar suas dúvidas.* Roberto acrescenta:

Meu amigo não fez por mal, foi para me ajudar que ele me deu esse livro, mas isso me fez muito mal; me deixou muito mais confuso do que eu já estava! A única coisa que eu quero, hoje, é ficar bom,

O PROBLEMA NA CARNE

Marisa. Eu quero recuperar peso, quero voltar a fazer as coisas que eu fazia na casa; cuidar das minhas plantas, parar de pensar na doença e na morte o tempo todo, mas não consigo!

Eu me vi numa situação delicada, difícil, era a pessoa com quem ele havia feito uma espécie de "contrato" para falar da morte! Além disso, naquele exato momento, Roberto me olhava com certa desconfiança. Cada vez que falava na esperança de cura, ele me olhava com expressão de desafio, como se precisasse me convencer da verdade de suas afirmações. Depois, não conseguindo sustentar meu olhar, lamentava-se repetidamente, com uma espécie de ladainha:

Mas até parece que mereço isso, eu só pioro! Por que eu não mereço ser curado? Por que não mereço ser curado? Eu sei que eu fiz muita coisa errada, na minha vida.

O que eu fiz de errado você sabe, também te contei que eu já pedi perdão das coisas erradas, que eu fiz na vida! Eu não quero morrer, eu não quero morrer! Não é justo, não é justo! Eu sou muito moço ainda! Eu sou muito moço ainda, meu Deus!

A esposa procurava acalmá-lo, explicando:

— *Ele ficou desse jeito, desesperado e chorando muito, depois de ter lido o tal livro. Estava muito sugestionável e a história do diabo só havia complicado mais a situação.* — Tentando acalmar o marido, dizia: — *Você sabe que a doença é parte da natureza e não tem nada de sobrenatural nela.*

Roberto concordava, acrescentando:

— *É verdade, eu penso nisso, a doença é um aspecto da natureza. Mas a idéia da doença como ação do diabo, entrou muito forte em mim!* — Repetia a "ladainha": — *Eu não quero morrer, eu não quero morrer! Não é justo, não é justo! Eu sou muito moço ainda! Eu sou muito moço ainda, meu Deus!*

255

Num dado momento, após ouvir Roberto reclamar muito que não merecia morrer tão moço, comentei:

— *Você não diz que ainda tem esperança de cura? Então, por que fala como quem não acredita nisso?*

Ele me olhou com muita raiva, parou de reclamar e confirmou:

— *É verdade, eu não acredito que vou me curar.*

Continuei:

— *Se você se sente morrendo, que tal tratar dessa morte, para que ela seja a mais suave e mansa possível?*

Ele ficou mudo, olhando com muita raiva para mim. O clima estava pesado. Berta me lançava olhares de apoio. Sustentei o olhar raivoso de Roberto e, com muita delicadeza na voz, comentei quanto minha observação o havia enfurecido. Ele concordou, estava mesmo sentindo muita raiva; não de mim, mas do que eu lhe dissera.

Expliquei minha atitude:

— *Eu vejo você balançando demais entre a vida e a morte; não pode acreditar que vai viver, também não pode aceitar que vai morrer. Esse vaivém, entre a vida e a morte, gera muito desequilíbrio. Um vaivém desses só produz desespero e uma agonia insuportável.*

Valorizei também sua raiva. Afinal, ele estava bem vivo, reagindo fortemente ao ser empurrado contra a parede. Brincando, perguntei se ele estava querendo me bater. Sua postura me fazia temer essa reação.

Roberto sorriu, apesar da raiva nos olhos, respondendo negativamente. Justifiquei-me, falava dessa maneira direta porque éramos colegas de monitoria, tínhamos muita coisa em comum. Além disso, a raiva parecia ter feito muito bem a ele. Observei que havia mais cor em sua face e os ombros estavam em posição de confronto; a postura dele mudara, de derrotado, para quem está prestes a brigar.

Ele acompanhou minha descrição, atentamente. Quando terminei, acrescentou uma observação sobre si mesmo. Havia reparado na

O PROBLEMA NA CARNE

própria respiração, estava mais solta. A fúria não estava mais no olhar dele. Perguntei se ele continuava meu amigo, apesar da minha indiscrição. Roberto garantiu que sim, a postura de ataque desmontou. Nós três começamos a conversar banalidades.

Falamos sobre programas da televisão; comentamos uma reportagem polêmica, publicada recentemente; perguntaram sobre meu trabalho, como professora universitária; contaram fatos pitorescos da vida deles etc. O bate-papo nos distraiu da doença e do peso da morte. Depois foi servido um lanche e Roberto até provou alguns biscoitinhos. Pudemos rir e até piadas contamos, Roberto inclusive. Meia hora depois, ele disse:

Sabe o que eu estou reparando? Que faz um bom tempo que não passo uma meia hora assim, relaxado, sem pensar na morte. E isso foi porque você me deu aquele tranco, agora há pouco. É...

Sabe o que eu pensei quando você falou aquilo? Passou pela minha cabeça isto: **quem essa mulher pensa que é, vindo aqui em casa me dizer para tratar da minha morte!**

Mas acho que você tem razão, não tem sentido falar da esperança de cura e depois ficar chorando minha morte. Eu estou surpreso é com o resultado disso, do tranco.

Fiquei contente em vê-lo mais tranqüilo. A partir daí, terminamos o lanche e comecei a me despedir. Roberto me abraçou com muito carinho, enquanto dizia que eu havia me tornado uma pessoa especial para ele. Retomou as preocupações com a história do livro, do diabo e das culpas.

Perguntei se gostaria de falar com padre José. Com o olhar brilhando, respondeu afirmativamente. Não acreditava que o sacerdote tivesse tempo para ir até sua casa, estava disposto a ver padre José onde fosse possível, em qualquer dia e hora. Naquela época eu tinha muita convivência com o sacerdote, garanti a possibilidade de combinar alguma coisa. Telefonaria depois, mas podia adiantar, na próxima sexta-feira padre José estaria em São Paulo, (eu o levaria a uma consulta médica); talvez, nesse dia, pudesse ver Roberto, eu mesma poderia levá-lo até sua casa.

O casal me acompanhou até a porta. Roberto caminhou abraçado comigo, o tempo todo. Perto da porta, parou, sorrindo, queria agradecer "o chute no testículo esquerdo". Comentou, estava mesmo precisando do "chacoalhão". No jardim, se interessou por uma trepadeira. Retirou algumas folhas mortas e, junto com a esposa, acompanhou-me até a calçada. Abraçados, sorrindo, permaneceram acenando adeus.

Na semana seguinte, levei padre José até a casa deles. No caminho, o religioso perguntou sobre a situação física e emocional da pessoa com quem falaria, quis saber o prognóstico da doença e quais eram as aflições mais intensas do enfermo. Quando chegamos, imediatamente foi conduzido a uma sala, na qual ele e Roberto conversaram a sós. Berta e eu aguardamos cerca de uma hora e pouco. Na saída, padre José informou sobre o combinado com Roberto. A equipe de eucaristia da paróquia passaria a visitá-lo, alguém levaria comunhão diariamente para ele.

Depois desta segunda visita, meu contato com Berta tornou-se mais constante. Trocávamos telefonemas durante toda semana e, na missa, ela passou a sentar-se a meu lado. O esposo estava "muito, muito melhor". Comentou:

— *Você acertou em cheio quando teve a idéia de levar padre José para conversar com ele. É incrível como ele se acalmou.*

O desespero havia desaparecido. Roberto dormia bastante e, quando estava acordado, permanecia tranqüilo e menos confuso que antes. O marido ficava contente quando a equipe da eucaristia chegava, gostava de conversar antes de receber a comunhão. É claro, algumas pessoas eram mais comunicativas e sua presença agradável, outras, não. Roberto sentia-se à vontade para rejeitar a conversa

O PROBLEMA NA CARNE

com quem não simpatizava. Todavia, o mais importante era a paz manifestada por ele. Não se isolava mais.

Na última semana de outubro, Berta pediu-me para ir até sua casa. Dessa vez, era ela mesma quem estava precisando de apoio. Seus sogros tinham resolvido ficar perto do filho, sua presença estava perturbando demais o ambiente familiar. Era mais complicado conviver com a sogra. Ela adotara uma atitude de "ficar velando o filho enquanto ele ainda está vivo". Berta queria minha ajuda para "dar um jeito nisso".

Combinamos um horário e fui visitá-los. Conheci os pais de Roberto, nessas circunstâncias. O pai parecia alheio à situação, há alguns anos apresentava um tipo de problema cerebral, mas ainda não sabiam o que era. Alienado do ambiente, e inconsciente do que estava acontecendo, não dava muito trabalho. A atitude da mãe correspondia à descrição feita. Muito calada, o semblante mostrava amargura e tristeza, não recebi nenhum sorriso, na apresentação. O clima estava pesado, quando cheguei.

Berta convidou-me para conhecer seu escritório e o salão da casa. Ficamos um bom tempo a sós e ela pôde desabafar. Contou como a sogra discutia com as netas, reclamando, quando elas brincavam ou riam. "Cobrava" delas ficar mais tempo no quarto com o pai, precisavam se conduzir com mais seriedade, "porque a situação era grave". O marido não precisava disso, disse Berta:

Tenho certeza de que faz bem a ele ouvir o riso das filhas, ele precisa sentir a vida da casa. Além do mais, ele também fica incomodado com a atitude da mãe, anda irritado com a presença dela.

Um dia, até pediu para ela sair de perto, dizendo: — Mãe, eu estou vivo, ainda não chegou a hora do velório!

Depois se sentiu culpado por ter sido grosseiro com a mãe. Naquela noite, não dormiu bem. Vive me perguntando: — Eles ainda não foram embora?

ECOLOGIA MENTAL DA MORTE

A situação me parecia muito complicada e delicada, eu também não saberia o que fazer no lugar dela. Simplesmente ouvi o relato de Berta. Ela compreendia como a sogra estava sofrendo, podia imaginar a dor de perder o único filho. Aparentemente, apenas precisava desabafar com alguém. Nessa etapa, Roberto dormia a maior parte do tempo, só levantava da cama, com a ajuda da esposa, para ir ao banheiro.

Quando eu me preparava para ir embora, Berta foi até o quarto, a fim de perguntar se o marido gostaria de me ver. Pude ouvi-lo dizer que não agüentava levantar, estava muito doente. Ela explicou que eu poderia ir até lá, se ele quisesse. Fiquei emocionada quando o ouvi dizer sim.

Muito fraco, Roberto não conseguia se levantar para me abraçar. Perguntei se ele queria um beijo, respondeu sim. Abracei-o e beijei-o; era a última vez que o veria vivo. Quando Berta me acompanhou até o portão, falou da própria angústia. Não sabia quando deveria levar Roberto para o hospital. Está preocupada, precisava se preparar para atender ao último desejo do marido: ele queria morrer sedado. Era um sábado.

Na terça-feira, 1° de novembro, Berta telefonou. Roberto fora hospitalizado no domingo. Estava cumprindo a promessa: logo ele seria sedado. Parecia mais calma, poderia descansar um pouco. Combinei ir até o hospital, mas só teria hora livre na quinta-feira seguinte, no final da tarde. Ela garante que seria bobagem eu fazer o sacrifício de ir até lá; Roberto estaria dormindo. Confirmo a intenção, iria para dar um abraço nela.

Quinta-feira, 3 de novembro, aproximadamente às 14h30. Berta telefona, está muito aflita, mas não sabe o porquê. Não houve nenhuma alteração no quadro de Roberto, mas ela estava pensando em pedir a unção dos enfermos. Precisava do número da secretária do nosso pároco. Dou-lhe o telefone da paróquia, ela própria prefere telefonar. Fico sabendo que padre Bento seguiu para o hospital às pressas, logo após receber seu recado. Final da tarde, 18h00 mais ou menos, um dos monitores do Centro me liga, está chorando. Roberto falecerá por volta das 16h30.

À noite, na casa dele, Berta relata: ela e a filha mais velha estavam com ele no momento do óbito, poucos minutos antes de o amigo padre chegar. A hora da morte foi uma surpresa, os médicos haviam acabado de avaliar os sinais vitais, estavam estáveis. A morte de Roberto foi rápida e indolor, como ele queria.

PARTE IV

ANÁLISE E COMPREENSÃO

CARTOGRAFIAS DE UMA PSIQUE COM SENTIDO DE ALMA

CAPÍTULO 1

REFERENCIAL DE ANÁLISE

DA NECESSIDADE DE FALAR DA MORTE AOS TEMAS QUE FALAM DA MORTE

Roberto participa de um estudo sobre a morte expressando o desejo de ajudar outras pessoas nas mesmas condições que ele, com uma doença grave e potencialmente fatal. Seu compromisso foi mantido até o fim, até o limite no qual a pessoa demonstra o que pode e o que não pode suportar. Ele expõe sua alma *"falando da morte";* dessa forma, articula o discurso da sua vida na fase de partida. Diante do fim, sua alma evoca o Eros mais forte que a morte, escondido no coração da narrativa.

Os depoimentos do parceiro deste trabalho transportam a mesma substância das histórias humanas capazes de tocar a alma (pessoal e coletiva) e impulsionar o jogo simbólico com a morte. A psique ama histórias assim, relatos das vicissitudes do dia-a-dia humano, com suas tolices e alegrias, com sua destrutividade e seus sofrimentos, com sua coragem de ser.

A valorização do apoio psicológico rompe o habitual silêncio e isolamento dos doentes na terminalidade da vida, circunscrevendo aspectos psicológicos e dimensões religiosas do confronto com a morte. Roberto compartilha conosco sua história de vida; nela encontraremos sua alma, seus mitos e seu desejo de eternidade.

COMO TRABALHAR DEPOIMENTOS A RESPEITO DA PRÓPRIA MORTE?

Como tratar estes "dados", como avaliar tais "informações"? Como ouvir depoimentos sobre experiências quase sempre insuportáveis, emocionalmente tão intensas, complexas, caóticas e aparentemente transformadoras? Há vivências indizíveis permeando o discurso de Roberto, e o que não é dito parece engendrar alma e amor nas subjetividades... Afinal, com que atitude acolher o discurso da subjetividade em confronto com a morte?

Thomas Moore, psicoterapeuta e escritor americano interessado no problema da alma e da espiritualidade na vida moderna, afirma (1998, p. 314):

> Uma história não é um relato *sobre* algum fato; ela é um mundo em si mesma. Precisamos nos distanciar dos acontecimentos reais a fim de perceber a história que se encontra no interior deles, e nesse sentido uma história é sempre falsa, permitindo-nos sair da realidade e entrar no reino da imaginação que forma a interioridade de todos os fatos e eventos. [Grifo do autor].

A citação descreve a atitude adequada para ouvir depoimentos portadores da honestidade de uma vida real, e de ampla variedade de "verdades" pertinentes ao universo ficcional da psique *com sentido de alma*. Como toda boa história acerca de seres humanos, narrativas sobre experiências pessoais também descrevem acontecimentos cotidianos, girando em torno de temas familiares à alma: amor, morte, família, amizade, perda, comunidade.

REFERENCIAL DE ANÁLISE

Um tema, explica Moore, "é um aspecto do ser que surge de um acontecimento no desenrolar de uma vida, e que não é mera construção literária. Quando o destino ou alguma outra intencionalidade entra numa vida e exerce seu efeito, surge um tema" (1998, p. 307).

Esta concepção de tema orienta a construção do referencial de análise interessado no jogo ecológico da imaginação, considerando questionamentos referidos a ecologia mental da morte. A avaliação dos depoimentos procura apreender e identificar características do processo de subjetivação da morte, desvendando influências da imaginação profunda nas experiências descritas.

A escuta, portanto, não pode ser considerada neutra; porém, deve ser aberta para a alteridade do discurso, e aberta o suficiente para captar fragmentos de experiências, cujo conteúdo possa trair a presença da alma nos temas mais repetidos, expondo o problema da troca simbólica com a morte. A compreensão desse processo subentende o universo de referência mítica, a ser tomado como base de *focos de subjetivação*. Um *foco de subjetivação* corresponde a um processo de produção de subjetividade, relacionado com a criação de sentido.

A CONSTITUIÇÃO DE ALGUNS CRITÉRIOS DE ANÁLISE, CONSIDERAÇÕES PRELIMINARES

Na posição de parceiro do estudo de caso, Roberto pode falar de si, apresentar vivências de dor e de mortes tangentes à sua vida desde a infância. Ele traz um discurso *(logos)* marcado pelo sofrimento *(pathos)* da psique pessoal, da familiar e da profissional.

A psicopatologia irradiada ao longo da narrativa é valiosa, do ponto de vista da psicologia clínica, e provavelmente enriqueceria o pensamento metapsicológico acerca do sofrimento diante da morte. Contudo, esse caminho não é o mais adequado para as metas de ecologia mental do estudo.

ECOLOGIA MENTAL DA MORTE

A linguagem da psicopatologia poderia nos afastar da psique com sentido de alma e silenciar sua fala arquetípica, obstruindo o *olhar* e a *escuta* psicológicos interessados em acolher e suportar a intensidade emocional de cada história de vida, como a busca de uma verdade existencial do ser humano, só manifestada diante da morte.

O trabalho analítico incorpora ensinamentos da Psicologia Arquetípica a respeito do desenvolvimento da alma, acolhendo desespero e morte como momentos do processo de individuação; um processo continuamente referido ao crescimento da alma e à experiência direta, entendida aqui como o agora da consciência, emocionalmente intensa.

A análise é construída circunscrevendo a parceria da vida com a imaginação, ou seja, investigando metáforas indicativas do jogo ecológico da imaginação, agenciando a troca simbólica com a morte. Este movimento analítico fundamenta-se na noção de crescimento psíquico inter-relacionado com a função simbólica da morte, conforme Hillman esclarece (1993, p. 189):

> A ontogenia da alma dificilmente recapitula a filogenia biológica, mesmo que nossos intelectos precisem de metáforas biológicas para suas descrições. Por isso, o crescimento psíquico é paradoxalmente um crescimento contra a vida natural, quando se concebe a vida natural de maneira demasiadamente ingênua. O crescimento da alma dar-se-ia através da morte, o principal *opus contra naturam*.

Desse ângulo, a individuação das subjetividades depende de ultrapassar a negação e o terror coletivo diante da morte, estendendo a reflexão psicológica para além do horizonte delimitado pela racionalidade, inclinada a definir a vida de uma perspectiva organicista, fisiologista e biológica. Nessa abordagem, a idéia de processo precisa ser diferenciada da idéia de progresso, pois, nas dinâmicas da individuação, o processo corresponde à experiência direta de um momento individual, único alimento da alma, cerne da análise geradora de consciência (*ibdem,* p. 188-190).

268

REFERENCIAL DE ANÁLISE

No confronto da subjetividade com a morte, a existência é condensada no presente e a psique está engajada na busca do sentido; vida e imaginação estão juntas, num momento de sicronicidade, criatividade subjetiva totalmente ocupada com a criação de si mesmo, construindo o ser-para-a-morte.

Roberto e sua esposa retiraram a máscara da negação coletiva da morte, vivenciaram o presente mortalmente ferido, assumindo o confronto com a finitude de maneira aberta, direta, na honestidade de cada momento intersubjetivo disponível para o jogo simbólico. A compreensão desta experiência impõe reavaliar a lógica dos afetos, investigando a participação da imaginação mítica na realidade vivida por Roberto. Assim, a análise deve, além de circunscrever o valor metafórico da narrativa, buscar os padrões míticos e arquetípicos da *fala da alma.*

VALOR METAFÓRICO DO DISCURSO, CONCEPÇÃO DE METÁFORA ADOTADA

O valor metafórico da fala configura o potencial imaginativo da subjetividade; confere ao discurso perspectiva de profundidade, levando a especulação psicológica na direção do fundamento arquetípico da experiência. Neste texto, a fala guarda a presença da alma, que se trai ao resguardar sentidos metafóricos, refletindo o trabalho subjetivo de criação de sentidos. Dessa perspectiva, a linguagem metafórica é portadora dos valores da imaginação poética; ela expressa algo, não explica nem organiza nada (VERDADE, 1998).

O metaforismo[1] jamais tem propósitos utilitaristas e sempre abre espaço para uma reflexão essencialmente ética e estética. Quer dizer, pela linguagem metafórica é possível reconhecer a atividade da mente

---

[1] "Metaforismo. S. m. Emprego de metáforas". Ferreira, Aurélio Buarque de Holanda. In: *Novo Dicionário Aurélio da Língua Portuguesa.* (2ª edição revisada e ampliada). Rio de Janeiro: Nova Fronteira, 1996, p. 1126.

ECOLOGIA MENTAL DA MORTE

criadora de imagens e analogias, tornando possível expressar o que ainda não tem nome. A mente elabora metáforas para favorecer a apreensão estética da inconsciência, oferecendo sentido e orientação para a imaginação. Desse ângulo, é possível considerar que a linguagem metafórica tem uma função transgressora (*ibid.*, p. 69):

> Pela metáfora o pensamento 'transgride' a ordem estabelecida na esfera da sensorialidade e amplia o espaço mental para a função transcendente da imaginação. O discurso metafórico expressa algo, não explica nem organiza nada. É recurso de linguagem que estimula a imaginação e dirige a criatividade da vida psicológica para a apreensão intuitiva de seres e coisa. [Grifo no original].

METODOLOGIA DA ANÁLISE

A fala é sempre portadora de múltiplos significados, apresentando dimensões conscientes e inconscientes, coerentes e contraditórias. Entende-se que no reino da imaginação profunda toda narrativa revela e oculta o tema da vida e da morte, havendo sempre sobredeterminação entre os dois tópicos e agregação dos termos nos processos de troca simbólica.

Também se considera a existência de maneiras muito particulares de lidar com o imaginário, sempre entrelaçadas na definição de nossas vidas e mortes; predomina, contudo, hoje em dia, o fato de todas elas se desenvolverem sob a influência de um denominador comum: o da cultura de negação da morte. Assim, o que há de singular na fala desse depoente, expondo angústias diante da vida e da morte? O que ele nos diz em particular nessa entrevista? E o que há de coletivo na subjetividade desse homem, especificamente ao vivenciar o luto por si mesmo? Quais são as áreas de conflito e os focos de tensão associados à experiência psíquica insuportável, levando a um pedido de apoio psicológico?

REFERENCIAL DE ANÁLISE

COMPOSIÇÃO DE TEMAS

O método de análise implica identificar um substrato *além da fala*, considerado de acordo com a concepção de tema apresentada — um aspecto do ser que habita experiências, tornando-as significativas. Recordamos, nas palavras de Moore, tema é "um aspecto do ser que surge de um acontecimento no desenrolar de uma vida, e que não é uma mera construção literária" (1998, p. 307).

Adotada esta perspectiva, a organização da análise constitui um processo de reflexão psicológica destinado a: a) circunscrever pontos de tensão e focos de angústia, sinalizando zonas de experiência subjetiva obscuras, habitadas por intensidades afetivas desconhecidas e estranhas. Esses pontos dizem respeito ao processo de subjetivação da morte e do morrer, uma vez que tudo o que é dito (e o não dito) pode ser visto como desdobramento da preocupação original de Roberto, sua *"necessidade de falar claramente da morte";*

b) aprofundar a compreensão de cada tema, desenvolvendo movimentos de análise cujo objetivo é circunscrever a angústia agenciada por cada experiência, evocando percepções e perspectivas, avaliando repetições e seu potencial metafórico;

c) encontrar aberturas do discurso por onde vaza a atividade imaginativa; isto significa demarcar focos de criação de metáforas, multiplicadores dos sentidos da experiência. A análise circula pela narrativa buscando imagens para espelhar a mobilização da afetividade mais profunda, construindo pontes para o pensamento psicológico atingir o fundo arquetípico da experiência psíquica ligada à vida e à morte.

CAPÍTULO 2

RESGATAR A FALA DA ALMA

REFERENCIAIS DE LEITURA

Na perspectiva deste estudo, quando um paciente de câncer assume pensar e falar da morte, demonstra coragem e disposição para sustentar um processo de conscientização da própria finitude, no plano concreto e imaginário. Inicialmente, porque é preciso coragem para romper com o pacto de silêncio, responsável pela mitificação da negação da morte, subjacente ao valor supremo e exclusivo atribuído à vida física; a seguir, porque essa ruptura inaugura um tipo de reflexão envolvida na troca simbólica com a morte, recuperando o direito de tocar o luto por si mesmo de diferentes maneiras, tantas quantas forem necessárias para domesticar diversas imagens da morte.

Coragem é uma virtude com muito prestígio nas mais diferentes sociedades e em todas as épocas da história da humanidade. Suas formas podem variar, também seus conteúdos, uma vez que *"cada civilização tem seus medos, cada civilização suas coragens"* (sic) (COMTE-SPONVILLE, 1995, p. 51).

Essa virtude não implica ausência de medo, ela é *"a capacidade de superá-lo, quando ele existe, por uma vontade mais forte e mais generosa"* (*ibid.*, p. 57). É a energia mais necessária diante do sofrimento duradouro, força imprescindível para suportar a angústia, sempre atual e inerente à experiência direta do aqui e agora. Coragem envolve atitudes de auto-sustentação, garantindo a integridade do eu em confronto com a morte e em luto por si mesmo. Nesse sentido, o compromisso de Roberto com sua necessidade de falar da morte é um ato de coragem, inseparável do processo de conscientização da vida, em fase de partida.

DIMENSÕES METAFÓRICAS DA SUBJETIVAÇÃO DA MORTE E DO MORRER

O estudo da dimensão metafórica da narrativa deve iluminar a experiência imaginal ligada ao processo de subjetivação da morte e do morrer. Primeiramente, a análise localiza expressões mais repetidas no discurso, identificando temas relevantes na narrativa. As repetições podem referir-se a sensações, sentimentos, idéias, percepções, julgamentos, impressões ou fantasias, constituindo recortes de uma experiência subjetiva relacionada à conscientização da morte.

A organização de cada recorte considera, com Guattari, que um processo de ecologia mental em andamento, muitas vezes se manifesta pela repetição, avaliada como tentativa auto-referente de criação de sentido e de expressão para experiências íntimas estranhas, perturbadoras e sem nome. Esses dinamismos comportam a linguagem metafórica transversal ao discurso.

No paradigma da ecologia mental, a produção singular de subjetividade depende do jogo ecológico da imaginação. Tal jogo supõe a introdução de *"desvios pseudonarrativos"*, configurando uma repetição cuja função é dar suporte e existência ao vir-a-ser da subjetividade, processo semelhante ao de composição de ritmos e *"ritornelos"* (termo com sentido equivalente ao refrão musical), de uma infinita variedade (GUATTARI, 1990, p. 19).

RESGATAR A FALA DA ALMA

Nesse prisma de análise, a fala que se repete, qualificando ou descrevendo uma experiência subjetiva, adquire a força de um *refrão* (repetição contínua de uma fórmula vocal, especificamente no contexto de uma composição musical), demarcando a narração com a absorção do imaginário. As repetições insinuam diversos sentidos e, ultrapassando a significação mais comum dos termos utilizados, podem agenciar imagens diferenciadas, refletindo a pluralidade de tonalidades da natureza arquetípica de cada temática.

Esse movimento da reflexão psicológica constrói uma perspectiva de profundidade, favorecendo o retorno do imaginário à fala do paciente em confronto com a morte, delineando um território existencial habitado por intensidades afetivas ligadas a figuras míticas. Essas figuras governam padrões arquetípicos de modos de ser e estar na vida e na morte, refletindo uma atividade imaginativa com rico potencial ético-estético, de grande valor na avaliação do problema da troca simbólica.

Esse movimento da reflexão psicológica constrói uma perspectiva de profundidade, favorecendo o retorno do imaginário à fala do paciente em confronto com a morte, delineando um território existencial habitado por intensidades afetivas ligadas a figuras míticas. Estas figuras governam padrões arquetípicos de modos de ser e estar na vida e na morte, refletindo uma atividade imaginativa com rico potencial ético-estético, de grande valor na avaliação do problema da troca simbólica.

ANÁLISE DE PROCESSOS DE ECOLOGIA MENTAL: DIFICULDADES, PONTO DE PARTIDA

Ainda é difícil saber claramente como e o quê examinar numa história de vida nos termos da ecologia mental. O embaraço diz respeito a dificuldades decorrentes da necessidade de criar uma *nova escuta* e um *novo olhar* compatíveis com a meta da ecologia mental, obviamente imbricada na leitura de uma produção subjetiva (o discurso do depoente) e na criação de um referencial de análise.

ECOLOGIA MENTAL DA MORTE

Apesar dessas dificuldades, é preciso ter algum ponto de partida para a especulação psicológica. Sendo assim, atuais movimentos de conscientização e aceitação da morte são adotados como alicerce de processos de ecologia mental da morte. Reflexões sobre este problema definem um rumo para a análise: localizar, no discurso de Roberto, pontos de tensão entre sua *"necessidade de falar claramente da morte"* e referenciais da mencionada cultura de negação, buscando inter-relações da experiência subjetiva com imagens e metáforas atinentes à *"morte selvagem"*.

Conscientização e aceitação da morte são processos referidos ao próprio processo da ecologia mental, caracterizados por imagens de *domesticação, habitação* e *territorialização*. Essas imagens são compatíveis com o jogo ecológico da imaginação, destinado a dar abrigo e condições para fazer evoluir processos subjetivos de valorização, re-significação e criação de sentidos para dinâmicas de subjetivação autoposicionadas, no caso de Roberto, concernentes à morte e ao morrer.

Numa cultura de negação da morte, o grande foco de ausência de sentido é a morte em si, concreta e literalmente compreendida; como essa ausência de sentido tende a abarcar toda fantasmática tanatológica, seus mitos e padrões arquetípicos, corremos o risco de estranhar e rejeitar um universo de referenciais e valores compreendidos na troca simbólica. Ou seja, ambas, a morte concreta e sua fantasmática tanatológica, podem causar impacto nas subjetividades considerando o problema da falta de sentido em si, independentemente da experiência empírica da morte e do morrer. Desse ponto de vista, a tensão derivada da ausência do sentido propicia estranhamentos e perplexidades diante de tudo capaz de ameaçar, ferir, romper ou contrariar a polarização *vida, como positividade absoluta* e *morte, como total negatividade*.

276

RESGATAR A FALA DA ALMA

O JOGO ECOLÓGICO DA IMAGINAÇÃO

O estudo da experiência de Roberto supõe a possibilidade de esclarecer aspectos do jogo ecológico da imaginação, implícito na subjetivação da morte e do morrer. A investigação comporta imagens subjacentes ao medo da morte, um esclarecimento importante sobre a metáfora da *morte selvagem*, atinente a atividades imaginativas da psique *com sentido de alma*, significativas da função simbólica da morte.

As experiências narradas apontam vivências sugestivas de mecanismos de negação da morte. Elas aparecem especialmente relacionadas ao sentimento de desespero, indicativo do grande valor da experiência religiosa na organização da subjetividade do depoente. Em relação a esse recorte, a reflexão psicológica limita-se a pontuar necessidades subjetivas mais adequadamente atendidas pela orientação espiritual, sinalizando a fronteira entre apoio psicológico e orientação espiritual-pastoral, considerando a importância de avaliar limites e alcance de cada área. A preocupação com essa fronteira sinaliza zonas indiferenciadas entre Psicologia e Teologia, envolvendo a troca simbólica com processos de aceitação da morte, segundo ensinamentos da Psicologia Arquetípica acerca da alma.

TEMAS: CATEGORIAS DA ANÁLISE

Na leitura proposta, cada tema reflete aspectos do ser, transformando episódios da vida cotidiana em acontecimentos significativos. Em outras palavras, quando o ser habita uma experiência, ela se transforma em acontecimento, deixando marcas na história de vida. Todo tema é alimentado por um fluxo de desejos pessoais e coletivos, transportando sentidos ocultos, não reconhecidos na experiência imediata. O valor metafórico do discurso ajuda a apreender dimensões mais profundas da experiência; faz emergir conteúdos desconhecidos, situados *além da fala*; abre caminho na direção da imaginação individual, construindo pontes para acessar a esfera arquetípica do *mundo imaginal*.

ECOLOGIA MENTAL DA MORTE

Na atividade imaginativa é refletido o trânsito entre padrões arquetípicos significativos na individuação das subjetividades, constelados na história de vida segundo demandas de crescimento da alma, e a constelação dominante na mentalidade coletiva, com mitos e símbolos integrados à simbólica coatora do momento histórico. A linguagem metafórica evoca padrões arquetípicos constelados por figuras míticas.

Dessa maneira, funciona como caminho para *entidades psíquicas* do reino da imaginação profunda, (os mitos, seus deuses e heróis, seus padrões de relacionamento com situações existenciais da humanidade). O acesso a essas *entidades psíquicas* permite apreender universos ético-estéticos significativos para a individuação, considerando seus entrelaçamentos com padrões dominantes na mentalidade coletiva.

Cada tema trai a atividade criativa da imaginação na subjetividade de Roberto. Na leitura proposta, o ser e a alma identificam-se, como referenciais de experiências subjetivas, abarcando o âmago mais profundo da pessoa. Em cada aspecto das experiências associadas configuradas como temas, ocorrem dinâmicas de modos de ser e estar em relação à perspectiva de profundidade da alma; ambos, o Ser e a psique *com sentido de alma*, emergem no discurso entrelaçadas com a concepção de *alteridade ela mesma subjetiva*. Ser e alma são articulados com o potencial mito-poético da imaginação, apreendidos como a *Outra Voz* (a dos poetas), responsável pela construção dos *refrões,* manifestados na própria repetição apreendida como categoria de análise, por anunciar a existência de um processo subjetivo em curso.

Cada tema reflete o vir-a-ser da subjetividade em estado nascente; configura intensidades psíquicas em busca de territórios existenciais, na dependência da reflexão ético-estética criadora de sentidos. Para essa dinâmica são necessários paradigmas ético-estéticos, universos de referências e valores para sustentar o jogo ecológico da imaginação.

RESGATAR A FALA DA ALMA

Na leitura apresentada, ser e alma articulam a ecologia do mundo imaginal, praticando a *arte de habitar* (as subjetividades, as relações sociais, o tempo e o espaço no agora da vida). Por isso, na análise, o tema sinaliza um foco de subjetivação auto-estimulado, auto-referente e *autoposicionado*; diz respeito a atividades criativas da psique, produção de si-mesmo arquitetada na camada mais profunda da subjetividade individual, enraizada no inconsciente coletivo.

Desse ângulo, a individuação supõe múltiplas possibilidades de imaginar e criar subjetividade singularizada; depende da reflexão ético-estética, capacidade subjetiva para avaliar e sustentar um relacionamento particular (singular) com a pluralidade de universos de referências e valores da civilização humana, construindo formas alternativas e inovadoras de convivência com ideologias homogeneizadoras, sobrepostas aos dominantes arquetípicos da época.

IDENTIFICAÇÃO DOS TEMAS

O primeiro passo na identificação dos temas foi circunscrever expressões repetidas ao longo do relato de Roberto. Na repetição encontramos vivências de angústia, sinalizando zonas obscuras da subjetividade, pois a angústia subentende dificuldades de entendimento e de expressão, vivências do indizível; deste ângulo, estamos também circunscrevendo focos de ausência de sentido, potencialmente pontos de criação de sentidos. As expressões selecionadas foram: a) *Tudo é perda*; b) *Coisas de adolescente*; c) *Só sinto solidão, tristeza e vazio*; d) *Deus: barganha ou fé ?*

Cada expressão é composta por palavras empregadas pelo narrador, descrevendo experiências emocionais de maior intensidade. Todas sustentam, por assim dizer, queixas e lamentos, sinalizando aspectos inter-relacionados da tensão existencial enraizada num fundo arquetípico de troca simbólica com a morte. O tópico *barganha com Deus* sintetiza os questionamentos religiosos, vividos desde o momento do diagnóstico. A crise de desespero é pertinente a esse circuito de sofrimento psíquico.

ECOLOGIA MENTAL DA MORTE

A compreensão dos temas põe em relevo a criação de sentidos, imagens e metáforas capazes de ampliar e aprofundar o que foi dito pelo paciente. Cada um é explorado pela especulação, averiguando elementos para diferenciar desdobramentos da *negação coletiva da morte* — na perspectiva ecológica da análise, avaliada como foco de degradação mental, por constituir obstáculos aos processos de troca simbólica. O conjunto da temática organiza categorias de experiências, associadas à conscientização da morte, oferecendo recortes do conteúdo arquetípico da experiência.

Após explorar o conjunto de temas, uma nova discussão retoma a análise de cada um, assumindo, de certa maneira, o trajeto da repetição, a fim de incorporar o refrão ou a ladainha de lamentos da narrativa, como forma de exploração do conteúdo arquetípico. Na repetição, a análise encontra indícios de intensidades do processo de conscientização da morte, intensidades estas de natureza afetiva (aquilo que afeta) e emocional (modo de expressão do ser e da alma no momento presente, transformando fatos em acontecimentos significativos).

A carga afetiva é intuída a partir da pontuação de zonas de tensão e obscuridade e da amplificação das imagens, circunscritas por cada categoria de análise (temas). A especulação aproxima concepções da Psicologia Arquetípica do paradigma da ecologia mental, construindo uma compreensão ético-estética da situação vivida por Roberto.

PRIMEIRO MOVIMENTO: REFLEXÃO EM ESPIRAL, PARA DENTRO E PARA BAIXO

A exploração inicial apreende focos de tensão e ambivalência dos estados de ânimo, pontuando o fluxo de imagens alusivas a desejos, sentimentos, emoções e metáforas de vida e de morte. O movimento

RESGATAR A FALA DA ALMA

da reflexão psicológica acompanha a imagem de uma espiral, gira em torno de um eixo vertical, integrando diversas falas numa perspectiva de profundidade; a especulação se encaminha *para baixo*, na direção do fundo arquetípico da experiência. Os temas são apresentados como capítulos específicos.*

---

* Lembrete: o negrito sempre indicará palavra ou frase dita com ênfase.

CAPÍTULO 3

PERDAS

Tudo é perda

Inicio da entrevista, Roberto diz: — *"Eu estou muito mal... sem esperanças mais"*. A falta de esperança constitui foco de tensão importante, visível no aumento do nódulo do pescoço; sinal de que a quimioterapia não faz mais efeito. A percepção do fracasso do tratamento sinaliza a proximidade da morte, isto é, sua chegada bem antes do que ele havia imaginado.

O crescente mal-estar produz essa sensação de proximidade da morte: — *Eu estou com uma péssima qualidade de vida.* — Sua alimentação e seu sono estão muito prejudicados. A dor e a insônia das últimas semanas transformam o cotidiano em algo extremamente desagradável, levando-o ao desespero. Ele reclama, elevando o tom de voz: — ***Não dormi nada esta noite!*** *Não dá para continuar assim!*

Vida sem qualidade de vida

Vida e morte estão fundidas numa queixa capaz de traduzir condições subjetivas insuportáveis, responsáveis pelo pedido de ajuda psicológica. Afinal, o que significa *não continuar*? Essa fala não indica, simultaneamente, desistência da vida e exigência em termos de melhor qualidade de vida? Aqui está um ponto de ambivalência entre desejos de vida e desejos de morte, sinalizando uma encruzilhada do mundo interior; nela, o trânsito de imagens fundamentais (de vida e de morte) fica embaraçado e caótico.

A vivência da morte abriga-se na expressão sinalizadora de limite, de desistência, espécie de parada obrigatória no tempo da finitude. A catástrofe é antecipada, o terror da morte assombra a imaginação e invalida o tempo da vida. Pela reclamação, Roberto evoca imagens coligadas a um suposto prazer *de não ser*. O ar melancólico denuncia a antecipação da morte, essa experiência é traumática.

O conhecimento da morte é a própria situação de choque e ela predispõe ao desligamento dos desejos, ao amortecimento das reações afetivas e das sensações dolorosas. — *Não dá para continuar assim!* — diz ele. Esta expressão permite supor alguma atração pela ruptura, desejo de pôr um fim no sofrimento, pela interrupção da situação vivida. Na doença fatal, a mediação é feita pela morte.

Apesar disso, a insônia de Roberto transporta imagens de morte que não são bem mortes. A alma perambula nas margens do discurso, inspirando antigas metáforas, incorporadas à afirmação da necessidade de sono e de repouso. "Os mortos dormem, repousam... E, nos dias de hoje, mantemos as orações que pedem o repouso das almas", lembra Kovács (2002, p. 9).

À noite, chega o tormento da solidão, circunstanciando medos e mortes que só apregoam faltas e carências. As noites maldormidas do passado sobrepõem-se à insônia presente; a vida não vivida soma-se à expectativa da morte. A mente em estado de alerta não permite o repouso. O horror da morte emerge, mas está dissimulado na dificuldade de adormecer, freqüente em pacientes no final da vida. Ainda Kovács: "a morte espreita, e o não dormir pode ser uma tentativa de não deixá-la chegar" (2002, p. 81).

PERDAS

Na insônia, Roberto só reconhece *solidão* e um imenso *sentimento de perda*. É compreensível sua angústia, pois, sem dormir, como é possível sonhar o repouso do ser? Para esse movimento de descanso é preciso saber acolher o caminho da meditação ensimesmada, introvertida, voltada para dentro, para as profundezas de si mesmo. E como ele se posiciona diante do jogo ecológico da imaginação?

Logo depois de reclamar da insônia, esclarece que sempre acaba dormindo um pouco ao amanhecer, por *"pura exaustão"*. As madrugadas solitárias e tristes são desgastantes; no dia seguinte, o deixam *"prostrado"* e *"aborrecido"*. Ele conclui: — *"A vida assim não tem nenhuma graça".*

Quando a vida perde a *"graça"* deixa de ser um bem, dádiva apreciada; vida sem graça não é algo para se desejar, dominar e possuir. O termo *"graça"* é muito interessante, tem uma conotação religiosa, a ser explorada posteriormente. Nesse momento da análise, é mais significativo ressaltar que uma vida sem graça pode ser rejeitada, é descartável porque perdeu a *qualidade de vida* ao deixar de produzir prazer.

A expressão *"tudo é perda"* emerge no discurso associada a um nível primitivo da função sentimento, no qual a experiência é valorizada ou desvalorizada tomando por base o binômio prazer-desprazer. Na experiência de Roberto, a percepção das sensações desagradáveis e da dor é integrada a um único sofrimento, conjugando doença e tratamento (efeitos da quimioterapia), depressão antiga e depressão atual, sentimentos de perda e desamparo.

IMPORTÂNCIA DA FUNÇÃO SENTIMENTO

No sentido junguiano, pensamento e sentimento, intuição e sensação são funções da consciência, modos de operar capacidades e exercitar habilidades para organizar e sofrer a vida. Como função da consciência, o sentimento age no sentido de avaliar e qualificar o que é vivido. Nessa perspectiva, é recurso ou ferramenta da consciência, utilizado para promover a discriminação de valores — permite separar o bom do ruim, o belo do feio, o autêntico do falso ou o *genuíno* do *espúrio*, conforme explica Hillman, em texto sobre a função sentimento (FRANZ; HILLMAN, 1990, p. 107- 219).

A fragilidade física e psíquica produzida por uma doença grave tende a abalar profundamente a capacidade subjetiva de avaliar sensações e de ordenar sentimentos. Roberto procura elaborar a situação existencial em termos de aceitação ou rejeição, de gostar ou desgostar do que é vivido, tomando a experiência corporal como fonte de valorização da existência. Seu relato insinua polarização entre vida-prazer e morte-dor; a vida é querida e aceita quando proporciona prazer, mas pode ser rejeitada quando impõe desconforto e dores, fazendo o sujeito sofrer. Sua reclamação sugere: viver com dor não é viver, já é morrer.

Quando o sofrimento não cabe na vida, a dor, a doença e a morte são acontecimentos difíceis de compreender. A ausência de sentido atinge a vida como um todo, promovendo a alienação do sofrimento no interior da subjetividade. O próprio doente se vê só e triste, como Roberto, noite e dia pensando nas suas perdas. A narrativa confirma reflexões de Hillman sobre a função sentimento: "A perda é a principal característica do sentimento hoje; estamos perdidos, sem saber como sentir, onde sentir, por que sentir e até mesmo se sentimos" (*ibid.*, p. 116).

No testemunho de Roberto, perda é um termo forte, atravessa a narrativa toda e transporta muitos significados, atinentes à experiência de subjetivação da morte. O sentimento de perda opera como um refrão polivalente, compõe a repetição que ajuda a expressar dimensões obscuras e incalculáveis da frustração diante da finitude.

O desespero é sintoma importante, revela a dor de avançar com o processo de conscientização da morte, pois esse conhecimento só apregoa perdas, faltas e carências. A agonia noturna agencia o terror diante da morte e constela temores generalizados, convocando fantasmas dos sentimentos negativos, contidos ou negados. Como Roberto pode avaliar e significar a dor e a morte vivenciadas? Como construir sentidos para uma doença tão perigosa e aceitar a ingrata aflição que ela impõe a sua história de vida?

Lepargneur, estudioso das atitudes dos doentes diante da doença e da morte, considera toda enfermidade desprovida de sentido como vivência de um peso. O que não tem sentido é uma desgraça da vida, é um mal e traz como atitude de fundo a nostalgia da saúde, aliada da medicina e da racionalidade médica (1987, p. 75-77).

Futuro muito curto, dificuldades de conexão com a vida

Quando chega pedindo apoio psicológico, Roberto está bastante enfraquecido, deprimido e impotente diante do ônus imposto pela doença. No entanto, ainda tenta resistir e faz sacrifícios em prol da vida:

— Eu como por obrigação, porque me obrigo a comer, porque sei que é importante me alimentar bem e, por isso, ultimamente, a hora das refeições virou uma tortura prá mim... Comer é um sacrifício!

Quando comer se transforma num suplício, que tipo de vida é possível? Ele prevê pouco tempo de vida: — *"O futuro é muito curto, é isso. Pouco futuro"*. — O desamparo é visível na solidão e invade suas fantasias de morte, repetição infindável de inúmeras noites maldormidas, nas quais tudo serve para aguçar a consciência da terminalidade de uma vida sem graça, mal vivida, destituída de vivacidade. Em relação ao espaço habitado, Roberto assegura, vai sentir falta dos objetos e animais da casa. Chega a ficar admirado de sua ligação com tudo e todos da vida doméstica:

— Pois é, até os gatos, eu fico olhando e achando que vou sentir falta deles.

ECOLOGIA MENTAL DA MORTE

Nessa concepção de morte, ele não morre de fato, pelo menos a dor da separação e a solidão permanecem vivas. Roberto não pensa na dor provocada por sua ausência da vida familiar. Não imagina a família sofrendo sua perda e sentindo sua ausência, como lhe disse a esposa. Até concorda, a idéia está correta, porém, não é assim que imagina a própria morte. Seu sentimento segue as fantasias de morte. Sua maior angústia reflete imagens de ruptura familiar, de separação da vida doméstica, de consciência da falta. Quando imagina o que acontece depois da morte, ele se vê consciente:

— *Ah! É isso que me angustia! Eu me vejo sozinho, sentindo saudades da Berta e das minhas filhas. É só perda.*

Morrer dessa maneira é sofrer afetos insuportáveis, é se perceber desvinculado de uma vida "domada", "domesticada", "amansada" e familiar. O insuportável da morte é se imaginar sozinho, carente, desabrigado e desamparado:

— *O que eu sinto é isso, **pô**, que **eu** vou ficar sozinho, sentindo saudades das pessoas e de todas as coisas da minha casa.*

PERDER O FIO DA MEADA...

O tema das perdas também demonstra a dificuldade de Roberto para romper o isolamento. Ele assume, estar confuso e desorientado; só sabe que precisa de ajuda, de *terapia* e que isso, *agora, é urgente*. Seu pedido traz implícita a necessidade de se abrir para experiências transformadoras, incorporando intensidade afetiva e prazer na sua auto-imagem ferida. Toda terapia psicológica sugere profundas reflexões sobre si mesmo e agencia processos de análise, conduzindo ao ser não-padronizado, ao ser original e único. A análise psicológica segue a direção da singularidade, busca a verdade pessoal e constrói individualidade, desafiando a normalidade estatística.

Roberto reconhece que tem muita dificuldade para relacionar-se com as pessoas, da mesma maneira, admite a dificuldade de se

PERDAS

conectar com a própria interioridade. Entre tantas perdas, ainda perdeu conexão com a linha da própria vida: — *"Eu também não sei o caminho, perdi o fio da meada. Também não sei me encontrar, estou muito confuso"*.

Se a falta de esperança abre o discurso sobre as perdas, a desorientação ecoa a dificuldade de se ligar na vida, principalmente no momento de confronto com a morte. Ele sabe que existe vida dentro de si, porém, perdeu a conexão com a vitalidade. A expressão *"perdi do fio da meada"* é valiosa como metáfora, sugerindo a imagem do labirinto. O peso da experiência sem sentido insinua fantasias primitivas, selvagens e hostis, produzindo medos que amarram a vida na morte, antes da morte chegar. A metáfora esclarece imagens abrigadas na subjetividade de Roberto. Diante da morte, sua angústia tem uma natureza *labiríntica*.

Angústia labiríntica: a profundidade angustiada

Bachelard desenvolve a fenomenologia da imagem do labirinto e estuda a psicologia nela contida (1990b, p. 161-168). Em sua perspectiva, emoções que evocam imagens *labirínticas* são muito profundas e arcaicas; indicam a experiência de uma *profundidade angustiada*, por onde transitam imagens e metáforas que suscitam o medo de perder alguém, de perder um objeto, de perder a si mesmo. A imagem do labirinto condensa tormentos de um passado sofrido e a ansiedade de um futuro adverso. "O indivíduo fica preso entre um passado bloqueado e um futuro obstruído. Fica aprisionado num caminho" (*ibid.*, p. 164).

A aproximação da morte parece impor a necessidade de encontrar, no próprio padecimento, sua verdade pessoal, fonte de sua singularização (porque Roberto afirma a necessidade de fazer terapia). Desorientado e confuso, dá a impressão de arrastar-se por um caminho perdido, de vincular o sentimento de desorientação a uma caminhada difícil e inconsciente. Se considerarmos a narrativa o resultado de

ECOLOGIA MENTAL DA MORTE

sua necessidade de falar da morte, vislumbramos a peregrinação inconsciente de quem faz a síntese dos próprios infortúnios. O resultado só pode ser deprimente! Expõe a perda da intensidade do desejo de viver, há tempos sinalizada pela sensação de amortecimento, de adormecimento e de tédio. A caminho da morte, Roberto percebe que não soube viver.

A imagem do labirinto reflete dimensões arquetípicas da confusão por ele vivida. A imaginação mostra o "eu" ora enredado numa encruzilhada de afetos, ora arrastado para um território estreito, mapeado pela angústia de um passado de sofrimentos e pela aflição de um vir-a-ser desafortunado. Ao pedir apoio psicológico, ele avisa: perdeu o fio de Ariadne, a anima guia que poderia levá-lo pelos caminhos complicados da troca simbólica com a morte.

CORPO DOENTE, MEDIADOR REJEITADO

A doença e a proximidade da morte afetam profundamente as relações de Roberto com o próprio corpo. A experiência corporal constitui foco de tensões e ambivalência muito importante, relativo ao processo de subjetivação da falência da vida corporal. O corpo é sempre mediador das relações do sujeito com a própria subjetividade, com os outros e com o mundo em geral. A intermediação jamais é neutra, varia de acordo com a organização psíquica do indivíduo, sua situação existencial e condições socioculturais e ambientais.

Na experiência de Roberto, o corpo enfermo é mediador rejeitado, talvez por ser responsável por restrições que fazem sua percepção de mundo diminuir. A doença grave, principalmente a última doença, afeta profundamente a realidade sócio-ambiental do enfermo. Como diz Lepargneur, o doente sente seu mundo diminuindo, "encolhendo para as dimensões de seu quarto, de sua cama, de seu corpo, donde pode escapar, de hora para outra, a própria alma" (1987, p. 100).

Um corpo doente é muito difícil de subjetivar, porque se transforma em território existencial caótico, campo de experiências

290

PERDAS

no qual o universo de referência do *mal* e da morte funde-se aos universos de referência do amor e da vida. Sensações de vida e de morte tendem a misturar-se num relacionamento indiferenciado e promíscuo, apoderando-se do corpo e do corpo se transmitindo à consciência, por uma espécie de captação afetiva e emocional, ideativa e fantasiosa, produtora de ambivalências e ambigüidades em relação ao corpo. Por intermédio do corpo, a consciência aprecia a sensação de prazer e as alegrias da vida, conhece o poder do sexo e confessa a força do amor. O mesmo corpo padece as tribulações da existência: sente dor, tensão, estresse, carência e seus desdobramentos — inquietações agitadas e angústias paralisantes, paixões avassaladoras e tédios mortais.

O sofrimento e o mal-estar não podem fazer parte da existência quando na atmosfera cultural há mensagens que identificam a vida e o viver com sensações de prazer e de força; com sentimentos de conquista, sucesso e plenitude; com idéias de crescimento e progresso; tudo focado na supervalorização de uma rotina dinâmica, animada, ágil e útil. Para manter esse tipo de vida é preciso vigor, energia, saúde. E Roberto nos diz que já perdeu o corpo saudável e a força física. Perdeu mais ainda, perdeu a conexão com o corpo: — *"é verdade, não sinto que esse corpo doente sou eu mesmo"*.

Seus depoimentos sugerem que aquele Eu introspectivo — que tantas vezes tomou a própria subjetividade como objeto de análise — não consegue encontrar a si mesmo no corpo degradado, delator do colapso do organismo. A crise do sujeito fica mais evidente, agora a cisão interior está bem perceptível. Ele assume: *"Eu me sinto dividido mesmo, sinto que parte de mim fala, enquanto a outra me observa, distraída"*.

A forte ambivalência frente à doença e à morte é tida como um dado antropológico; segundo Lepargneur, é uma constatação decorrente do fato de que o corpo é e não é a própria pessoa. "A doença levanta apenas de maneira mais aguda um problema de todo ser humano, a oportuna e necessária dialética entre a aceitação e a recusa do corpo para a auto-identificação" (1987, p. 99).

ECOLOGIA MENTAL DA MORTE

O corpo de Roberto é, mais que nunca, um território desconhecido, mas o desconhecido não pode ser reduzido à idéia da morte, nem deve ser aprisionado em uma compreensão exclusivamente fisiológica. O corpo enfraquecido tende a levar a novos territórios de experiência. Por exemplo: somente após a doença, Roberto conseguiu enxergar o quanto machucou a esposa e as filhas com suas exigências, impondo à família a tirania de uma vontade doentia, controladora e incapaz de soltar-se nas experiências de prazer. Arrepende-se, porém não consegue se perdoar. Diante da morte, percebe muitas mortes em vida, reconhece o jugo da repetição mortífera, atuada no comportamento destrutivo, nas atitudes doentias de quem *"havia desperdiçado toda uma vida"*.

Morrer também é perder conexão com a vida existente no corpo, quando ele abandona o instinto de perdurar; algo difícil de assumir com referenciais da cultura de negação da morte, inclinados a desvalorizar a finitude, primeira lei da natureza. A vida terrestre se reconhece na impermanência, submetida a contingências do tempo e do espaço. Antes da morte, porém, ainda há vida. E Roberto, afirmando sentir vida dentro dele, não sabe como chegar até ela. Para isso, seria preciso assumir o corpo enfermo, reconciliar-se com o sofrimento, com a doença e com a morte. Outra perda, em meio a tantas perdas!

O corpo doente, mediador da vida no final da existência, está amarrado na idéia da morte. O sujeito, prisioneiro na antecipação do próprio fim, perde o fio de vida que ainda tem para viver, alienado do conhecimento-sabedoria de como ser-para-a-morte.

CAPÍTULO 4

COISAS DE ADOLESCENTE: *PUER AETERNUS*

Tema: "Coisas de adolescente"

O corpo doente parece desprezar o desejo de perdurar no tempo; rebelde, recusa submeter-se aos poderes da medicina. Os exames de controle denunciam a falência do organismo, a químio não está surtindo efeito, e Roberto sente-se *destruído*. Ele fala *sobre* um corpo doente, difícil de assumir, mas quando descreve um comportamento diário – com aspecto de ritual —, não acaba falando de um desejo: o de assumir o corpo, a doença e a morte?

Roberto conta como busca o espelho para observar-se. Diante dele, fica apalpando e checando os nódulos, sinalizadores das metástases; verifica e confere o tamanho dos tumores mais antigos. Na face refletida no espelho, vê o abatimento, as olheiras, o enfraquecimento dos músculos...

Dá a impressão de que, pelo olhar, o ego vistoria a ação da doença e se conscientiza da degradação física. Esse *ego óptico* observa a si mesmo do lado de fora da subjetividade? Onde está o observador que examina a si mesmo? A fuga do corpo é uma fuga de si mesmo? Então, buscar-se no espelho para quê?

ECOLOGIA MENTAL DA MORTE

O corpo doente evoca imagens assustadoras, de degradação e deformação, de decomposição e feiúra. Como entender a relação de Roberto com uma imagem que nega a beleza amada por Narciso? No espelho, ele encontra um corpo diferente do que gostava de ter: *"... as veias estão inchadas, os ombros não são mais largos, estou muito pálido e sinto muita fraqueza"*.

Sua aparência física realmente diz muito; expõe a ação de uma doença letal, agenciando sentimentos de aniquilação. De alguma maneira, isso exerce fascínio, provoca a compulsão de ir até o espelho, olhar-se e sofrer. Na situação em que se encontra, olhar-se já é sofrer.

Roberto procura no espelho a imagem do corpo perdido? Um sinal de melhora? A repetição de um gesto, tocar os tumores, obriga-o a reconhecer o corpo rejeitado e a aceitar tudo o que recusa ser? Há algo de erótico no ritual de auto-observação descrito? Talvez, como se houvesse um estranho no espelho, chamando por ele... Roberto afirma procurar o espelho várias vezes ao dia. A imagem atrai sua atenção; deve ter grande poder de sedução porque, apesar de sentir a dor, precisa buscar o reflexo do corpo doente, que ele diz rejeitar.

O PODER DE AUTOFASCINAÇÃO DO ESPELHO

O espelho em si já seduz, afirmam estudiosos do tema, e a imagem nele refletida também é sedutora. Pesquisadores da dimensão simbólica do espelho asseguram que o espelho tem um poder da autofascinação, talvez por estar relacionado ao feminino, talvez por revelar mais que um simples reflexo. Freitas, por exemplo, discute o poder de sedução do espelho e da imagem refletida, ao investigar relações entre espelho, máscara, auto-imagem e transcendência. Na perspectiva da autora, ver-se no espelho é contemplar o próprio rosto; por sua vez, a face refletida também nos olha, numa relação frente-a-frente. Ao mesmo tempo, na imagem encontra-se dualidade e unidade, identidade. Num espelho o que se vê é a própria imagem, a olhar para si mesma; nas palavras de Freitas, no espelho se vê a própria pessoa, a ver-se.

COISAS DE ADOLESCENTE: *PUER AETERNUS*

Na figura especular, o autêntico e o ilusório se encontram; o espelho permite encontrar a si mesmo, respeitando-se a condição de colocar certa distância entre os olhos que vêem e a face que se deixa olhar. "O espelho comporta algo misterioso, assim como a sombra, o fantasma, o duplo" (*ibid.*, p. 141).

Roberto alega não se reconhecer na imagem do espelho: o corpo doente é de um outro, seu duplo talvez, o herói fracassando diante do câncer, o paciente com a vida por um fio. O estranho do espelho pode ser portador de imagens de aniquilação e terror diante da morte? Ou ele retrata a própria morte e o fascínio da aniquilação em termos eróticos? Afinal, sexualidade e morte costumam fazer parcerias misteriosas...

Eros e Tânatos estimulam o jogo ecológico da imaginação, vinculando prazer e sofrimento, amor e morte, violência e excitação sexual, privação de alimento e de sono, com êxtase amoroso e místico. O escritor Stephen King (1991, p. 15-16), autor de histórias de horror muito famosas, (dentre as quais *Carrie, a estranha, O iluminado* e *O apanhador de sonhos*), põe em destaque o paralelo entre sexo e medo, remetendo o leitor à idéia da morte: "À medida que nos tornamos conscientes de nosso inevitável fim, experimentamos a emoção do medo. E creio que, assim como a cópula tende à autopreservação, todo medo tende a uma compreensão do inelutável fim".

Quem sabe, Roberto tenta controlar a doença e a morte familiarizando-se com um estranho habitante do corpo doente, talvez para compensar a escapada proporcionada pelas *ilusões e banalidades, coisas de adolescente?* Na narrativa, são coisas de adolescente: as fantasias sexuais rápidas e efêmeras passando por sua cabeça e desejos comuns ao "homem consumidor", como, o de ter um carro bonito para exibir e um relógio de marca. Na sua opinião: — *"são coisas de uma juventude que eu nunca tive"* e *"coisas que não vivi no passado"*.

Quando percebe um adolescente dirigindo seu imaginário, agenciando desejos sexuais e de auto-afirmação, fica muito constrangido; considera a presença inquieta e turbulenta no seu mundo

ECOLOGIA MENTAL DA MORTE

interior um sinal de imaturidade. Pode ser seu duplo, sombra do eu consciente; mas, por meio do discurso, Roberto revela estranheza diante de si, contato com um habitante do mundo interior, sugerindo a noção de "entidade psíquica".

Essa imagem juvenil machuca, evoca lembranças da infância sofrida, trazendo à tona um adolescente inseguro e inibido, perturbado por sentimentos de inferioridade e perseguido pelos fantasmas do pai violento e da mãe superprotetora e exigente. A mesma imagem anima, introduzindo-o numa fantasia de futuro que o faz viver em clima de expectativa: — *"Sabe, tudo eu fico adiando, na espera de uma nova situação – que haja diminuição dos tumores, que haja um plano de combate à dor... Espero melhorar para tomar alguma iniciativa".* — Diante da piora do quadro clínico, entende, tem *"pouco futuro"*. Acredita que se apegou a *ilusões* e *banalidades* para fugir do que sentia: — *"Olha, eu passei todo esse tempo envolvido com banalidades".*

Quem é esse adolescente na subjetividade do narrador, estressando-o com hiperatividade e necessidade de sentir-se útil? Que "entidade psíquica" possuiu sua subjetividade, impondo seu modo de ser e estar na vida? O *estranho em nós*, como diz Guattari, emerge das profundezas do inconsciente, refletindo a aspereza de uma *"alteridade ela mesma subjetiva"*, sinalizando um limiar difícil de transpor.

Podemos entender que o adolescente atua num mecanismo de defesa contra a vivência de aniquilação, compensando o sentimento de inferioridade com uma pseudo-superioridade, levando Roberto a desafiar a morte, como se ela jamais o pudesse tocar. A dinâmica defensiva constela na subjetividade a negação e as sombras do terror coletivo diante da morte. Contudo, também podemos entendê-lo como o fundo arquetípico de uma experiência, neste caso específico, correspondente ao arquétipo do *Puer Aeternus*.

PUER AETERNUS

O arquétipo da eterna juventude é muito atuante na cultura contemporânea e bem estudado por junguianos; é considerado padrão arquetípico da luta do adulto contra o paraíso da infância, associada à emancipação do jovem da figura materna. *Puer Aeternus* é nome de um deus-herói, relacionado aos *mistérios eleusianos**, juntamente com Dioniso e Eros. Quando o fundamento arquetípico da experiência trata de temas pertinentes aos mistérios eleusianos, estamos no universo de referências da Grande Mãe, com seus cultos à figura do filho-herói, vindo "ao mundo em uma noite para ser o redentor" (FRANZ, 1992, p. 9).

O *Puer* do mito é um deus-criança com atributos de cura muito importantes: é um deus da vida, da morte e da ressurreição. As três funções expressam a juventude divina, garantia de renovação da natureza. A eterna juventude envolve a noção de criatividade vinculada ao futuro, ou seja, projeta no futuro esperança e otimismo, crescimento e prazer. Na perspectiva do eterno menino, o porvir só pode ser imaginado como uma época primaveril, tempo de novas descobertas, de permanente construção de projetos.

A ênfase recai no que é singular e único, implicando o desenvolvimento da individualidade por meio de processos criativos, aptos a romper a rigidez das formulações tradicionais. Segundo Hillman, a psicologia do Puer apresenta um tipo de criatividade característica, *"definida principalmente pela palavra originalidade, enquanto sua expressão negativa será irresponsabilidade narcisista"* (1984a, p. 48), [grifo do autor].

---

* Segundo Brandão, os Mistérios eleusianos ou Mistérios de Elêusis estão relacionados com o culto a Deméter, deusa grega a quem era dedicado um famoso templo na localidade de Elêusis, região situada a pouco mais de 20 quilômetros de Atenas. No sentido mítico, Elêusis é o herói dessa cidade, por isso a nomeia. Era filho de Hermes, deus do espaço exterior, senhor das encruzilhadas e guia das almas. Na narrativa mítica, Deméter tenta imortalizar o filho de Elêusis, colocando-o sobre um braseiro; enquanto faz seus encantamentos, o pai entra no aposento e grita, pois imagina o menino em perigo. A deusa, irritada, mata Elêusis, porque gritando, ele impediu a finalização da operação mágica, destinada a imortalizar a criança – o menino Triptólemo. Os Mistérios de Elêusis referem-se a ritos de iniciação associados aos ciclos da natureza, vida, morte e renascimento, ao "filho nascido ou renascido" após uma morte iniciática (BRANDÃO, 1991a, v. 1, p. 326; v. 2, p. 134-139).

ECOLOGIA MENTAL DA MORTE

Na literatura junguiana clássica, o arquétipo do *Puer Aeternus* indica certo tipo de homem, sujeito a um complexo materno fora do comum, decorrente da identificação inconsciente com o tema da criança divina e do redentor. A característica mais marcante é a adolescência estendida para a vida adulta, devido ao vínculo de dependência com a figura materna.

Esse padrão arquetípico poderia esclarecer uma série de dificuldades psicológicas sofridas por Roberto ao longo da vida. A atividade imaginativa relacionada ao *Puer* está por trás de suas dificuldades de adaptação ao mundo real; ela habita seu complexo de inferioridade e sua permanente insatisfação com a vida.

Quando mal compreendido ou "mal cultuado" (descuidado), o deus-criança produz a neurótica sensação de vida provisória. Isso acontece porque fantasias de futuridade predominam na esfera da imaginação e elas situam o bem-estar resultante do atendimento a uma necessidade, o prazer ligado ao desejo e a seu objeto, a realização de um projeto, enfim, localizam "a coisa certa" — tudo o que traz satisfação existencial — em algum momento do futuro. E como pode ser o porvir imaginado por quem antecipa a própria morte?

A ilusão da eterna juventude é bem reforçada pela sociedade de consumo. É fácil perceber a mitologia do *Puer* dominando o imaginário dos meios de comunicação de massa. Essa mitologia está na supervalorização da mocidade pela moda, definidora dos padrões de beleza. Por exemplo, a ânsia da eterna juventude está nas preocupações com o corpo sarado e bem definido, habita a inferioridade das rugas e estrias, da celulite, da falta e do excesso de peso.

Não tão explicitamente, também se encontra o espírito *Puer* no permanente apelo de auto-afirmação, utilizado pela publicidade para valorizar objetos e marcas, associando sentimento de segurança a poder econômico e prestígio. Jovialidade é mais que uma qualidade da experiência, é uma virtude a ser cultivada na mente e no espírito. O *Puer* compõe um padrão arquetípico dominante, na cultura

COISAS DE ADOLESCENTE: *PUER AETERNUS*

contemporânea, governando imensa porção da mentalidade contemporânea (coletiva e individual).

Para Roberto, *"um relógio de marca"* constituiu um pequeno projeto de compensação, associado a frustrações da adolescência. Durante alguns dias, foi meta de realização e lazer, criando assim um tempo *"gostoso"* de viver. No entanto, o gostoso do tempo não foi valorizado em si mesmo, tampouco o relógio foi assumido como desejo realizado. Roberto não se permite consumir, adquirir e usar, tirar proveito do objeto desejado: — *"Acabou que não comprei relógio nenhum"* — ele diz. Afinal, esses *"sonhos de consumo"* são mera *distração para quem precisa fugir do que sente.*

Por que esse homem doente não pode fugir da experiência de morte e dos sentimentos de perda? O que o impede de ser até mesmo um consumidor? Fantasias de futuridade, consteladas pelo arquétipo do *Puer,* batem de frente com a consciência de Roberto, alerta à proximidade da morte. O relato transporta dimensões arquetípicas da experiência psicológica, denunciando focos de conflito no processo de subjetivação da morte; porque, entre o homem consumidor e o homem diante da morte, há um ponto de obscura tensão.

A narrativa sugere outra encruzilhada: Roberto divide-se entre a possibilidade da gratificação fácil e fugaz do desejo de consumo, e a consciência da própria interioridade, tomada por sentimentos de solidão, tristeza e vazio. No fundo, tudo parece pertinente ao padrão arquetípico da eterna juventude. O sintoma é adiar toda satisfação, na esperança de uma melhora.

Não é do interesse deste trabalho retomar as diversas descri-ções e avaliações da influência desse padrão arquetípico na personalidade de um homem maduro, pois, a literatura junguiana oferece farto material a respeito do assunto. O recorte da análise é outro, privilegia a leitura das conexões dessa constelação arquetípica com a experiência do câncer e da morte, caracterizando movimentos da subjetividade, impulsionados por dinâmicas de negação e /ou de aceitação da morte.

Esse assunto tem muita relação com a imagem do adolescente instalado na subjetividade do narrador. Os depoimentos associam o *Puer* à ilusão e ao auto-engano, porque Roberto passou os últimos tempos "*iludido*", esperando ficar melhor para retomar o direito de tirar satisfação da vida. O problema do *Puer* na subjetividade do narrador encaminha o trabalho analítico dos dois últimos temas, buscando discernir o aspecto luminoso e o lado sombrio dessa "entidade psíquica"; à primeira vista, uma imagem inclinada a assombrar subjetividades em confronto com a morte.

CAPÍTULO 5

TRISTEZA, SOLIDÃO, VAZIO INTERIOR

Tema: Só sinto tristeza, solidão e vazio

Protelar a satisfação de pequenos prazeres, como a aquisição de um relógio de marca, é parte da história de vida de Roberto. Agora, diante da morte, ele repete a atitude cristalizada: adia satisfações, é ambíguo em relação a desejos configurados como *"coisas de adolescente"*. De certa maneira, há uma recusa do brincar e dificuldade para entrar no jogo de faz-de-conta, outra característica da infantilidade inerente ao *Puer*.

O imaginário compensa a tristeza, criando a *ilusão* de mais vida e a fantasia do *tudo vai melhorar*. Roberto se condena, por estar envolvido nessa fantasia. O censor interno o quer poupando as poucas energias, se cuidando para evitar o estresse. Prazer e alegria não são contabilizados como fontes de saúde.

O que acontece com o bom e o belo da vida, quando um sujeito vive a repetição mortífera de adiar a gratificação de algum desejo, a satisfação de uma necessidade ou a realização de um projeto? O que inibe a ação finalizadora do consumo: efetuar a compra, adquirir o objeto desejado, usar, consumir?

ECOLOGIA MENTAL DA MORTE

O episódio sobre o relógio demonstra a implosão de desejos: *"Acabou"* — o desejo; *"não comprei"* — não me permiti, não me dei; *"relógio nenhum"* — não pôde dar-se ao luxo de marcar o tempo da falência da vida. Nenhum relógio de marca cria longevidade, tampouco traz de volta a vida passada.

Roberto vive a implosão de desejos com a maior passividade; nem questiona a voz da consciência contrária ao momento de descontração, julgando negativamente a recreação que afasta da mente por breve momento, o pesado fardo imposto pela consciência da aproximação da morte. A censura é muito rígida, reflete um superego tirânico e castrador. Na subjetividade, o juiz decreta o luto por si mesmo e a vivência da depressão.

Obviamente, o censor interno constituiu-se por interiorização das exigências e proibições parentais; contudo, esse elemento da subjetividade é herdeiro da consciência moral; resulta do processo de socialização, da modelização de leis e das práticas sociais cotidianas, da simbólica coatora da cultura de cada época.[1] Na situação relatada por Roberto, vê-se, de um lado, o *Puer,* animando o desejo do consumidor, do outro lado, está um censor, aparentemente aliado da pulsão de morte. Na subjetividade, as exigências do censor inclinam ao conformismo, colam a atenção nos sentimentos depressivos, levam a imaginar sofrimento e morte como a única verdade pessoal do enfermo.

Solidão, tristeza e vazio fazem parte da história de vida de Roberto desde a meninice. A imagem do adolescente atormenta a subjetividade do homem maduro, consciente dos riscos do estresse para seu estado físico; mesmo assim, a juventude arquetípica parece fornecer energia extra ao corpo destroçado pela doença, ocupa a mente e torna Roberto *hiperativo* e apegado a *ilusões consumistas.* O assunto adolescência traz à tona antigos sentimentos de inferioridade, reabrindo feridas da infância infeliz.

---

[1] Afirmações baseadas no *Vocabulário da Psicanálise* (LAPLANCHE e PONTALIS, s. d., p. 643-647).

302

TRISTEZA, SOLIDÃO, VAZIO INTERIOR

Provavelmente, a fantasia pueril exerce função compensatória, frente ao rigor paralisante da consciência subjugada ao censor. Como acolher as imagens de futuridade e a alegria primaveril do *Puer*, se o tempo perdeu seu sentido de eternidade e a vida, o sentido de alma? Como imaginar a vida no paraíso, quando o prazer é descolado do corpo e a mente concentra-se na concretude da vida?

Roberto experimenta a força do *Puer* de maneira muito concreta, como sonho de consumo. Parece ignorar o sentido daquele estado subjetivo, desconhecer a força do imaginal, compensando a fraqueza física e falta de recursos da subjetividade, despreparada para o confronto com aspectos essenciais da existência humana, como a morte, a solidão, a tristeza e o vazio interior. Ele diz: — *"Olha, eu passei esse tempo todo envolvido com banalidades"*.

O CONSUMIDOR E O CHAMADO DA ALMA

Agora Roberto não tem mais tempo, nem se dá um tempo. Acredita estar agarrado a *ilusões*. Sua única verdade é a experiência da própria morte. Ele parece acuado, por projetos pequenos do homem consumidor e pelo chamado da alma, cuja presença é traída pela confusão entre o ser e o não-ser. O que Roberto é, só pode se revelar no seu momento existencial. E quanta coragem é preciso para ser, a despeito da morte!

Roberto precisa forjar recursos subjetivos para continuar a viver, enquanto o agora da morte não chega. Seu modo de ser-para-a-morte está em gestação, articulado no próprio confronto com a finitude. A confusão denuncia a presença da *psique com sentido de alma*, fortalecendo a vida em fase de partida; disfarçada de angústia e de vazio, a alma cria um espaço mental intermediário, para ampliar o fluxo da imaginação criadora de sentido.

O processo de singularização da subjetividade pode estar na ambigüidade, isto é, está na vontade de fugir dos sentimentos de solidão, tristeza e vazio e, igualmente, está no ritual do espelho, sinalizando a importância do corpo doente como mediador da experiência de *ser-para-a-morte*.

A MORTE COMO ABISMO

Impotente, Roberto percebe o agravamento da doença, anunciando a proximidade da morte:

— *E agora, com este tumor e a químio não funcionando, ela* (a morte) *parece tão próxima...*

A morte antecipada forma o pano de fundo do cotidiano, contrastando com as fantasias de futuridade do *Puer*. O momento presente, o agora da percepção emocionalmente intensa, é a terminalidade da vida:

— *Parece que já estou no fim. Tudo eu fico pensando se vai dar tempo para acabar, para ver.*

Fantasias de morte empurram a reflexão ético-estética para o vazio interior; produzem aquela sensação de profundidade abissal compartilhada por quem, como ele, já sentiu como é *"estar diante de um abismo"* e, também como ele, decidiu: *"Eu prefiro não entrar no abismo"*.

A rigidez do próprio caráter restringe toda possibilidade de prazer, reduzindo ainda mais a capacidade de conexão com a vida do corpo. O agora da vida está degradado pela doença fatal, aprisionado na consciência das muitas dores e do mal-estar, apertado por múltiplos sofrimentos sem sentido. Roberto se revela na depressão e quando tenta fugir dos sentimentos depressivos; sua alma está na ambigüidade da linguagem metafórica, empregada para explicar a vivência íntima de vida e de morte, simultaneamente. Não tem consciência da poética de sua fala, com a qual expressa o jogo ecológico da imaginação.

Uma metáfora explica seu estado interior, captura uma imagem da morte portadora de padrões arquetípicos da troca simbólica com a morte. O abismo é uma imagem poderosa do jogo simbólico da alma com a morte; ilustra a descida do espírito ao mundo dos mortos e a perplexidade humana diante do mistério. A morte como abismo é um convite para imaginar a profundidade do ser. Neste caso, a experiência da dimensão arquetípica é uma aflição ligada a Tânatos e ao reino invisível da alma.

TRISTEZA, SOLIDÃO, VAZIO INTERIOR

Roberto não quer entrar no abismo, rejeita o vazio dentro de si. A metáfora do abismo suscita imagens de queda, contrária aos dinamismos do *Puer,* de natureza ascendente e vontade da impulsão, do ímpeto e do vôo, sempre para cima, para o alto. O adolescente sonha ser forte, poder agir e avançar, sempre para frente, mobilizando o trabalho positivo da imaginação. O homem enfermo, sofrido e *prostrado* é alguém sem futuro, já perdeu a esperança de cura. Agora, sua única realidade é a morte; a vida mundana é banalizada, projeto de consumo que só modela ilusões — *é coisa de adolescente.*

A experiência psíquica acompanha a lei da gravidade, expõe a direção da imaginação diante da morte: tudo puxa para baixo, para o fundo, para dentro da abissal corporeidade da vida. A dinâmica imaginal do abismo sugere a descida para lugares sem luz, para além de toda profundidade conhecida. No abismo, a queda é sempre sem volta, marcada pelo desespero subjacente à imaginação da morte; cair nesse vazio implica ficar lá embaixo.

Na fenomenologia das metáforas do abismo, Bachelard descobre essa impossibilidade de retorno: "Alguma coisa permanece em nós que nos tira a esperança de 'tornar a subir', que nos deixa para sempre a consciência de ter caído". O filósofo também explora associações do abismo com imagens da queda e da culpa. Diante do abismo, ele explica, o ser "afunda em sua culpabilidade" (1990a, p. 95).

Ser entre a vida e a morte

As perdas, a solidão, o vazio e a metáfora do abismo evocam imagens sombrias; sugerem a presença do mal na angústia "labiríntica", outra fantasmática incorporada ao universo de referências da morte, vivida por quem perdeu *o fio da meada* e ignora o caminho de volta para o si-mesmo. Por isso, Roberto está *muito confuso,* sente necessidade de terapia e isso *agora é urgente.* A urgência é porque tem pouco futuro? Ou porque só morre quem está vivo e ele perdeu conexão com a vida, apesar de sentir alguma vitalidade dentro de si?

ECOLOGIA MENTAL DA MORTE

Ao ser questionado se sua experiência de vida não tinha um *sentido de alma*, estranha a associação entre vida e alma: — *"Alma... É, parece que a alma é a vida da gente, nunca tinha pensado nisso..."* — Como imagina sua alma? — *"É gozado isso... Mas é verdade, a gente só pode mesmo imaginar a alma. Acho que a minha deve estar encolhida, presa, com medo".*

Ele explica sua dificuldade para se conectar com a atividade imaginativa. Um pouco de estímulo e o olhar imaginal se manifesta, na imagem de uma moça bonita: — *"Ela é muito jovem, porém, está muito cansada, muito cansada mesmo"* — Rapidamente percebe na imagem a expressão de uma vivência interior: o cansaço da moça bonita espelha a canseira da própria vontade, sobrecarregada com a obrigação de vencer a morte, impotente diante do corpo dominado pela doença.

Alma cansada é estresse existencial: faz pensar na falência de toda uma vida enferma, sem sentido. Há tempos, Roberto sente a existência arrastar-se num dia-a-dia sofrido e pesado. Sua exaustão expõe a condição corporal no nível mais profundo e secreto, lá onde corpo e ser alcançam a unicidade, acompanham e compreendem a degradação do organismo. Ser e corpo são inseparáveis, atravessam todos os planos da vida humana, transitando pelas fronteiras *bio-psico-antropo-sociais*.

Indagação religiosa diante da morte

Junto às fronteiras há sempre sombras, escuridão e mistério. E o mistério provoca a indagação religiosa diante da morte. Segundo Bowker, antropólogo interessado no aspecto religioso da questão do sentido, a mais antiga história das religiões a que se tem acesso, tanto no Oriente como no Ocidente, mostra claramente a origem da religião, e esta não surgiu de uma oferta de vida feliz, após a morte (1995).

A indagação religiosa da morte é muito mais profunda, muito mais interessante também, porque é: "basicamente, uma afirmação

306

TRISTEZA, SOLIDÃO, VAZIO INTERIOR

de valor na vida humana e nas relações, que não nega o, nem é negada pelo (sic), fato e realidades absolutos da morte" (*ibid.*, p. 51). A questão do valor refere-se muito mais ao rompimento e à desordem da morte e em como preservar ou restabelecer a ordem frente ao caos e ao desejo deliberado do mal e da malevolência (*ibid*, p. 53).

> Na verdade, quanto mais claramente uma religião *não* elabora a imaginação de um paraíso compensador ou de um inferno após a morte, mais agudamente surge a questão de valores: *por que* afirmar um valor particular, se na realidade vamos cair no esquecimento (ou nos tornarmos no máximo um traço de memória, tão tênue como o assobio de um vampiro)? [grifo do autor]

CAPÍTULO 6

BARGANHA COM DEUS

TEMA: DEUS, BARGANHA OU FÉ?

Nos labirintos do corpo, que ainda é mistério, está psique *com sentido de alma*, articulando sentidos para dores e sofrimentos da vida, a fim de garantir a integridade de seres humanos ocupados em imaginar a própria morte. O ser diante da morte envolve uma perspectiva de alma, ou de como ser na alma, porque é fundamental proclamar a ordem interna da imaterialidade da vida, que é poesia e mística, quando a experiência instalada pelos sentidos expande o potencial de transcendência da experiência sensorial, transformando o momento da vida em fase de partida, em acontecimento significativo.

Cansaço de alma é desolação interior; é depressão como sentimento de vazio; é subjetividade possuída pela imagem do abismo; é estar dividido por sentir uma fenda dentro de si, agenciando exatamente a falta de sentido. Vivência de foco de subjetivação da morte ou ponto de territorialização do abandono da vida?

Nesta zona obscura é preciso demarcar a possibilidade de um ponto de transição — do processo de conscientização da morte para o processo de aceitação da morte. Tamanho cansaço é associado à longa batalha contra a doença: — *Eu estou tão cansado dessa luta*

ECOLOGIA MENTAL DA MORTE

constante, de tanta químio, de me obrigar a ir além das minhas forças, de ter o sono tão prejudicado; ando dormindo pouco, e de pura exaustão.Cansado de racionalizar tudo.

Roberto perdeu o fio da meada, não se sente capaz de acompanhar o declínio da vida, não tem como confiar na troca simbólica com a morte; perdeu conexão com o ser articulador do sentido, quer dizer, do sentido de uma existência mortal. Além disso, assume se debater contra algo, todavia, não tem idéia do que é. O fio da narrativa faz pensar em Deus: — *É verdade que me bato contra alguma coisa, mas não consigo ver o que é. Eu me lembro, no começo do tratamento, eu sentia a presença de Deus, eu sentia que Ele estava comigo, mas agora não sei... Ando confuso, com dúvidas...*

Sua confusão e suas dúvidas são aspectos da interrogação religiosa diante da morte. É Roberto diante do abismo, convocado a levar sua análise psicológica para o fundo, para baixo, para dentro do labirinto. Ele se mostra abalado por tantas perdas e por uma dolorosa revisão de vida. Perplexo, descobre, diante do abismo, a repetição mortífera da existência subjugada pelas pulsões da morte, no sentido da repetição do ruim, do apego ao feio e à falta da graça. E viver assim não é viver, é perder oportunidades de construir modos de ser e estar atentos ao bom e ao belo, características importantes de uma vida digna de ser vivida. Um *desperdício* foi não ter valorizado o bom, o belo, a certeza de poder melhorar a qualidade da vida. Ele pede terapia, porque está em choque: acabou de *cair em si*.

Um susto para despertar do tédio

Logo após a cirurgia, começou a pensar na doença como um *chacoalhão*. Precisava de um susto para acordar e enxergar melhor a vida. O tédio era um aviso, a existência andava sem graça, na linha horizontal e contínua do dia-a-dia mundano. A idéia do *chacoalhão* é interessante: na imaginação, a doença passa a ser uma negatividade transformadora; é um mal necessário para despertar os sentidos e prestar atenção no corpo, no ambiente, no existir.

BARGANHA COM DEUS

A noção de doença como *chacoalhão* não é exclusiva de Roberto, muitos pacientes de câncer relatam experiências semelhantes. Falam de um sofrimento importante para re-significar a vida, sanar uma existência sem sentido e despertar a consciência para uma vida imaterial, significando vida *além da vida*. A busca interior supõe desenvolvimento da espiritualidade e da alma, levando ao amor e à salvação.

Roberto assumiu um projeto de evolução espiritual e observa como foi importante para levantar seu ânimo; constelou a esperança de uma vida maior, mais bonita e melhor. O *chacoalhão* funciona como uma operação da troca simbólica: a negatividade (doença) pode despertar a atenção do espírito para uma vida *com sentido de alma*, agenciando a reflexão ético-estética e integração de uma motivação religiosa.

EQUAÇÃO: CAMINHO CERTO = CURA; CAMINHO ERRADO = PIORA, METÁSTASE

Invocado o espírito, o *Puer* comparece. É padrão dominante na dinâmica espiritual secularizada; filho dileto de uma civilização amante do progresso, da inovação, da originalidade. Reduzido à busca do prazer e às dimensões concretas da existência, o *Puer* constela suas sombras: distanciamento afetivo do corpo e das pessoas, o culto à própria individualidade e a irresponsabilidade narcísea. No começo do tratamento, Roberto sente a presença de Deus. A regressão dos tumores é uma bênção, uma graça recebida. Uma equação se instala na mente: *caminho certo = doença sob controle*; *caminho errado = piora, metástase.*

Ele lembra que no começo do tratamento, obteve uma melhora extraordinária, — *E, aí, eu entrei numa de fazer barganha com Deus.* — A barganha implicava sacrifícios. Roberto prometeu *"ficar bonzinho, um santo!"* Sua idéia de santidade é condensada no controle da sexualidade: — *Eu até me proibi de olhar pra bunda*

ECOLOGIA MENTAL DA MORTE

de mulher bonita! — Assim ele negociou com Deus, — *"prometendo ser bonzinho"*. Deus lhe dava saúde, ele entregava para Deus seu olhar concupiscente. Outra equação: *homem bonzinho = um santo = homem que não olha bunda de mulher bonita.*

O prazer do olhar e do viver deveria ser entregue a Deus. A sublimação, latente na promessa e na busca de salvação, não pode ser desvalorizada. Roberto levou a sério sua decisão, buscou ajuda para colocar em prática a religião da infância, o catolicismo. Procurou orientação espiritual e voltou a confessar, comungar e rezar. O sacerdote sugeriu concentrar sua busca espiritual numa atividade comunitária, prestando serviço ao mais pobres.

DESENVOLVIMENTO DA ESPIRITUALIDADE: UMA EXPERIÊNCIA INCRÍVEL

Roberto comprometeu-se com a formação de um coral infantil, somente com crianças faveladas. Foi o primeiro paroquiano a visitar a favela, propondo a participação no coral. Com esse objetivo, avaliou o interesse das crianças e a concordância dos responsáveis, verificando as condições das famílias para iniciar os ensaios. Gostava demais de ir até a favela, de conversar com as pessoas e compreender como viviam. Em alguns barracos, faltava tanta coisa! Viu muita pobreza, não encontrou nenhum bandido. Semanalmente, levava alimentos, roupas, móveis, avaliando as situações mais graves e necessidades mais prementes. Seu trabalho deu certo, foi *"uma experiência incrível"!*

Seu trabalho abriu caminho para outros projetos do pároco, muito entusiasmado com a organização de pastorais voltadas ao serviço social. Muitas pessoas da comunidade puderam entrar na favela depois dele, prestando serviços variados. Depois de alguns meses, os ensaios do coral começaram. Roberto responsabilizou-se pelo lanche das crianças, todo sábado: — *E era com muita alegria que me dedicava a isso, toda semana.*

BARGANHA COM DEUS

Sentia-se útil, feliz de poder ajudar famílias tão pobres, providenciando ajuda sempre que possível. O tratamento bem-sucedido sinalizava o acerto da decisão. A quimioterapia tinha pouco efeito colateral e mantinha o câncer sob controle; a esperança era grande, se não de cura, ao menos de sobrevida longa. Nessa época, não se questionava, nem queria saber se estava barganhando com Deus. Comprou uma perua zero quilômetro, especialmente para a entrega de cestas básicas. Desta vez, ficou no *prejuízo,* porque não entregou *"nem um saco de feijão com ela".*

DE QUAL PREJUÍZO ELE FALA? QUE DANO SOFREU?

As forças começaram a faltar quando os exames mostraram aumento dos tumores. A confiança ficou muito abalada, surgiu o medo de tratamentos mais agressivos. Roberto interrompeu o trabalho assistencial, outra pessoa continuou o projeto coral; ele precisava se poupar. O juiz interior, muito severo e destrutivo, parece seguir a pulsão de morte, produzindo uma auto-avaliação praticamente desumana: — *Eu sinto que parar foi um fracasso, eu não fui até o fim, eu poderia ter continuado mais um pouco, mas não consegui dar conta... Abandonei as crianças, o projeto... Às vezes penso nisso e me sinto um inútil.*

O medo trouxe a imaginação para a terra e Roberto sentiu que perdera a proteção de Deus. Após a cirurgia, ele e a esposa rezavam um terço diariamente, pedindo a recuperação da saúde. A oração foi interrompida quando virou *"uma coisa mecânica".* Conforme a enfermidade se agrava, ele fica mais confuso com sua religiosidade.

Começa a duvidar da autenticidade de sua dedicação ao projeto do coral, poderia ser elemento de uma *negociação para ficar curado.* Questiona tudo: a sinceridade de sua busca religiosa, o valor da experiência de ajuda, a honestidade dos próprios sentimentos. Tudo pode fazer parte de uma grande mentira: seu projeto de salvação não deveria incluir nenhuma *barganha com Deus.* Por que não?

ECOLOGIA MENTAL DA MORTE

Barganha com Deus. Por que não?

A barganha é uma das fases da terminalidade, identificada por Kübler-Ross. A pessoa enferma imagina a doença como uma forma de castigo por faltas cometidas. O bom comportamento, definido de muitas maneiras, segundo histórico das culpabilidades, seria uma forma de reparar erros do passado, atraindo a benevolência de Deus para vencer a doença ou adiar seu desfecho.

Há situações, nas quais o doente negocia um tempo extra, quer viver até o aniversário do filho, por exemplo, ou por qualquer outro motivo, com forte apelo emocional. Esse estágio costuma ser considerado "reparação à ira manifesta diante dos familiares, profissionais da saúde e frente a Deus", conforme esclarece Kovács (2002, p. 80).

Roberto não teria direito a trabalhar no sentido da reparação? E o valor psicológico da *barganha com Deus,* não conta? A força física começa a se esvair, impedindo a alegria de sentir-se útil, a esperança de ser curado e a confiança na proteção divina. As metástases são acompanhadas de uma *"sensação de ausência, de vazio, de não estar vivo completamente e, portanto, de estar adormecido".*

A idéia do *chacoalhão* não é mais funcional; *barganhar com Deus* é outra ilusão do eterno adolescente; é crença infantil, enraizada nos antigos desejos de controlar o alcoolismo do pai. A imagem de Deus e a imagem do pai permanecem entrelaçadas, indiferenciadas. A doença fatal fere profundamente o sujeito convocado a incorporar a imagem do herói, pois o herói supera a morte, saindo de si, e põe sua força vital a serviço da dor, da carência, da miséria, assim como da morte do outro.

Sem forças para levar avante um projeto de desenvolvimento espiritual dessa envergadura, Roberto afunda no desespero. A falta de esperança sinaliza perdas nas esferas mais profundas da própria interioridade. A confusão anuncia modificações do senso de identificação. Tudo afunda no vazio interior, tragado pela oceânica sensação de ausência de Deus, Roberto naufraga na falta de sentido, afogando na desolação psíquica.

BARGANHA COM DEUS

A imaginação condensa experiências numa perspectiva de vida *com sentido de alma*. Como elemento da subjetividade individual, a imagem de uma moça bonita e muito jovem evoca a ligação de Roberto com seu passado, o aprisionamento dos sentimentos na infância sofrida e nas complicações mal compreendidas da juventude. Lembranças da adolescência avivam complexos de inferioridade: — *Esse complexo de inferioridade me impediu, a vida inteira, de curtir a vida; vem lá da adolescência, quando me comparava com meninos da mesma idade.*

O sentimento de inferioridade em relação aos outros meninos e, posteriormente, em relação aos outros homens, lhe parecia tão visível que, ao ser pontuado por um psicanalista, ele pensou: — *Vê, até minha cueca é transparente! Como é que ele está percebendo isso?"*

Essa transparência sugere defesas inadequadas em relação ao sexo. O enfermo se sente exposto, humilhado pelo sentimento de danificação, por sua debilidade e pelo desamparo, aflição imutável na vida de Roberto. Afinal, como os outros percebem tão facilmente aquilo que tenta esconder com tanto empenho?

A metáfora da *cueca transparente* lembra a vergonha da exposição em situação de sujeição aos misteriosos processos da natureza. Para uma pessoa *"muito controladora"*, é um inferno ser incapaz de dominar o corpo, principalmente quando as funções fisiológicas ficam descontroladas. A mesma metáfora ainda revela como Roberto se sente sexualmente imaturo, compelido a assumir infantilidades cada vez mais aparentes.

Ele associa seu sentimento de "inferioridade" ao problema familiar; na subjetividade, a atividade psíquica nunca se afasta das dores e dos medos da infância, o relacionamento parental é causa de complexos e comprometimentos afetivos. Sua auto-análise segue tendência predominante no pensamento psicológico, identificar, no passado infeliz a causa de toda desgraça da vida. A infância ferida e a adolescência reprimida nunca abandonam Roberto; o passado o

315

ECOLOGIA MENTAL DA MORTE

incapacita a apreciar o presente e seus prazeres. Esse tipo de análise põe em relevo o caráter neurótico da infantilidade e da inferioridade.

A "inferioridade" de Roberto sempre pode ser interpretada em termos de castração, todavia, este prisma analítico aprisiona a reflexão psicológica em dinâmicas neuróticas restritas a questionamentos edipianos. O olhar da castração fixa o passado, buscando causas para a inadequação. Esse modelo é amplamente trabalhado no campo da psicanálise, uma influência importante nos estudos da psicologia da morte e do desenvolvimento humano.

Se o trabalho analítico pretende evitar dogmatismos teóricos, como num estudo sobre ecologia mental, é preciso ampliar possibilidades interpretação. O primeiro passo, nessa direção, seria reavaliar a mitologia edipiana, considerando que ela não pode dar conta da totalidade das experiências da infância, como afirma a Psicologia Arquetípica.

No caso de Roberto, o foco na dimensão neurótica da vivência pessoal tende a obscurecer o fundo arquetípico da experiência atual, encobrindo o *Puer* e seu projeto de espiritualização da vida. Segundo Hillman, "o complexo parental não é responsável sozinho pela danificação, castração ou mutilação das *figuras puer* arquetípicas. Essa danificação refere-se à debilidade e ao desamparo particulares, no começo de qualquer empreendimento" (1998, p. 38).

Roberto traz dentro de si uma infantilidade incômoda e, sem dúvida, o pueril constitui a maior porção dos conteúdos reprimidos assustadores. A doença o transforma numa pessoa mais vulnerável e indefesa, trazendo à tona conteúdos julgados inadequados para uma vida adulta, portanto, ignorados no dia-a-dia, enterrados no fundo da mente, disfarçados ou omitidos no convívio social. Hillman ensina: "Embora a consciência do ego possua defesas, ou mesmo que *seja* ela mesma essas defesas, a criança é a própria indefensabilidade" (1981, p. 37) [grifo do autor].

Nessa perspectiva arquetípica, a juventude da alma imaginada espelha a forte influência do *Puer* na subjetividade e oferece pistas

BARGANHA COM DEUS

sobre dificuldades psicológicas de Roberto, manifestadas ao longo do processo de conscientização da morte. A criança não consegue entender bem a relação entre corpos e símbolos; a mentalidade infantil não sabe como é possível conciliar objeto concreto com a imaterialidade da vida, fisiologia orgânica com transcendências da vida espiritual.

Roberto ficou no *prejuízo* por não poder continuar o trabalho com as famílias da favela. Essa sensação de dano, de lesão e de fracasso adquire maior profundidade quando pertinente ao padrão arquetípico da experiência da morte. Assim, é possível perceber a base poética e imaginal da mente, envolvida na busca de sublimação e de desenvolvimento espiritual. Roberto se sente prejudicado por ter abandonado seu projeto de espiritualização, vinculado ao heroísmo e à imagem do Puer. Seu prejuízo ganha visibilidade nessa perspectiva arquetípica, ele perdeu a força do herói, a impressão de proximidade de Deus, a confiança de estar no caminho certo, atendendo a um chamado do espírito.

Esse dinamismo é inerente ao movimento vertical do arquétipo do *Puer*, integrado a numerosas figuras alusivas ao desenvolvimento da espiritualidade, dentre as quais o Herói, a Criança Divina, Eros, o Filho da Grande Mãe, o Filho do Rei, Mercúrio-Hermes, o Psicopompo (Guia das Almas), o Messias. Essas imagens refletem atração pela dimensão espiritual dos poderes transcendentes, por isso são vistas como chamados do espírito.

A propensão para voar e cair marca a atividade do *Puer* na subjetividade de Roberto, expõe sua fragilidade diante das contingências do tempo e do espaço, fala da dificuldade para elaborar frustrações impostas pela realidade diária. As interrogações religiosas de Roberto são características da verticalidade do Puer; anunciadas pela linguagem metafórica, são referidas a vivências de vazio interior. Ele se imagina diante do abismo, (a morte lhe aparece como um abismo), sente o chão se abrindo debaixo dos pés, cai no vazio subjetivo e, na queda, vive a culpa de haver traído o amor por si mesmo, pela esposa e por Deus. Retomando Bachelard, lembramos o valor arquetípico da imagem do abismo: ela suscita a metáfora da queda, leva o ser a afundar-se em sua culpabilidade (1990a, p. 91-110).

317

A QUEDA NO ABISMO: O SER AFUNDA NA CULPABILIDADE

Roberto nunca se perdoou pela única aventura extraconjugal em mais de 20 anos de casamento. Confessou a traição e pediu perdão à esposa, às filhas, a Deus. Acredita ter sido perdoado, porém permanece confuso com a agitação erótica da imaginação. Ele tende a falar da atração física e dos impulsos sexuais como *"coisas de adolescente"*, sinal de imaturidade. Julga as imagens eróticas efeito da repressão sexual: — *"Parece que são coisas de uma juventude que eu nunca tive, nunca me permiti viver."*

Não chega a pensar o desejo sexual como compensação da depressão, promovendo a erótica da vida. Através da imaginação, transformada em portal da subjetividade, a libido se mostra em atividade na vida psíquica, rompendo com expectativas preestabelecidas para o corpo doente e para o homem diante da morte. A erótica da imaginação demonstra como o sujeito da experiência da morte pode ter uma vida interior rica e sensual e ser muito diferente do enfermo silencioso, à espera da morte. É muito difícil acompanhar a realidade de uma queda imaginária; segundo Bachelard, trata-se de uma realidade "que se deve buscar na substância sofredora do nosso ser" (*ibid.*, p. 96).

A dor de Roberto só pode ser compreendida quando se tem a medida do quanto sua censura interior é destrutiva, pois ela bloqueia mais que prazer, ao proibir e condenar o próprio sentimento de estar vivo. A recriminação constante só destrói a imagem de si, desvalorizando realizações pessoais, conquistas materiais e gestos de solidariedade. Diante do abismo, ele cai em si, vivendo muitas culpas, como a de ser sedutor, controlador e violento, a de desejar e ser desejado. Suas dificuldades de relacionamento, o fechamento afetivo da família, a impossibilidade de usufruir a presença carinhosa dos novos amigos, tudo reclama da inibição amorosa. — *Já não agüento mais isso, pô! Apesar de todas as pessoas a minha volta, eu me sinto sozinho, vazio, só percebo o sentimento de perda.*

Herói também fica doente e barganha com Deus

A doença fere profundamente o ego convocado a incorporar a imagem do herói. Como dar conta do heroísmo, quando só é possível vivenciar perdas nas esferas mais profundas de si mesmo? Roberto sofre com tantas modificações do senso de identificação; sente falta de trocas afetivas e de intimidade; lamenta a perda da força física; antecipa frustrações e solidão, pois seus amores e seus projetos perdem a futuridade.

No fundo da *negociação para ficar curado,* há esperança de salvação, desejo de fazer diferença neste mundo, desejo de se aproximar de Deus, como o padre curado do câncer, por merecimento. Talvez Roberto quisesse falar com Deus como o padre José, recordemos: — *Tá bom. Você sabe o que faz, estou em Suas mãos. Se Você quiser que eu morra, eu morro; mas essas crianças vão ficar por conta própria.*

No modo de ver de Roberto, a doença e a cura são questão de merecimento. Aquele sacerdote merecia ser salvo, ele não: — *Eu só vivi para mim! Quem eu sou, para pedir a Deus que permita que eu viva mais tempo? Que diferença eu faço neste mundo, estando vivo ou estando morto?"*

Perguntas assim nunca recebem respostas suficientemente esclarecedoras. Cada uma fala da vontade de ser uma pessoa de melhor qualidade, mais generosa, mais envolvida com a vida comunitária, capaz de gozar da intimidade com o sagrado. Algo denominado pelos poetas *desejo do coração.* Desejos de transcendências, de expansão da vida da alma e do espírito. A pergunta portadora do *desejo do coração* não requer respostas, conforme explica Adélia Prado, "para aquilo que eu mais desejo, que eu mais quero, 'o mar é uma gota', qualquer reposta é uma gota para o tamanho da pergunta" (PRADO, 1999, p. 18).

Roberto até recebeu uma "gota" de resposta. Um momento de repouso, em meio a tanta aflição. Durante um mês de mal-estar

ECOLOGIA MENTAL DA MORTE

continuado, nem sempre passou tão mal. Ele viveu aquela experiência rápida e agradável, *gostosa mesmo*. Em casa, havia uma claridade suave e confortável; sensação rápida, lembrança forte: — *De repente, me veio uma coisa assim: deixa o tumor pra lá! Você não tem nada a ver com isso. Você não pode fazer nada mesmo! Eu, então, comecei a me sentir tão leve!*

Ele não sabe como repetir a experiência, não consegue deixar o câncer para lá. Numa cultura de negação da morte, parece impossível *"deixar para lá"* tumores e mortes. Não é permitido viver a fragilidade? Não se pode seguir o fio da vida até a morte chegar? Na fala melancólica de Roberto, ecoa o fim de uma ilusão: suas forças estão se desfazendo; profundas alterações ocorrem em seu corpo e seu mundo interior se modifica, ficando mais intenso; perde gradativamente variados poderes pessoais, como autonomia, independência, controle emocional. Um processo de dissipação das certezas ameaça a integridade psicológica, a identidade de homem independente precisa dar lugar à vulnerabilidade do enfermo: — *De repente, uma pessoa, que sempre foi independente, fica assim, carente.*

Cuidar da pobreza das pessoas da favela traz conforto; é uma alegria ser forte e ter para dar. Difícil mesmo é suportar o vazio interior, o questionamento da fé e a desolação interior. Pior ainda, é se conhecer necessitado de socorro e consolação. A depressão de Roberto está na metáfora do vazio, a essência de seu sofrimento é a ausência de sentido. No vazio, está a substância sofredora do ser que ele deve buscar.

Roberto pede apoio psicológico apenas quando sente um abismo abrir-se sob seus pés. A sensação de vertigem e de queda é apavorante. E, da mesma maneira que recusa entrar no abismo, também confessa evitar a interrogação religiosa, temendo aventurar-se em sua verticalidade abissal Freqüentemente toca no assunto com a esposa e com esta psicóloga, com quem anda falando da morte, porém, não se abre com nenhum dos vários padres que conhece.

320

O mais próximo é padre Bento, o pároco. O sacerdote vai visitá-lo de vez em quando, no entanto, não parece perceber o desespero estampado na face enferma. É verdade que Roberto se fecha, mascara o desespero, esconde a pergunta religiosa e evita falar da morte. Por que é mais fácil levar o desespero para a psicoterapia do que para o aconselhamento pastoral? Qual é o obstáculo para uma conversa franca e aberta com o sacerdote amigo, falando de suas aflições religiosas? As evidências sugerem preferência pela escuta psicológica, aberta a questionamentos da busca religiosa.

Bachelard considera a metáfora da queda pertinente aos movimentos verticais da imaginação. Ela mobiliza medos primitivos, ligados ao inconsciente, ao escuro, ao medo de cair e de não encontrar apoio: "À menor regressão, trememos com esse medo infantil. Nossos próprios sonhos, enfim, conhecem quedas vertiginosas em abismos profundos" (1990a, p. 91).

QUEDA NO ABISMO: O DIABO, QUESTÃO RELIGIOSA DO DESESPERO DEVASTADOR

Roberto vai conhecer o abismo quando um amigo, cheio de boa intenção (sem ironia), oferece uma doutrina evangélica como salvação do corpo e da alma. A doutrina identifica a doença com o mal, e o mal, com o Diabo; a fé é remédio para curar toda doença. Para recuperar a saúde, Roberto precisa combater toda incerteza, não pode duvidar da presença de Deus um segundo sequer. Só Ele tem poder para vencer as forças do mal, materializadas no câncer, se apropriando do seu corpo. No entanto, confiando totalmente no poder divino, Roberto será curado.

A dúvida se impõe, a imagem do Diabo atormenta Roberto, — *entrou muito fundo dentro de mim!* — A culpabilidade parece gerar e alimentar o desespero, fazendo o enfermo balançar entre o desejo de viver e a consciência do morrer. A sensação de castigo, de não

ECOLOGIA MENTAL DA MORTE

merecer uma morte precoce, vai machucar Roberto até o fim. A figura do Diabo infiltra-se na imaginação, lembrando pesadelos onde o Mal ataca o sonhador, subindo em seu peito, oprimindo a respiração, sufocando o espírito com a idéia de pecado sem perdão. O valor arquetípico do Diabo é poderoso, condensa metáforas de *ser decaído*.

Capovilla avalia a questão do sofrimento intenso, considerando contextos da psicologia clínica e da teologia cristã protestante. Na apresentação da discussão, o autor esclarece (2002):

> Situações de sofrimento pessoal devastador freqüentemente geram profunda perplexidade que, a partir de determinado ponto, pode comprometer sistemas inteiros de crenças que, em conjunto, constituem a cosmologia pessoal do paciente. Assim, podem minar a função de suporte desses sistemas à personalidade e à malha de relações pessoais, precisamente quando tal suporte é mais necessário.

Roberto é uma sombra pálida do homem bonito e forte de cinco meses atrás. Mesmo assim, sem forças para nada, não dorme nem come há dois dias, caminha pela casa o tempo todo, agitado e atormentado por medos primitivos e infantis. Dentro dele existe uma criança perdida e assustada; mas o olhar, janela da alma, revela a possibilidade de controlar a situação, pois o adulto está lá, no fundo do olho, checando a reação do interlocutor.

O *Puer* agoniza na escuridão do abismo interior. Na linha contínua da experiência espaço-tempo, apareceu uma fenda, deixando vazar imaginação, criando sentidos para a experiência do vazio, para o abismo, para a depressão na qual o herói caiu e, agora, pergunta de sua religiosidade, pois até mesmo o guerreiro precisa repousar no Mistério. Quem associa o repouso do guerreiro ao Mistério é a *Outra Voz*, a da poesia: "Esse repouso ocorre quando eu me prostro, quando eu me curvo, quando eu me submeto, quando eu adoro" (PRADO, 1999, p. 18).

BARGANHA COM DEUS

Apoio psicológico na fronteira da orientação espiritual

A paz de Roberto depende de um poder apropriado para dominar o Diabo, capaz de amansar a selvageria da culpa, da doença e da morte. Ele precisa de ajuda para se prostrar diante do sagrado, manifestado no ponto de ambivalência e conflito existencial mais profundo, na fenda aberta pela indagação religiosa diante da morte. Quem poderia fazer eco a dúvidas evocativas do Deus do perdão? Quem poderia ajudar Roberto a encontrar o Deus que sua alma ama?

A palavra de salvação vem de outro homem doente e sofrido, um crente cuja fé não partiu diante dos padecimentos, aquele sacerdote merecedor da cura de um câncer. Certamente esse é um componente importante na intervenção de ajuda que alterou a situação de Roberto. Provavelmente a conversa e a confissão garantiram o perdão, invocando paciência e aceitação diante do fato inevitável. Não é possível saber o conteúdo da conversa de Roberto com padre José.

Após confessar-se, ele se acalma e se prepara para partir. A agitação desesperada aquieta, começa o desligamento do doente em relação ao mundo dos vivos e saudáveis. Depois de tanta luta, vêm a entrega e o adormecimento. Roberto aceita a orientação do sacerdote para comungar diariamente; a solidão é abandonada, recebe alegremente a visita diária dos ministros da eucaristia. Delega à esposa a responsabilidade de decidir quando vai levá-lo para o hospital para ser sedado. Quer morrer sem sentir dor. Sua imagem da morte, como acontecimento doloroso, foi vivida até o fim.

CAPÍTULO 7

COMO DOMESTICAR A MORTE SELVAGEM?

ECOLOGIA MENTAL, CONSCIENTIZAÇÃO E ACEITAÇÃO DA MORTE

Nosso ponto de partida, na apreensão e avaliação de processos de ecologia mental da morte, pressupõe a necessidade de criação e ampliação de recursos subjetivos para sustentar a percepção da morte (a própria, a de entes queridos). De certo modo, os recursos devem "armar" a subjetividade para enfrentar a "selvageria" da morte, simultaneamente, constituindo saídas ou linhas de fuga para tensões emocionais subjacentes, potencialmente desagregadoras, freqüentemente alienadas do conjunto de experiências da conscientização e aceitação da própria mortalidade.

A constituição desses recursos depende de operações mentais destinadas a "domesticar" a *selvageria* da morte; envolve criação ou resgate de universos de referências e valores para abrigar o horror coletivo diante da morte e sua fantasmática macabra (bestial, terrível, feroz), imagens evocadas pela metáfora do *selvagem*.

O termo *selvagem* é valioso, favorece a organização de uma categoria de experiência alusiva ao *"estranho em nós"*, concepção de Guattari a respeito de uma *"alteridade ela mesma subjetiva"*, fundamental em todo processo de singularização das subjetividades. Neste segundo movimento da análise, a especulação retoma a narrativa, configurando intensidades afetivas e emocionais associadas a imagens arquetípicas e figuras míticas, pertinentes à metáfora do *selvagem* (subjacentes ao horror coletivo diante da morte).

O INSUPORTÁVEL DA EXPERIÊNCIA DA MORTE

Roberto vivencia experiências subjetivas muito ameaçadoras ao reconhecer a proximidade da morte. Uma síntese da vivência imaginal talvez amplie nossa percepção da intensidade de seu sofrimento psíquico, avassalador diante do impacto da morte próxima e inexorável. A grandiosidade do *vivido* é propagada por imagens que irrompem na linearidade do relato das experiências, configurando o fundo arquetípico do processo de conscientização da morte. Em destaque, estão palavras ou expressões associadas ao "insuportável" na experiência do narrador; compondo um quadro de dificuldades enfrentadas por Roberto, cuja intensidade trai a presença da alma.

CONFUSÃO: IMAGEM DO LABIRINTO, ANGÚSTIAS LABIRÍNTICAS

A confusão de Roberto é associada à perda de conexão com a vida; ele ainda sente a vida dentro de si, mas não sabe como chegar até ela. Sua experiência evoca a imagem do *labirinto*. É importante *habitar* esta imagem para compreender suas angústias *"labirínticas"*: a sensação de estar preso num caminho, entre um passado bloqueado e um futuro obstruído. Os sonhos de futuridade do *Puer* não são compatíveis com o corpo doente e rejeitado; toda vida de Roberto está no agora da enfermidade, distrações possíveis no momento presente são transformadas em *ilusão* e *banalidades*.

COMO DOMESTICAR A MORTE SELVAGEM?

A mente pode ter amarrado a idéia da doença na idéia da morte, marginalizando a vitalidade nos labirintos da subjetividade. A angústia *"do aperto"* acompanha o encolhimento do mundo de Roberto; como já foi visto, a vida reflui para dimensões domésticas, da casa, do quarto, da cama, habita o corpo doente, amarrado na idéia da morte, assombrado pela atividade imaginativa de uma psique *com sentido de alma*.

CORPO DOENTE E ESTRANHO, A ANGÚSTIA DO ESTRANGEIRO

O *espelho,* procurado várias vezes ao dia, revela a imagem do corpo doente, também reflete a imagem de um estranho, — delineia a imagem do duplo, da sombra, do outro, da *alteridade ela mesma subjetiva*, acionando a *"angústia do estrangeiro"*. O peso do sofrimento sem sentido trai a *selvageria* de uma doença da vida, que ataca a própria vida. No espelho, Roberto encontra sinais do câncer ganhando "a batalha", a doença joga do lado da morte; o reflexo especular mostra sua vida em estado de deterioração, pulsando em tumores espalhados por toda parte, um imperialismo celular descontrolado e aniquilador.

Se o duplo de Roberto, neste período da vida, está na imagem do adolescente, o *Puer Aeternus,* como imagem do espírito, tende a chamar a atenção da consciência para a verticalidade da imaginação espiritual. No mundo interior, Roberto se confronta com imagens mais obscuras, associadas a experiências psicológicas da morte, essa presença imaginal aponta a necessidade de descer, de ir para baixo, para ampliar a capacidade de suportar a *angústia labiríntica*.

METÁFORA DO ABISMO: ANGÚSTIA DA QUEDA E CULPABILIDADE DO SER

Roberto está diante do abismo, vislumbra a profundidade da vida subjetiva. A imagem do *abismo* desperta a *angústia de queda*

ECOLOGIA MENTAL DA MORTE

e a *culpabilidade do ser*. A questão teológica de pecado e de culpa original sempre subentende a morte, sinalizando outros elementos significativos para domar a *morte selvagem*.

No fundo da experiência de Roberto, o *Puer* está caído no abismo. Todavia, a queda altera e amplia seu potencial metafórico, no mundo da alma a infantilidade recebe um novo colorido e uma nova denominação, é a *"criança divina"* instalada no coração da humanidade. Sempre está no fundo do abismo, chamando atenção, sem ser ouvida; transporta imagens da eterna inocência, contrapondo-se ao imaginário da culpa e do pecado original, ambos associados ao conhecimento da morte. De qualquer ângulo, (pela culpabilidade do ser ou pela inocência original), encontrarmos a infância indefesa, desnudando fragilidade e dependência, alimentando complexos de inferioridade, bem escondidos ou mal disfarçados; a infantilidade *divina* também pode se esconder nos labirintos do mundo imaginal.

A *criança divina* é promessa de troca simbólica, é imagem da inocência original de todo vir-a-ser, é o Ser e a subjetividade em estado nascente. Ela recupera o sentido imaginal da experiência subjetiva, tocando com a magia da infância toda experiência da vida. É promessa de vida nova, sentada no umbral da morte.

Na solidão, parceira dos sentimentos de perda vividos por Roberto, é mais inquietante lembrar o desamparo guardado nos choros da infância. As noites maldormidas do passado sobrepõem antigas aflições aos sofrimentos do presente; as noites e suas imagens voltam a se arrastar pelo quarto e pela casa, trazendo sentimentos de abandono e medos primitivos. A *criança abandonada* chora no mundo imaginal; seu sofrimento constela uma condição psíquica de extrema carência, exigindo a proteção merecida por tudo o que é pequeno, novo e frágil — inclusive um processo de conscientização e aceitação da morte.

No mundo imaginal, a *criança* nunca fica sozinha; consecutivamente ela aparece cercada de figuras arquetípicas protetoras e /ou ameaçadoras — pais adotivos, reis e rainhas, amas e camponeses, caçadores, animais, monstros, anjos e demônios. Roberto está em situação de extrema fraqueza física e vulnerabilidade psíquica; condição existencial continuamente implicada na imagem da *criança mítica*, imagem arquetípica dos nossos sentimentos de desamparo e dos processos de regressão, sinalizadores de necessidades físicas e psíquicas importantes, que exigem cuidados especiais, de proteção e guarda.

Não é difícil imaginar que Roberto tenha sufocado no peito o brado: "Pai!" E traga na alma uma súplica: "Mãe!" O Pai é pedido de amor que orienta, cuidado capaz de proteger e apartar o ser de todo mal; a Mãe é pedido de amor que acolhe e enxuga toda lágrima, cuidado capaz de apaziguar temores do ser, com afeto e carinho físico.

O silêncio de Deus na falência da vida

Roberto sofreu muito ao se ver barganhando com Deus; a busca da verdade o fez sentir o silêncio de Deus na falência da vida. O mal-estar ao se reconhecer *"barganhando"* com Deus é fruto de sincera e honesta aspiração de bondade e de falta de avaliação adequada — (ou falta total de avaliação) — sobre dimensões psicológicas desse tipo de negociação.

Kovács observa que, ao estabelecer pequenos contratos com Deus, a pessoa define metas de vida com forte significado emocional e afetivo, havendo sempre possibilidade de guardar segredo a respeito da *barganha*. Além disso: "É importante notar que estas metas podem agregar uma energia a ser mobilizada pela vida" (2002, p. 80).

O desespero leva Roberto a buscar vida religiosa em outra doutrina, que o empurra para o abismo da desolação psíquica. Ele se afasta da religião da infância, levando a dúvida e o questionamento religioso até o fim. E acaba mergulhando no vazio, despenca no abismo tão temido. A vivência da morte como pecado parece aterradora! A culpa devora o ser, agora o medo é corporificado e o desespero também. Ele vive intensamente suas emoções. Balança numa gangorra de desejos e medos: entre a vida e a morte, entre a fé e o nada, entre Deus e o Diabo.

O Diabo é o conteúdo *selvagem* alojado no abismo da morte. Essa imagem parece invadir a subjetividade, habitando o sentimento de desolação e ameaçando a vida além da vida. O horror diante da morte transporta uma imagem poderosa; de certa maneira, é o Diabo que obriga Roberto a encarar seus questionamentos religiosos. Lúcifer também faz parte do processo de conscientização da morte, como aspecto mítico da angústia da queda e da culpabilidade do ser, iluminação importante nos processos de criação de sentido.

Na dor e pelo sofrimento devastador, Roberto encontra o Mistério e se prostra e repousa. O retorno e a entrega à religião da infância permitem o resgate do valor simbólico dos sacramentos. A confissão apazigua a culpabilidade, a eucaristia evoca a imagem de uma alma vitoriosa, ajoelhada diante do Amor. Poetas dizem que nosso descanso é este, é ter alguém maior que nós. Adélia Prado afirma: "Dá muito descanso quando você encontra aquilo que pode adorar" (1999, p. 22).

O "ESTRANHO EM NÓS" E A METÁFORA DO SELVAGEM

Todas essas imagens — e cada uma delas por si mesma — espelham imagens do impacto da morte; configuram condições subjetivas do processo de transição, da percepção da morte para sua aceitação. Elas refletem vivências do impacto da morte; oferecem maior visibilidade a uma espécie de angústia do *"estrangeiro"*, associada ao estado de alerta contra sentimentos de aniquilamento.

Um processo de ecologia mental sempre supõe experiências de estranhamento de si mesmo, vivências destituídas de sentido. A pessoa questiona: — O que é isso em mim? O que me atormenta tanto, o que me confunde e ameaça? — Como Roberto, dizendo: — *Eu estou muito confuso, não sei o que quero...*

Na imaginação encontram-se *entidades psíquicas* tanatológicas; algumas são macabras e terríveis, outras, estranhas ou simplesmente desconhecidas; todas podem assombrar a subjetividade em confronto

COMO DOMESTICAR A MORTE SELVAGEM?

com a morte. As imagens são vias de acesso a intensidades subjetivas do processo de conscientização e aceitação da morte; condição em que é comum uma avaliação mais cuidadosa da vida, incluindo reflexões sobre uma existência não vivida.

É tempo de descobrir subjetividade em estado de vir-a-ser, habitando desejos e projetos abandonados, necessidades ignoradas e amores impossíveis. Nesse sentido, há muitos fantasmas da morte assombrando labirintos da subjetividade.

Na perspectiva da ecologia mental, a mesma repetição-refrão expressa a dor de assumir a falência da vida e assinala o potencial excluído de pulsões e de impulsos, consignando a potência construtiva de toda sorte de desejos andarilhos, aspectos do psiquismo descolado de territórios existenciais mais estritos, como o do ego, do si-mesmo, da cultura grupal e dos meios de comunicação de massa.

Qual sofrimento reflete o aspecto da subjetividade vivido como *"o estranho em nós"*, potencial *"selvagem"* de um vir-a-ser pesado e difícil de sustentar? Segundo o próprio Roberto, o insuportável no seu processo de conscientização da morte é o vazio interior. Confuso e anestesiado, ele vive o vazio plenamente, não sente nada. Só conhece o sentimento de tristeza, de solidão e de perda; tudo o mais foi esvaziado de sentido, tornou-se carga afetiva *estrangeira*, distante da consciência.

Vazio e abismo: metáforas da alma e da morte

O vazio é insuportável por quê? Como abordar este psiquismo não modelado e sem sentido, não enquadrado nos referenciais simbólicos ou deslocado dos universos de valores modeladores da subjetividade? O vazio e ausência de sentido são elementos significativos da experiência religiosa.

Dividido, Roberto ignora o que perdeu e como perdeu; tampouco consegue encontrar a própria alma, que sua morte reivindica. Perdido,

ECOLOGIA MENTAL DA MORTE

sente-se incapaz de manejar sentimentos e pensamentos, não sabe avaliar a própria existência e não encontra maneiras de elaborar a ânsia de prazer aprisionada na subjetividade. Seu vazio evoca o estranhamento da morte; na imaginação, ela aparece como abismo.

Abismo também é imagem arquetípica importante, pois abarca a noção de psique corporal vinculada ao planeta habitado. O abismo é vazio capaz de provocar a queda da imaginação na materialidade da vida; a imagem propicia conscientização da morte como descida ao mundo inferior, ao vale da intimidade vivida de forma inconsciente.

Vive-se o abismo em todo acontecimento traumático. Nas situações em que o chão parece abrir-se sob os pés, produzindo a vertigem da queda, a náusea e a sensação de frio na espinha. É quando é mais perceptível o vazio instalado na subjetividade. Bachelard ensina que é destino do homem comum cair no abismo. O super-homem tem destino diferente: — "Perto do abismo, o destino do super-homem é arrojar-se, como um pinheiro, para o céu azul" (1990a, p. 149).

Roberto não quer entrar no abismo... Imagina ser capaz de sustentar-se na vida sem qualidade de vida, ou anseia o vôo libertador para ter a visão de abismos abaixo de si? Ele desafia a morte? Como a árvore plantada na beira do abismo, que em Nietzsche, citado por Bachelard, sugere vontade de *querer-ser* enfrentando a morte (1990a, p. 148).

> O pinheiro agarra suas raízes,
> ali onde o próprio rochedo
> contempla as profundezas estremecendo...

Não se pode dizer que Roberto tenha vivenciado o fim de acordo com referenciais da cultura de negação da morte. A singularidade de sua trajetória está exatamente na maneira como enfrentou o "pacto de silêncio" —— sustentou o discurso da morte até o fim, inclusive quando afirmava não querer falar mais dela. Jamais negou a necessidade de falar claramente da própria finitude, tampouco ignorou dificuldades de aceitar a morte.

COMO DOMESTICAR A MORTE SELVAGEM?

Ele vivenciou profundamente a perda da vida e deixou a marca dessa dor. É muito difícil acolher o desespero de uma pessoa que, ciente de estar morrendo, é capaz de dizer claramente, e até o fim: — *Eu não me conformo, eu não me conformo, sou moço ainda, meu Deus! Eu quero viver, eu quero viver.*

Falar claramente do fim é um ato de rebeldia contra os valores da negação coletiva da morte. Não aceitar uma morte inevitável e declarar a recusa é transgressão mais grave ainda. As duas falas incomodam profundamente os vivos e saudáveis: a primeira desafia a medicina, que prefere o paciente calado e esperançoso, submisso ao seu ideal de longevidade; a segunda desafia a pessoa religiosa, ansiosa por uma rápida passagem da consciência da morte para sua aceitação, almejando desprendimento fácil da vida terrestre e a antecipação gloriosa da vida após a vida. Falar abertamente da própria finitude e rejeitar declaradamente o extinguir-se iminente e reconhecido, são atitudes que desafiam a opinião pública, porque a maioria parece preferir o morrer tranqüilo e silencioso, sustentado por atitudes heróicas.

No coração da humanidade talvez exista um desejo inerente ao confronto com a morte: levar a coragem de ser até o fim, apesar do medo; conseguir distância afetiva da dor e silêncio emocional diante da perda do bem mais precioso (a própria vida ou a vida de pessoa amada). A experiência de Roberto deixa clara a distinção entre o processo de conscientização e o processo de aceitação da morte. Nesta distância entre conhecimento e aceitação, encontra-se a subjetividade pessoal amarrada na subjetividade produzida pela cultura de negação da morte. Como entender isso?

DESESPERO E A INDAGAÇÃO RELIGIOSA DIANTE DA MORTE

A narrativa apresenta o padecimento de um homem religioso, atormentado pelo silêncio de Deus e por uma relação machucada pela dúvida. Seu desespero rompe novamente o silêncio da negação

ECOLOGIA MENTAL DA MORTE

coletiva da morte, desta vez revelando com humildade algo parecido com uma "inferioridade" do sentimento religioso.

Quando recusa entrar no abismo, não exprime apenas o horror da morte; demonstra também rejeição ao mergulho religioso na fé, que está questionando. O desconforto diante de questionamentos sobre a própria religiosidade sugere que Roberto atribui suas dúvidas a alguma fraqueza do espírito e à falta de fé; sua dificuldade em buscar orientação espiritual e pastoral, de grande valor para avaliar a ausência de sentido, permite supor sentimentos de inadequação, culpa e vergonha, em relação ao assunto.

Talvez, Roberto ignorasse como pode ser singela a indagação religiosa diante da morte, questão de sensibilidade e capacidade de apreciar o bom e o belo, independente de heroísmos e coragem auto-afirmativa. Como diz Rubem Alves, "o sentido da vida é um sentimento" (1989, p. 123).

A entrada na experiência do vazio ou do abismo é importante para acionar a atividade imaginativa de criação de sentido. É necessário ultrapassar a recusa inicial do sujeito, — (ele não quer entrar no abismo, não agüenta mais o vazio), — dar abrigo e sustentação ao conteúdo ameaçador e *selvagem*, — (articular referencial ético-estético para a potência descolada do universo de referencia original), — sem produzir sofrimentos devastadores.

A "domesticação" do elemento estranho e ameaçador depende da reflexão ético-estética, do engajamento da subjetividade na criação de sentido. Por intermédio do jogo ecológico da imaginação, alguma relação se estabelece entre a consciência reflexiva e o *"estranho em nós"*, inicialmente vivido como mal, aflição e estranhamento de si. Na repetição, alguma familiaridade é obtida; o conteúdo ameaçador começa a ser d*omado*, transformando-se em *"bem doméstico"*. Esta expressão, tomada de empréstimo de Guattari, sintetiza o processo de criação ou re-invenção de um universo de referências e valores, cuja função é alojar a potência em busca de sentido.

COMO DOMESTICAR A MORTE SELVAGEM?

O mal, a doença e a morte parecem fundir-se na ausência de sentido; deixam Roberto extremamente perturbado, sem recursos para o confronto com a mais selvagem das imagens selvagens, escondidas no fundo do abismo. Ele acredita que a história do Diabo *"entrou muito fundo."* É mais provável que tal imagem rondasse a subjetividade há muito tempo, ameaçando a alma jovem e imatura, atormentando incontáveis noites maldormidas.

DESESPERO, ALMA E A FUNÇÃO SENTIMENTO

Quando Roberto estranha a pergunta sobre sua alma, a falta de familiaridade com o tema sugere desinteresse pelo assunto ou um processo educativo, (incluindo a catequese), desfavorável ao desenvolvimento da função sentimento. Hillman põe em destaque a importância de uma educação da função sentimento, principalmente para valorizar a vida com *sentido de alma*. Insiste na necessidade de promover a diferenciação entre: sentimento como uma função da consciência; sentimento como conteúdo subjetivo, entre função sentimento e imagem da alma ou da anima. Esta distinção é importante para manter a anima diferenciada, como complexo simbólico da profundidade e do âmago do ser (FRANZ e HILLMAN, 1990, p. 188-215).

A preocupação se justifica, pois, na atualidade, o desenvolvimento da função sentimento é precário, em vista da supervalorização das funções pensamento e sensação, no processo educacional em geral. A inferioridade da função sentimento costuma aparecer na psicoterapia, espaço habitualmente visitado por dores e sofrimentos mal avaliados. A dificuldade de operar conscientemente a "razão do coração" leva a confusões e erros de julgamento, diminuindo a capacidade de suportar alegrias e tragédias da vida.

Segundo Hillman, a função sentimento só pode ser corrigida pelo próprio sentimento, e todo sentimento requer uma "educação pela fé" (*ibid*:189). Isto significa re-aprender a confiar nos sentimentos e entender que, encontrar a "razão do coração" é uma forma de exercitar a função sentimento.

ECOLOGIA MENTAL DA MORTE

Roberto reconhece não saber manejar seus sentimentos; não desenvolveu um modo próprio de utilizar a função sentimento, sua consciência carece de recursos para avaliar a existência e contrabalançar ambivalências fundamentais, em relação ao corpo, à doença e à morte.

A função sentimento é recurso importante para a subjetividade em confronto com a morte, principalmente porque permite reconhecer a ânsia de viver como busca psicológica de auto-realização. É, ainda, mediadora dos processos de singularização; exerce papel fundamental no desenvolvimento da reflexão ético-estética, aprofundando o espaço interior na direção da alma; constrói perspectiva de profundidade diferenciada, capaz de avaliar e refletir filamentos sombrios do si-mesmo em permanente estado de vir-a-ser, "a alteridade ela mesma subjetiva" responsável por processos de subjetivação auto-referenciados.

O exercício da função sentimento promove desenvolvimento da reflexão ética, na horizontalidade dos relacionamentos sociais e na verticalidade das tensões morais, que nos deixam perplexos. Com reflexão psicológica transformamos o potencial subjetivo em ato criativo, passamos dos comportamentos reativos e das condutas condicionadas, aos atos verdadeiros e consagrados.

O processo de aceitação da morte envolve profundas reflexões psicológicas, cuja natureza ética e estética promove a troca simbólica com a morte. Sem o auxílio da função sentimento, a reflexão paralisa diante da impossibilidade de lidar com a angústia do *estrangeiro,* marcante na metáfora da *morte selvagem.* O pensamento acaba relacionando todo foco de ausência de sentido com o arquétipo do caos, com paradigmas da negatividade e da discórdia.

A relação com Deus também sofre profundas distorções, quando a função sentimento é um aspecto dos problemas da época, ou seja, aparece vinculada à questão da individuação da subjetividade e da auto-realização. Na visão de Hillman, o desenvolvimento da

COMO DOMESTICAR A MORTE SELVAGEM?

singularidade pessoal é uma ação "de percepção do sentimento, de percepção daquilo que sentimos, de sentir aquilo que somos" (...).

Por meio da função sentimento, a consciência opera a apreciação ética e estética da vida; aprecia e julga a importância de uma idéia, sem tomá-la para si; é capaz de medir a beleza das intuições indomáveis. Como instrumento de organização da consciência, a função sentimento ajuda a penetrar no aspecto de sentimentos descolados de territórios existenciais, conjugados a pulsões, impulsos e desejos "marginais" e "cafajestes". Além disso, para avançar o processo de conscientização da morte, em direção ao processo de aceitação da morte, é preciso ter fé no sentimento que aprecia e valida a troca simbólica com a morte.

O relato de Roberto sugere que, na experiência subjetiva, a alma envolve a função sentimento, produzindo distorções cujo efeito é torná-lo demasiadamente sensível, *"apegado em formalidades"*, mostrando vacilações; no fundo, decorrentes de envolvimento superficial com sistemas de valores. São características do *"sentimento-anima"*, correspondente à imagem de uma alma jovem nos sonhos de um homem; esta alma-jovem adquire grande importância na subjetividade e qualifica a sinceridade da consciência.

A subjetividade governada pela imagem da alma-jovem segue valorização imatura e pueril da existência, gerando insegurança em relação aos próprios desejos e projetos existenciais. Os julgamentos pessoais tendem a oscilar, seja pelo medo de errar, seja pelo medo de perder o prestígio, seja pelo medo de ferir a si mesmo ou a alguém. O desenvolvimento da função sentimento requer coragem psicológica, ensina Hillman, porque é preciso coragem para enfrentar conteúdos estranhos da subjetividade; para reconhecer a destruição nos próprios complexos e para submeter-se (colocar-se por baixo) ao processo de dissolução, desintegração e ao vazio: "A coragem se revela na tendência da função sentimento em aceitar como seu tudo o que aparecer" (*ibid.*, p. 191-193).

Sobre a troca simbólica

A iniciação na morte é a experiência religiosa primordial, de sacrifício do ego, de despojamento de si, de pobreza profunda e entrega absoluta. A "razão do coração" questiona o vazio, afunda no abismo e procura escutar o silêncio da ausência de sentido. A racionalidade do sentimento descobre o valor do paradoxo, ao falar algo inefável; revira sentimentos em busca dos valores mais profundos, considerando o sistema de crenças adotado. A razão do coração avalia, sem medo, os dogmas da fé, com respeito e atenção; tende a comparar o processo de santificação com o processo de individuação, revisitando muitas e muitas vezes, ao longo da vida, as próprias crenças, dúvidas e certezas.

Como recurso da consciência, a função sentimento ajuda a descobrir quando a depressão é paralisia, quando é parada para refletir, quando é morte ou vazio; revelando-a como busca do sentido e de sentidos, elemento fundamental da experiência religiosa. A ausência de sentido não exige entendimento nem enquadramento lógico, pede apenas consentimento para a experiência em si; aceitação da pobreza mais radical do *ser*, da falta e da carência absoluta, do vazio existencial, conforme reflexões da poetiza Adélia Prado (1999, p. 17-32).

Os estados subjetivos relatados por Roberto impõem perguntas pelo sentido; como um poema, também transportam a ausência gerada pela condição de orfandade ontológica, original e característica do ser singular, ser da subjetividade individuada (*ibid.*).

Os poetas sabem do potencial da depressão como experiência religiosa, no sentido de conexão interior, de mergulhar no vazio em busca de si mesmo. Adélia Prado fala do vazio e da experiência religiosa como criação de sentido, produção de subjetividade autoreferente, comparável aos processos de subjetivação autoposicionados (*ibid.*, p. 18):

> A experiência da depressão é a experiência do vazio, exatamente ausência do sentido. Então essas experiências são religiosas, porque se referem

COMO DOMESTICAR A MORTE SELVAGEM?

ao sentido, a uma unidade fundante. E nenhuma filosofia, nenhuma doutrina, muito menos uma ideologia é ferramenta para a experiência fundante, mas a radical pobreza e feminilidade do meu ser, seja homem ou mulher. Essa experiência supõe a necessidade de um radical feminino em mim, que aqui é sinônimo de pobreza, para que essa experiência aconteça e eu estabeleça um contato com esse centro que me persegue como se fosse um aguilhão. Deus é um aguilhão.

No confronto com a morte, Roberto pode ser o sujeito dizendo "sim" ao Mistério. Na visão poética da morte e do Mistério, o sim não impede rebeldia e recusa da morte. Conforme Adélia Prado, "... eu posso me rebelar e morrer fazendo birra e falando 'não'; mas é a hora da minha mais extrema liberdade, dizer 'sim' ao Mistério" (*ibid.*, p. 28).

A análise de cada tema revela e discute um foco de angústia, de ambivalência e ambigüidade; pontua uma espécie de sobreposição de valores entre a vida e a morte. É possível observar, na confusão declarada, a experiência da falta de sentido, acionando a angústia do *estrangeiro*. As imagens enquadram a confusão e o sentimento de vazio, como reflexos da atividade psíquica, oferecendo um vislumbre da *alteridade ela mesma subjetiva*; o *isso* que inaugura o ponto de partida de todo processo de ecologia mental.

Na narrativa, há sobreposição entre movimentos de aceitação e de negação, especialmente no momento mais crucial do conhecimento da morte, quando se instala a certeza de sua iminência; ele sabe ter pouco tempo de vida e sente intensamente perdê-la; vive uma experiência tremenda, horrível e avassaladora. Relacionado à figura do Diabo, o desespero de Roberto é rápida e facilmente interpretado como fruto da culpabilidade excessiva, associado à idéia de pecado decorrente da formação religiosa. Será esta a única avaliação psicológica viável?

Sobre a interferência do amigo evangélico, vale um reparo: a doutrina e o ritual propiciaram um sofrimento devastador, porém fundamental; se não levou à cura, sinalizou e promoveu a busca de salvação. Além disso, a mesma oferta de ajuda bem intencionada poderia ter repercussões muito diferentes em outras pessoas; inclusive seguindo rumos diferentes, no sentido de eliminar dúvidas e produzir total confiança e fé diante do Mistério.

MISTÉRIO, EXPERIÊNCIA RELIGIOSA E PSICOLOGIA DA ACEITAÇÃO DA MORTE

A palavra mistério vem do grego *myein*, é empregada tanto para o fechar das pétalas de uma flor, quanto o cerrar das pálpebras. Segundo Hillman, trata-se de um movimento natural de encobrimento, mostrando consideração e pudor face ao mistério da vida, metade da qual acontece no escuro (1976, p. 175).[1]

Alguns processos psicológicos têm a tendência ao encobrimento e ao mistério, sendo exatamente o segredo que os faz funcionar. Segredo e mistério são características apropriadas ao processo criativo; da mesma maneira indicam virtudes adequadas ao relacionamento amoroso, à oração, à contemplação e ao retiro espiritual. O processo de individuação da subjetividade apresenta dimensões secretas e misteriosas, constituindo experiências marcantes e significativas na história de vida. Sobre este aspecto, Hillman argumenta *(ibid.)*[2]:

A coisa mais extraordinária a respeito de nossas experiências mais grandiosas, é serem tão secretamente íntimas, que significam apenas para nós, pessoalmente, individualmente. Nem tudo o que é escuro é

---

[1] *"The word mystery comes from the Greek* myein, *which is used both for closing of the petals of a flower as well as of the eyelids. It is a natural movement of concealment, showing the piety of shame before the mystery of life, half of which takes place in the dark."* (Tradução minha).

[2] *"The extraordinary think about our major experiences is that they are so secretely intimate, meaning just us, personally, individually. All that is dark is not necessarily repressed. And what is deep in depth psychology — even if conceived on a biological model as rooted down in the dirt and darkness — must remain underground. The source is out of sight".* (Tradução minha).

COMO DOMESTICAR A MORTE SELVAGEM?

necessariamente reprimido. E o que é profundo na psicologia profunda — inclusive o que é concebido segundo o modelo biológico, enraizado na sujidade e na escuridão — deve permanecer subterrâneo. A fonte está fora da vista.

Na subjetividade *vivida* encontramos muito mais que um esqueleto rígido, destituído de vitalidade transcendente; vislumbramos um núcleo subjetivo misterioso, diante do qual nos tornamos reticentes, na avaliação do processo de aceitação da morte.

Na narrativa de Roberto, percebem-se claramente associações entre a crise de desespero e a indagação religiosa. Na sua experiência, ocorre confronto com uma *entidade psíquica,* potencial analisado como referencial da *morte selvagem,* entrelaçado na experiência criativa e religiosa. Antes de morrer, Roberto confrontou suas dúvidas religiosas, plenamente enquadradas pela figura mítica e arquetípica do Diabo, que entrou *muito fundo* nele.

O apaziguamento do desespero acompanha a disponibilidade para orientação espiritual, promovendo resignação ou paciência para suportar a própria condição existencial. Ambas são atitudes de conformação ou subordinação da pessoa a uma vontade maior. Estas palavras, conformidade, subordinação, resignação e paciência não combinam com a idéia geral de heroísmo, como elemento necessário ao encontro com a morte, com a dor, com o amor. Sem uma vontade poderosa e um ego heróico, seria impossível assumir o fim da vida pessoal com serenidade.

Mapear essas zonas onde religião e psicologia estão tão próximas é tarefa muito difícil; principalmente diante da morte, quando apoio psicológico e orientação pastoral constituem atividades inter-relacionadas. Alguns psicólogos preocupam-se em delinear tais fronteiras, considerando o relacionamento entre espírito e alma. Bonaventure, analista junguiano, afirma: "não é o espiritual que aparece primeiro, mas o psíquico, e depois o espiritual". O mesmo autor adverte: "É a partir do imo espiritual interior que a alma toma seu sentido, o que significa que a psicologia pode de novo estender a mão para a teologia" (2000, p. 5).

ECOLOGIA MENTAL DA MORTE

De qualquer maneira, tanto na psicologia como na religião, é mister reconhecer a importância das atitudes de receptividade e aceitação dessa "inferioridade" do sujeito, concernente à "razão do coração"; dar espaço para vivências do *feminino interior* (na psicologia) e da *radical pobreza do ser* (na teologia), assinalando que, na hora da morte concreta, nem sempre a recusa significa submissão à negação e ao horror coletivo.

É sensato examinar a explosão de emoções e a exposição do sofrimento, também como uma forma de rebeldia, diante da extradição da doença e da morte, e do pacto de silêncio, fatores inerentes ao isolamento de pessoas no fim da vida; ponderar a possibilidade de, nessa direção, a rebeldia emocional e a exteriorização da dor de deixar a vida presente podem sinalizar processos subjetivos secretos, originados na base poética da mente, atribuídos às fontes de criatividade das subjetividades e à eficácia da troca simbólica com a morte.

Nesta linha analítica, Sudbrack, estudioso da experiência religiosa e do encontro entre Religião e Psicologia, alerta para a necessidade de comparar e refletir a respeito das diferentes maneiras de pensar a morte digna ou a boa morte, sempre vinculadas à aceitação do fim. O autor alega que para o cristão a morte não precisa ser encarada como um "adormecer sorridente", nem apenas como "um passo a mais a ser dado" (2001, p. 71-83). Neste caso, a indagação religiosa da morte exprime valores da alma cristã, engajada na busca de salvação e no relacionamento com seu Deus, que é Amor.

Valor da morte e valor da pessoa à morte

A construção de sentidos para a morte inclui duas necessidades: recuperar o valor da morte e recobrar o valor da pessoa à morte, conforme Bowker avalia em estudo acerca dos sentidos da morte (1995). O autor desenvolve uma visão geral de afirmações sobre a morte, constantes nas principais tradições religiosas ocidentais e orientais; mediante processo crítico-revisor inverte radicalmente, preconceitos e mal-entendidos generalizados sobre o lugar da morte

COMO DOMESTICAR A MORTE SELVAGEM?

nas religiões. Seu foco é o tema do sacrifício e da amizade, presentes nas religiões.

Ao examiná-los, demonstra como a aceitação da própria morte pode ser integrada à aceitação positiva da vida mais ampla do universo, de modo que a aceitação da finitude ganha um sentido religioso, quando é vista como forma de sacrifício criativo a favor da vida, levando o indivíduo a sentir-se como "filho do universo".

A tese do autor conjuga os temas da amizade e do sacrifício, valorizados nas principais tradições religiosas, reiterando pontos de contato vital entre ambos, sacrifício e amizade, e compreensões seculares a respeito da morte, "para além de Freud e de Marx" (*ibid.*, p.57):

Recuperar o valor da morte e recobrar o valor na morte, são coisas importantes para todos nós, principalmente nas profissões médicas e no trabalho em albergues. O que será reiterado aqui é que hoje existe importante congruência entre o religioso e o secular, e ambos podem agora fortalecer-se mutuamente numa atitude humana diante da morte.

CAPÍTULO 8

UMA NOÇÃO DE ECOLOGIA MENTAL DA MORTE
REFERENCIAIS

NOVO OLHAR, NOVA ESCUTA PARA UMA ECOLOGIA DO IMAGINÁRIO

Na crise de um sujeito submetido ao impacto da morte, está em jogo o "confronto com o inconsciente", conforme denominação de Jung. A experiência do *insuportável* e a impossibilidade de abertura para aceitar a finitude, incluem um encontro com o Grande Desconhecido, vetor poderoso do terror da morte. Para encarar tamanha crise existencial, é imprescindível um *olhar* e uma *escuta* aptas a enriquecer a psicologia da morte, com valores primários da imaginação, vinculados à psique com sentido de alma e à função simbólica da morte.

Assumir esta tarefa significa dar a devida importância aos ensinamentos da Psicologia Arquetípica, insistindo em posicionar como centro da vida psíquica um obscuro desejo de morrer; assinalando o anseio humano por vida que transcende a materialidade da vida física, vida com sentido de alma. A íntima conexão da alma com a morte

ECOLOGIA MENTAL DA MORTE

afasta a reflexão psicológica de idéias de crescimento e progresso permanentes, aproximando múltiplos sofrimentos existenciais da função simbólica da morte.

Este tipo de experiência tem natureza essencialmente psíquica. Por intermédio de Tânatos, e do complexo imaginário da morte, uma vida subjetiva bloqueada, falida e derrotada pode ser reencontrada, respeitada e vivida. Esta proposta psicológica ajuda a compreender e a tratar variadas degradações mentais e sociais, produzidas e sustentadas pela cultura de negação da morte.

Nesse contexto, a tarefa da ecologia mental é fazer emergir mundos diferentes da mera informação; é promover a produção de Universos de referências e Territórios existenciais para abrigar a singularidade e a finitude, segundo a lógica multivalente de ecologias mentais e do Eros comunitário. É preciso romper com as degradações mentais mais freqüentes: o amortecimento diante da vida e da morte, a banalização da existência, a passividade e a alienação de qualquer rebeldia do inconsciente — atinente a processos de singularização e ressingularização das subjetividades e intersubjetividades.

Uma das dimensões fundamentais do paradigma da ecologia mental é o jogo ecológico do imaginário. Este jogo depende de agenciar a função poética da mente. O mito é uma das vias de acesso à função poética; nele, o trabalho da razão pode ser associado à atividade criativa da psique. Na mitologia, encontramos cartografias do mundo imaginal; elas demarcam o território existencial de potências arquetípicas, cuja origem temporal está muito distante da época atual, facilitando a tendência a considerá-las *estrangeiras* e *selvagens*, sobretudo pelo achatado sistema de referências das atuais sociedades de consumo, e sua cultura de negação da morte.

MITO: TERRITÓRIO EXISTENCIAL DO SER

O mito é uma narrativa capaz de impulsionar processos particulares de ecologia mental, estimulando a reflexão psicológica em busca de sentido. Deste ângulo, mito é ponto de partida na

UMA NOÇÃO DE ECOLOGIA MENTAL DA MORTE

compreensão do ser. O relato mítico constitui paradigmas éticos e estéticos que permitem "domesticar" a selvageria do imaginário da morte, dando abrigo e sentido a intensidades subjetivas perturbadoras.

Uma multidão de figuras míticas habita o mundo imaginal. Todas são capazes de agenciar a fala poética da alma, quando a mente se deixa afetar pela narrativa. Para isso, é essencial proteger a visão imaginativa e conservar o real em imagem.

O OLHAR, A IMAGEM E A MORTE

Estudiosos da história do *olhar* do Ocidente ensinam que o nascimento da imagem está envolvido com a morte; porque a imagem arcaica jorra dos túmulos, por recusar o nada e para prolongar a vida, domesticando o terror e a sensação de vazio. Debray, pesquisador da midiologia da imagem e do *modo de ver* ocidental, ensina: "quanto mais apagada da vida social estiver a morte, menos viva será a imagem e menos vital nossa necessidade de imagens" (1993, p. 20).

O desaparecimento de imagens nos cemitérios contemporâneos é uma das muitas ressonâncias da cultura de negação da morte, a julgar pela antiga preocupação da humanidade com a conservação em imagem de seus antepassados (máscara mortuária, por exemplo). Debray chama a atenção para a etimologia de palavras relacionadas à imagem, indicando sua ligação com a morte.

Por exemplo: *Simulacrum* significa espectro. *Imago* é o molde de cera do rosto dos mortos; no funeral, era levado pelo magistrado e colocado com todo cuidado em nichos da casa, para preservar a memória dos vivos. O culto aos antepassados é permeado pela idéia de existência ou de uma vida pela imagem. A palavra *figura* deriva de fantasma. Dentre os gregos, continua Debray, o óbito governa a linguagem ligada à imagem: *ídolo* vem de *eídolon,* significando fantasma dos mortos, espectro e, mais tarde, imagem e retrato. O termo *eídolon* é mais arcaico, designa a alma ao sair do cadáver, sob a forma de sombra imperceptível, seu duplo, "cuja natureza tênue, mas ainda corporal, facilita a figuração plástica" (*ibid.*, p. 23).

ECOLOGIA MENTAL DA MORTE

O mesmo autor considera a Grécia antiga uma cultura do sol, apaixonada pela vida e pela visão, a ponto de confundi-las. Ele explica: para um grego da Antiguidade, viver não é respirar, como para nós, viver é ver; e morrer é perder de vista. Nós nos falamos da morte de alguém como *seu último suspiro*, eles diziam *seu último olhar*. Segundo Debray: "Pior do que castrar seu inimigo, era vazar-lhe os olhos. Édipo, um morto com vida" (*ibid.*).

Em sua origem, a imagem tem função mediadora, permeia a existência dos vivos e mortos, estabelece relações entre seres humanos e deuses, entre uma comunidade e uma cosmologia, "entre uma sociedade de sujeitos visíveis e a sociedade das forças invisíveis que os subjugam" (*ibid.*, p. 33). Não é um fim em si, mas um meio de sobrevivência, considerando-a como elemento essencial na operação de integração do indivíduo na vida cósmica, na "Alma do Mundo" ou, ainda, na "harmonia universal".

Imagem é, também, um jeito de olhar, um modo de enxergar o invisível. O inconsciente psíquico desencadeia imagens e opera a magia de guardar a vida dos mortos, como as imagens oníricas demonstram. Mas a magia da imagem está no *olhar* e não, na imagem em si. É dada pela perspectiva da alma, ao reconhecer a imaginação como uma dimensão do infinito. Não é possível "domesticar" o real, se ele não estiver conservado em imagem.

Um critério fundamental na concepção de ecologia mental da morte

Sociedades não–ecológicas tendem a reduzir a morte a um acidente, a manter o olhar dos indivíduos demasiadamente protegido das sombras da morte. Assim, fica mais difícil — senão impossível — compreender sentimentos de falência e de colapso da vida, a partir da perspectiva de alma. A depressão "selvagem", — esse suplício subjetivo dos indivíduos no final do século XX e início do XXI —, sinaliza o perigo de perder de vista o insustentável e a intensidade emocional dos processos de conscientização e aceitação da morte. É

UMA NOÇÃO DE ECOLOGIA MENTAL DA MORTE

Psique, como Alma do Mundo, exercendo sua função de espelho do Imaginal; revelando a potência da morte e da alma, como imagem, no interior da subjetividade massificada

Bachelard inspira um critério fundamental para pensar processos de ecologia mental, especificamente vinculado à morte: "A *morte* é de início uma imagem, ela permanece uma imagem. Não pode ser consciente em nós a menos que se exprima, e não pode exprimir-se a não ser por metáforas. Toda morte que se prevê se relata" (1990b, p. 239).

O olhar e a escuta da ecologia mental implicam atenção para uma perspectiva imaginal da morte. Ao olhar, cabe recuperar o território existencial de Tânatos, vislumbrando imagens transversais ao discurso de quem vivencia a conscientização e aceitação da morte. A escuta supõe *agenciar* [1] a fala mítica e arquetípica da psique com sentido de alma, situando a morte como imagem e conservando a vida em narrativa. É um *modo de ver* e de *ouvir* que precisa ser provocado, estimulado e cultivado. É este o primeiro referencial para uma noção de ecologia mental da morte.

TÂNATOS: "UNIVERSO DE REFERÊNCIA" DA IMAGEM E NARRATIVA DA MORTE

A mitologia tanatológica pode promover processos de ecologia mental. Ela estimula a reflexão psicológica interessada na compreensão da metáfora da *morte selvagem* e do processo de "domesticação" da fantasmática, nela abrigada. Para ilustrar o potencial ético e estético de Tânatos, na condição de imagem e referencial para experiências implicadas na psicologia da morte, buscamos organizar uma amostra de figuras míticas, a fim de refletir sobre dimensões arquetípicas de aflições, presentes na narrativa apresentada.

---

[1] Adotei o termo agenciar considerando-o no sentido de uma escuta ativa, engajada na promoção do jogo imaginativo, atenta para tratar ou cuidar da linguagem metafórica; livre para solicitar, requerer e promover a construção de imagens; diligente na apreensão das repetições do discurso, potencializando a subjetividade em busca de universos de referências e valores favoráveis ao processo expressivo.

ECOLOGIA MENTAL DA MORTE

A pesquisa limitou-se à mitologia grega. Primeiramente, apresentamos o gênio da morte e seus associados mais freqüentes. Sísifo e Titonos foram selecionados como entidades míticas porque parecem oferecer uma perspectiva de profundidade para pensar o esquema de valores da cultura de negação da morte.

Os mitos do Herói constituem referência importante para discutir a função simbólica da morte como padrão ideal de desenvolvimento espiritual. Este aspecto da psicologia do heroísmo é bastante discutido, principalmente na literatura junguiana, e será apenas mencionado, quando se examinar a associação do *Puer Aeternus* com poderes espirituais transcendentes, referidos ao inconsciente coletivo. Cada figura mítica é vista como universo de referências ético e estético, habilitado a *agenciar* ecologias mentais variadas, conforme experiências subjetivas envolvidas com o tema da morte e da depressão.

TÂNATOS E A MITOLOGIA DA MORTE

A palavra Tânatos é de origem indo-européia, de acordo com o *Dicionário Mítico-Etimológico* de Junito Brandão, tendo sentido de *"dissipar-se, extinguir-se, cobrir-se de trevas"* (1991a, v. II, p. 398). Na Grécia antiga, Tânatos jamais foi visto como agente da morte ou inimigo físico da humanidade. É mais referido como uma entidade, conjugando angústias atinentes à cessação, à descontinuidade e à inversão da vida. Raramente, é representada com forma humana, aparecendo, na maioria das vezes, com atuação ao lado de outras figuras míticas, tampouco antropomorfizadas, como Moira (o destino cego), Aisa (o destino fatal), Potmos (a lei do destino) e as Queres (a força e a ação da morte em si).

Na mitologia grega, Tânatos é do gênero masculino, uma espécie de gênio nascido de Nix (Noite) e irmão gêmeo de Hipno (Sono). Esta figura mítica qualifica forças que, unidas ao Amor, fazem parte de um mesmo poder — regenerar a vida, promovendo a ultrapassagem de um nível de experiência para um nível superior.

UMA NOÇÃO DE ECOLOGIA MENTAL DA MORTE

Na poesia grega, Tânatos sempre chegava docemente e ajudava o agonizante a entrar no mundo das trevas. O gênio da Morte: "fechava-lhe os olhos e distendia-lhe os membros, como se fora um ato de amor". Em geral, era figurado como uma nuvem escura, "bruma que se derrama sobre os olhos" ou "véu negro que se interpõe entre o homem e a luz" (*ibid.*, p. 399).

VALOR SIMBÓLICO DE TÂNATOS

Tânatos prende-se à simbólica da Terra. Refere-se às dimensões da vida terrestre, presentes na degradação e decomposição dos seres vivos, portanto, pertence ao imaginário do colapso e declínio da vida e de tudo que evoca padrões arquetípicos de podridão, sujeira e feiúra. O gênio da Morte pode ser entendido como índice da totalidade de seres que desaparecem da face terrestre. É tema mítico envolvido com a evolução fatal da vida terrestre, submetida às contingências da matéria e ao aspecto perecível e destruidor do eixo tempo-espaço.

Segundo Brandão, o sentido de morrer não tem relação com a idéia de desaparecimento definitivo; significa ocultar-se, ser como sombra; porque, para o grego da Antiguidade, o morto tornava-se um corpo não substancial, projeção do corpo do ser extinto (*êidolon*). Como personificação da Morte, Tânatos é um gênio masculino alado, tem coração de ferro e entranhas de bronze (1991a, v. II, p. 399; 1991b, v. I, p. 225-233).

Na verdade, não existe um mito específico de Tânatos; o gênio da morte tem um papel relativamente importante em algumas narrativas, nas quais se transforma em personagem dramática. Por exemplo, Hércules (também chamado Héracles) enfrenta Tânatos em um combate difícil; a batalha gigantesca é travada no túmulo da bela Alceste, para trazer de volta a esta vida a jovem rainha, que havia se sacrificado em troca da vida do esposo, amigo querido do maior herói grego.

ECOLOGIA MENTAL DA MORTE

Outro mito no qual Tânatos tem papel importante é o de Sísifo, rei de Corinto; segundo Brandão, o mais embusteiro dos personagens da mitologia grega, mortal audacioso e insolente, enganou os deuses e foi capaz de livrar-se duas vezes de Tânatos.

Titono ou Titonos recebe a imortalidade de Zeus; a morte não pode tocá-lo e ele é obrigado a envelhecer para sempre. Nos mitos, Tânatos tem sempre função ambivalente: induz as almas nos mundos desconhecidos, seja o das trevas do Hades (as profundezas da Terra) ou o das luzes do Paraíso. Esta ambivalência fica patenteada nos ritos de passagem, com os quais a morte sempre se relaciona, de alguma maneira. A Iniciação e a Revelação são intermediadas por Tânatos — toda e qualquer iniciação passa por uma fase de morte, antes que as portas se abram para uma nova vida.

O valor psicológico de Tânatos está na função ligada à troca simbólica: extirpar as forças negativas e regressivas, enquanto libera e acorda as energias espirituais. Como sua mãe, a deusa Nix (Noite), e o irmão, Hipno (Sono), o gênio da Morte também possui o poder de regenerar. Tânatos permite transcender a tensão das forças contrárias, caso seja reconhecido como condição de ultrapassagem de um nível de vida, a outro nível de vida superior. Na mitologia grega, a morte é sempre uma porta para outra vida, libertadora dos sofrimentos e preocupações; não é um fim em si, mas abertura para o reino do espírito e para uma vida verdadeira.

A FAMÍLIA DE TÂNATOS: A MÃE, NIX (NOITE) E O GÊMEO, HIPNO (SONO)

A mãe de Tânatos é a deusa Nix, a Noite, nascida do Caos (energia primordial do universo, matéria informe, confusa e opaca, geradora das trevas). Nix personifica a escuridão do céu, as trevas superiores. A deusa percorre o céu coberta por uma manto sombrio, num carro puxado por quatro cavalos negros, sempre acompanhada das Queres (personificação das forças e da ação da morte).

UMA NOÇÃO DE ECOLOGIA MENTAL DA MORTE

A deusa Noite é muito rica, possui todas as potencialidades da existência; também é muito perigosa, porque entrar na sua escuridão significa regressar ao indeterminado, onde se misturam sonhos, pesadelos e monstros. O universo de Nix é habitado por entidades míticas ambíguas, como Moro (Sorte) e gênios ou *daímons* — mensageiros dos deuses, como Hipno (Sono), Oniro (Sonho), Gueras (Velhice), Éris (Discórdia), Hespérides (ninfas do poente).

Nix rege o tempo das gestações, das germinações e das conspirações; abriga tudo que brotar à luz do dia, como manifestação da vida. O que hoje tratamos como abstrações psicológicas, para os antigos eram figuras personificadas como filhas de Nix (associada a Lilith, monstro noturno da tradição judaica).

Segundo Hillman, as noites maldormidas são provocadas por potências míticas seguidoras de Nix: a premonição fatalista (*moros*), os descobridores de erros (*momos*), os castigadores (*keres*) e vingadores (*nemesis*), perseguidores irados (*erinyes*), a miséria e o sofrimento (*oizys*) e os anseios libidinosos (*kupris*).

Demônios e tentações do mundo noturno ameaçavam a alma do passado; como diziam os primeiros monges cristãos, habitantes das cavernas do deserto. Eles tentavam banir completamente o sono; pois, naquela época, deuses e poderes pagãos eram pensados como entidades, capazes de aproximar-se de almas pias pelos sonhos. Hoje em dia, os deuses pagãos podem ser intensidades sem nome, potências selvagens, perturbando a subjetividade e impondo vigílias sem sentido (HILLMAN, 2001, p. 103- 104).

As grandes asas negras de Nix também podiam ser protetoras, e o eram, quando a divindade abençoava o mundo adormecido, mostrando sua face mais feliz. Então, sua função era trazer bem-estar aos exaustos e criar o tempo dos sonhos, necessários para mascarar preocupações e terrores, transformando-os em imagens incompreensíveis; uma forma de proteger o sono da humanidade, permitindo-lhe dormir em paz.

ECOLOGIA MENTAL DA MORTE

Hipno, o Sono, é uma faceta da mesma realidade, personificada por Tânatos. É imortal como a mãe e também pode ser perigoso. Por exemplo, pode adormecer um piloto ou uma sentinela, fazendo com que caia nos braços do irmão, Tânatos. O Sono é sedutor, doce, suave e jovial, tem aspecto relaxante e é cego, associando-se, por conseguinte, à morte. Na linguagem poética dos mitos, o deus do sono derrama-se como líquido suave sobre as pálpebras dos deuses e homens, "como se fora as brumas da morte". Segundo Brandão, há sonos famosos, como o de Ulisses ao regressar à ilha de Ítaca (1991a, v. I, p. 572) [grifo do autor]:

> *E em suas pálpebras caiu um sono suave,*
> *profundo, dulcíssimo, muito semelhante à*
> *morte.*

Hipno é dono de um poder liberador, porque se apropria dos olhos de todas as criaturas, sem ser convidado. Quando se instala sobre as pálpebras de alguém, tudo pode acontecer: realização de desejos, viagens, sonhos, novas experiências, visões, ódio e amor; o sono é vivido como uma transição para outras dimensões de experiência. Durante o sono, há possibilidade de transformações profundas, capazes de afetar acontecimentos e a própria vida. Os artistas representaram Hipno como um pequeno ser alado, pousando suavemente na cabeça ou no coração dos mortais. A ternura de Hipno não o torna menos enganador que outros filhos das trevas; por esta razão, é tão temido como tudo o que pertence ao mundo de Nix. É chamado de "*o senhor de todos os deuses e de todos os homens*" (*ibid.*, p. 572).

MOIRA E QUERES

Moira é o Destino cego. É potência mítica que define a parte, o quinhão ou o lote de existência de cada um. Indica uma força das trevas, capaz de traçar o rumo da vida. Nesse ângulo, é vista como

UMA NOÇÃO DE ECOLOGIA MENTAL DA MORTE

destino imutável. Está ligada à existência de modo geral, à idéia de cada ser humano possuir seu destino pessoal: sua parcela de vida e de felicidade, de padecimentos e desventuras. É entidade associada à concepção de destino, primeiramente concebida como potência única, posteriormente, desdobrada em três figuras míticas, numa fusão com as Queres.

Moira é fiadora de um tempo de vida prefixado para cada ser humano. Tânatos é seu irmão; o gênio da morte aparece diante do humano, para garantir o cumprimento do que foi determinado por Moira. A função de obedecer aos desígnios da Moira confere a Tânatos algumas descrições mais lúgubres; como uma figura de negro, passeando entre os seres humanos com uma faca na mão.

A faca é sinal de que é enviado para cortar o fio da vida. Todavia, Tânatos não executa a ação de matar, esta função é das Queres. As deusas se apoderam do mortal designado, golpeiam-no e o arrastam para as trevas do mundo subterrâneo. São figuras sugestivas do impacto da morte, imagens da força que derruba o corpo e aniquila a consciência, transformando a existência num inferno! Queres, às vezes, aparece como divindade única, constituindo uma emanação da Moira, potência executora do que foi predestinado a cada ser humano; outras vezes, é múltipla, personificando um poder imanente ao indivíduo e a uma certa liberdade de escolha, no sentido da possibilidade de escolher entre diferentes Queres.

A força de Queres (única ou múltipla), também pode atingir a coletividade, uma cidade e uma nação. Ao longo dos séculos, estas entidades míticas foram identificadas com seres ctônicos e selvagens, provenientes das trevas do mundo inferior, e com gênios maléficos, parecidos com as Harpias — monstros com corpo de ave e cabeça de mulher, induzindo a vícios e a provocações da maldade. São forças *"arrebatadoras"*: raptoras de crianças, criadas por elas para, posteriormente, usufruírem de seu amor. Raptam também os mortos, principalmente os mais jovens. São ávidas de sangue e de sexo, responsabilizadas pelas mortes súbitas.

355

As Queres definem o estilo da morte, a época da morte e o tipo de vida de cada indivíduo e comunidade. Funcionam como o poder e a ação da morte mesmo. Eram visualizadas como espectros e fantasmas devoradores. Na poesia grega, aparecem como divindades das trevas, devorando a psique impura. São mais personificadas que o gênio da morte e mais ameaçadoras, porque são potências cósmicas; golpeiam um herói facilmente, o jogam por terra e o dominam. Ninguém consegue resistir às Queres, que *"valem por dez mil homens"* (BRANDÃO, 1991a, v. II, p. 352).

Algumas variações míticas fundem as Queres com a Moira e com as Erínias, todas figuras vingadoras do sangue derramado. Eríneas ou Fúrias são enviadas por Tânatos, quando um mortal cometeu perjúrio ou crimes contra pessoas da própria família. Só levavam o mortal para o reino das sombras depois de passarem algum tempo sentadas no umbral de sua porta. Tinham como tarefa inicial enlouquecê-lo de culpa. Se o crime cometido não fosse intencional, eram enviadas e procediam da mesma maneira.

Consideradas guardiãs da ordem social, tinham a responsabilidade de punir todo ato desagregador da família; na Grécia antiga, eram vistas como o principal sustentáculo da sociedade. Também impediam adivinhos e profetas de revelar o futuro com muita clareza, porque isso poderia perturbar a ordem pública. Nas narrativas míticas, as Fúrias sempre aparecem nas cenas de luta e nos momentos de grande violência.

UMA DESCRIÇÃO MÍTICA DO TERROR DA MORTE

Tânatos é quem chama a psique dos mortais para o mundo das trevas e das sombras. Nix tem um irmão, Érebo — a Escuridão. Ele é a origem do mundo inferior, das profundezas terrestres, também denominadas Infernos ou Hades. O momento da morte é a passagem da alma para o mundo das sombras.

Na mitologia grega, a morte é descrita da seguinte maneira: primeiro vêm as Moiras anunciar a hora derradeira ao mortal, perplexo

UMA NOÇÃO DE ECOLOGIA MENTAL DA MORTE

diante dos últimos instantes de vida. Depois, as Queres, evocando imagens do terror diante da morte. Elas cercam o mortal indicado por Tânatos, apavoram-no, debilitam seu corpo e seu espírito, ferindo-o com suas garras. Bebem todo seu sangue, deixando-o sem forças, completamente derrotado. A alma sem o corpo é guiada até o fundo da terra, ao sombrio reino de Hades. Um parente deve ter colocado uma moeda na boca do cadáver, para que a psique possa pagar o barqueiro Caronte. Ele vai transportar as almas dos mortos por um lúgubre rio, que separa o reino das sombras do reino onde brilha a luz do Sol. Quem não tem a moeda fica se lamentando nas margens do rio da Morte.

A paisagem é escura e morta. No lodo das margens, há salgueiros solitários, debruçados tristemente, chorando a própria solidão. As almas seguem cabisbaixas, imersas pelas trevas, percorrem o rio durante um tempo interminável. Sem a luz do Sol, ficam em total desalento. Quem rema o barco da morte, são as almas; Caronte somente indica o rumo a seguir. Quando chegam a seu destino, o passageiro, — uma sombra do que foi em vida, — fica na escuridão; à espera de juízes, que decidirão para onde deverá ser encaminhado.

A psique sabe que, a sua frente, tem dois caminhos a seguir: para o Tártaro — suplício eterno para os maus; para os Campos Elíseos — prêmio para os justos, lugar de abundância e beleza. Um tribunal decidirá seu destino. Os juízes são três figuras taciturnas e graves, não hesitando em condenar ou recompensar. Hades, Senhor das almas, deus das sombras e dos mortos, o Invisível, irmão de Zeus e filho do deus Tempo (Cronos), dá a palavra final.

Psique, alma, *êidolon* e sombra são termos fundidos, ao longo dos séculos; significando uma espécie de fantasma, um corpo sem substância somática, mas capaz de preservar algumas capacidades da experiência física: pode ser castigado, flagelado, enforcado, mergulhado em lodaçais. A integridade do *êidolon* era muito importante na mentalidade da Grécia antiga. Provavelmente, essas imagens sobre o destino da alma após a morte, originam toda a atenção

357

e todo o respeito conferidos ao cadáver, na antiguidade grega. Os cuidados com a preservação do corpo do falecido e as obrigações dos vivos em relação a ele eram rigorosos; cumpridos pela realização de rituais fúnebres, cujo objetivo primordial era manter o *êidolon* completo.

Perder um ente querido e não poder prestar-lhe homenagens fúnebres configurava uma tragédia enorme; implicava a idéia de afetar dolorosamente o *êidolon* (como sombra do corpo), que permaneceria apegado ao soma, sofrendo a mesma decomposição e perdendo sua totalidade humana.

PSIQUE E HADES — DEUS DOS MORTOS

O senhor das almas, o deus dos mortos, Hades (Plutão) vai decidir aonde encaminhar o recém-chegado. O deus não ostenta ornatos. Não chora nem sorri, e é temido por sua cólera. O atributo mais característico de Hades é ser invisível, como tudo no mundo governado por ele. A descida ao mundo inferior faz parte dos Mistérios de Elêusis, (ligados a Deméter e à Perséfone, aos festivais agrícolas da primavera). Hades nomeia também o reino dos mortos, ou dos vivos em outra dimensão, segundo Brandão (1991a, v. I, p. 363).

Os vivos raramente invocam Hades, porém, quando pedem sua proteção, o deus atua no sentido de ajudar na execução da vingança ou da maldição, por ter o poder da destruição e da morte. Sua faceta benéfica é referente ao desenvolvimento das sementes, enterradas nos seus domínios. Hades é o deus de toda vida que pertence à terra fértil. Os romanos o chamavam de Plutão —deus da abundância, O Rico.

No Hades, a vida permanece em estado de latência. Lá, a psique tem suas capacidades de inteligência, memória e voz comprometidas. Antigas descrições do mundo inferior afirmam que, no mundo dos mortos, nada é sólido, tudo que existe são imagens, fantasmas, espectros, fumaça, névoa, sombras, sonhos. No mundo inferior as almas percebem

UMA NOÇÃO DE ECOLOGIA MENTAL DA MORTE

pelo cheiro; desta maneira, sentem a realidade de uma vida invisível. É muito difícil enxergar os habitantes do mundo das trevas, apenas é possível vislumbrá-los, reconhecer sua presença nas suspeitas, nos pressentimentos, nas intuições e sensações (HILLMAN, 2001, p. 101).

A psique que habita o Hades tem sempre esperança de recuperar a capacidade discursiva, ou seja, de voltar a pensar, recordar e falar. Os mitólogos ensinam: para conquistar esta capacidade, o morto deve ser capaz de confrontar a angústia mental e avaliar a perda do amor dos deuses, apreciando o imenso valor dessa relação e desse afeto. Esta característica é atributo exclusivo da psique dos heróis e das heroínas.

Hades é um deus de inteligência refinada, capaz de conhecer a complexidade da vida existente na morte. No seu reino, as almas continuam a existir como imagens, podendo desenvolver o entendimento da dor que une toda a humanidade. Junto ao senhor das almas, é possível compreender a individuação como um movimento invisível; processo em curso no reino das imagens, no qual a concretude da vida é refletida nas metáforas da morte. As metáforas da morte são o espelho da Psique (no sentido de vida psíquica da Humanidade e do Universo). Segundo Hillman, junto a Hades, a alma alcança seu desejo maior: "filosofar sábia e interminavelmente num mundo inteiramente composto de imagens" (*ibid.*, p. 215).

Sísifo, um mortal que enganou os deuses e a morte

Dentre os mitólogos, Sísifo é considerado o mais astuto e inescrupuloso dos mortais. É ardiloso e embusteiro incorrigível. É o fundador e soberano de Corinto, descendente de Medéia, de quem recebeu poderes mágicos. Sísifo viu o rapto da ninfa Egina, filha do deus-rio Asopo. Guardou segredo do que testemunhou, porque antecipava tirar algum proveito. Quando Asopo passou por suas terras, à procura da filha, Sísifo exigiu que, primeiro, fizesse jorrar uma fonte cristalina em Corinto, só depois explicou como Zeus havia raptado Egina.

ECOLOGIA MENTAL DA MORTE

O poderoso senhor do Olimpo, Zeus, irritado com a delação, chamou Tânatos e ordenou que levasse Sísifo para o mundo dos mortos. No entanto, o esperto rei não teve medo da tétrica figura. Com muita manha, confundiu de tal maneira o gênio da Morte, que conseguiu prendê-lo num calabouço. A partir daí não morreu mais ninguém, durante longo tempo.

O rico e sombrio reino de Hades começou a empobrecer por falta de novos habitantes. O deus Plutão foi queixar-se com o irmão, Zeus. Este decidiu interferir, libertando Tânatos. O primeiro humano a ser tocado pelo gênio da morte foi, exatamente, Sísifo. O grande trapaceiro não teve como escapar, desta vez. Entretanto, antes de seguir a poderosa morte, combinou com a esposa para não lhe prestar homenagens fúnebres, pois sabia que, sem ritual de passagem, seu *êidolon* não poderia ser conformado e revestido para entrar no Hades. Depois, segue rumo ao reino dos mortos.

No centro da Terra, Sísifo lamenta-se o tempo todo. Reclama e suplica; precisa castigar a esposa, por não haver cumprido suas obrigações com o cadáver do marido. Hades, o rei dos mortos, fica indignado com tamanho sacrilégio; quis saber o porquê de um mortal não haver sido devidamente honrado com um rito fúnebre. Sísifo culpou a mulher de impiedade e implorou a permissão de Plutão para voltar e punir a companheira. Compadecido, Hades permitiu seu retorno a Corinto, mas apenas por algum tempo.

Em casa, Sísifo não se preocupou em cumprir a palavra empenhada com o rei dos mortos. Viveu muitos anos — até ficar sem forças para continuar vivendo. Estava envelhecido demais quando Tânatos foi buscá-lo novamente. Desta vez, a morte de Sísifo foi definitiva e, ao passar pelo julgamento dos deuses, foi castigado impiedosamente. Hades nunca esquecera a fuga de Sísifo; impôs-lhe uma tarefa que não lhe permitiria tempo de descanso e inibiria toda tentativa de evasão.

Muito abaixo do Hades, tão distante desse reino como a Terra e o Céu são distantes um do outro, fica o gélido e tenebroso Tártaro, onde são jogados os inimigos dos deuses governantes do universo.

UMA NOÇÃO DE ECOLOGIA MENTAL DA MORTE

Sísifo continua lá até hoje, condenado a rolar um bloco de pedra montanha acima. Mal chega ao cume, o bloco rola montanha abaixo, puxado por seu próprio peso; e Sísifo é obrigado a recomeçar a tarefa, empenhado num trabalho eternamente inacabado. A repetição mortífera e inútil é sua sina (SOLNIK, 1973).

O mito de Sísifo mostra a vontade humana desafiando poderes divinos. A inteligência usada para tirar vantagem de toda situação, confiante de que até a morte e o mundo das sombras podem ser controlados e trapaceados. Sísifo é um humano que não percebe a diferença existente entre seres mortais e os imortais. Age de modo inconseqüente, porque sabe que Zeus conhece seus atos e pode perfeitamente libertar Tânatos. Ainda assim, atua como se não fosse vulnerável.

Sísifo confia demais em si mesmo, na sua astúcia e magia. Imagina que tudo pode e tudo se permite. Tânatos, no calabouço de seu palácio, equivale à interdição da morte — não se vê mais a morte caminhando entre os mortais. Voltar ao corpo, depois de ter entrado no mundo das trevas, premeditando um sacrilégio, indica como Sísifo é capaz de fingir, até mesmo numa experiência de iniciação no mundo espiritual. A ausência de medo, a falta de respeito diante das forças cósmicas, é espantosa!

A interpretação do mito assinala os efeitos destrutivos da soberba de Sísifo. O rei de Corinto ofende os deuses ao negar a realidade que o transcende: a soberania de Zeus, o poder de Tânatos, a inteligência pura (refinada) de Hades. O insolente recusa em vida, toda a vida que pode haver na morte. Amarra a própria psique no suplício de uma existência sem sentido. Sem Tânatos não há Iniciação nem Revelação. O encarceramento da morte implica fechar a porta, que leva ao mundo espiritual. Sem a troca simbólica, o ser humano não pode erguer-se de sua limitação maior: ser feito de material perecível, ser um mortal.

Sísifo vive até não ter mais forças para viver; consome a vida até ser levado para uma repetição inútil: o corre-corre sem sentido. Podemos encontrar Sísifo regendo nossa vida, como dominante

ECOLOGIA MENTAL DA MORTE

arquetípico; ele está naqueles projetos sempre iniciados e nunca terminados; nas repetições cansativas, a chamar nossa atenção para o fracasso e para a impotência.

O padrão de Sísifo é tirar vantagem de uma situação, é trapacear para não morrer, desafiando os deuses. A repetição seguida de fracasso, reproduz a tarefa inútil, o esforço sem sentido. É um aviso: é preciso descer ao mundo inferior, para aprender com Hades a sabedoria da vida que há na morte.

Sísifo foi proibido de descansar, eternamente empenhado numa meta impossível de atingir. A verticalidade dessa tarefa inútil, assinala um espírito estreito, sem asas, incapaz de enxergar além de si mesmo. Ele precisa de limites, dizem os deuses. E o condenam a repetir, repetir, repetir, sem aprimorar nada.

O castigo de Sísifo é metáfora da sua existência terrestre: nada tinha, nenhum propósito além dele mesmo, tampouco tinha um fim maior. Seu suplício é suportar o peso da enorme pedra, que revela sua verdade mais profunda e a negação dela: sua mortalidade. Ele e a pedra são apenas um. Por esta razão, os gregos têm o seguinte epitáfio (HILLMAN, 2001, p. 230): *"Eu, que era tal, agora sou uma lápide, uma tumba, uma pedra, uma imagem"* [Grifo meu].

Herdeiro do poder de Medeia, a maga hábil em planejar o mal e a desgraça alheia, Sísifo perde o senso da distância existente entre os imortais e um humano. Cheio de si, permite-se tudo. No sentido psicológico, ele é exemplo de ser humano que quer competir com o divino. É um padrão arquetípico do mortal possuído pela *híbris*: o desprezo, o orgulho, a insolência, atitudes que o levam a cometer injustiça em relação aos deuses.

No sentido religioso, *híbris* é um grande risco para todo herói. Ela equivale à negação da morte, porque impede a percepção do limite e da possibilidade da perda da vida. A recusa de seguir Tânatos, a falta de consideração pelo deus invisível (Hades) e o desrespeito pelo deus dos deuses (Zeus), impedem a iniciação na vida espiritual. Sísifo jamais viverá a revelação do olhar caloroso e salutar da divindade, ao levantar o mortal da sua limitação.

UMA NOÇÃO DE ECOLOGIA MENTAL DA MORTE

Os arroubos provocados pela *hibris* afastam os seres humanos da divindade. Os deuses gregos, chamados de imortais, jamais perdoam a ousadia humana de ignorar a própria finitude. A imortalidade só pertence aos deuses. A tragédia grega mostra perigos aos quais os seres humanos (chamados mortais) estão expostos, quando ousam desafiar os deuses (imortais).

TITONOS: A TOLICE DO DESEJO EXTREMO DE LONGEVIDADE

Titonos ou Titono foi um jovem de extraordinária beleza, por quem a deusa *Eos* (Aurora) caiu de amores, a ponto de raptá-lo e casar-se com ele. Muito apaixonada pelo marido, Aurora suplicou a Zeus para tornar o esposo imortal; infelizmente, esqueceu de pedir para conceder-lhe, também, a eterna juventude. Desse modo, Zeus atendeu exatamente ao que lhe fora solicitado. E Titonos, em vez de uma benção, recebeu a maldição de envelhecer de tal maneira que perdeu a aparência humana e transformou-se numa cigarra dessecada.

Segundo Hillman, os gregos antigos sabiam que era tolice desejar a imortalidade e discutiram cuidadosamente o complexo desejo de longevidade (2001, p. 55). O mito de Titonos sugere um questionamento: será que não existe razão para a morte? Esta figura mítica obriga a pensar cautelosamente naquilo que se pede aos deuses. Seu sofrimento alerta para o contraste entre a essência mortal dos humanos — envelhecem, murcham e secam de tanto viver — e deuses e deusas, cuja essência é imortal. A narrativa sugere imagens do horror diante de uma vida nunca tocada por Tânatos. Eximido da morte, Titonos nunca adquiriu a força da personalidade, que os gregos conferiram aos heróis, por enfrentaram o gênio da Morte.

Na Grécia antiga, a mortalidade vivida com dignidade era mais benfazeja do que a beleza ou a força extrema e arrebatadora. O mito de Titonos indica a ingenuidade e tolice de desejar a imortalidade. Só através de Tânatos e de Hades os mortais podem ser iniciados nos mistérios da vida e da morte. Titonos é um coitado, pobre mortal

363

ECOLOGIA MENTAL DA MORTE

tornado imortal, sem enfrentar Tânatos. Tampouco conheceu o reino de Hades, onde os heróis convivem com os imortais e as almas aprendem a sabedoria da vida existente na morte.

Hades, como mito, como deus e como reino dos mortos, sintetiza um conjunto de concepções gregas sobre um mundo que só o olhar da mente imaginal pode ver. Nesse mundo, no qual a vida é invisível, só são lícitas as experiências da fé, da imaginação e da filosofia. Tânatos e Hades ensinam que a morte, na mitologia grega, é uma partida para outra dimensão, iniciação numa realidade mais sutil, distante da luz do sol.

Tânatos e Hipno levam a alma dos mortais para o Hades. Ambos enfraquecem o controle, liberando emoções, fantasias, desejos. "A preparação da partida começa com uma fragmentação", afirma Hillman (*ibid.*, p. 129). Toda fragmentação, incorporada nos estados de fragilidade do corpo, nas divisões interiores, na selvageria sem sentido, tem um padrão arquetípico, referente a uma potência mítica situada na fronteira do reino de Hades, com quem se mistura e confunde: Dioniso — Senhor das Almas, O Dividido/Indiviso, O Liberador, Senhor dos Animais Selvagens.

DIONISO: O DEUS QUE UNE A VIDA E A MORTE

O deus Dioniso tem muitos mitos; uma soma de episódios fragmentados. Um deles diz que o primeiro Dioniso, chamado Zagreu, filho preferido de Zeus e escolhido para sucedê-lo no trono, foi perseguido pelos Titãs, por ordem da esposa de Zeus, a ciumenta Hera. Criança ainda, foi capturado, cortado em pedaços, cozido e devorado. Zeus descobre o que fizeram com o filho, mas só depois dos Titãs terem engolido o pequeno deus. O pai, furioso, com um raio fulmina a todos eles. Das cinzas nascem os seres humanos: eles trazem dentro de si centelhas do corpo divino, devorado pelos Titãs.

Dos últimos, a humanidade herdou o mal que a torna violenta, impulsiva, destrutiva. Do pequeno deus, o bem, o êxtase e o entusiasmo. O coração de Zagreu foi salvo, não se sabe se por Zeus, Deméter ou pela deusa Atena. O que importa, desse coração é gerado o segundo

UMA NOÇÃO DE ECOLOGIA MENTAL DA MORTE

Dioniso. Ele será reunido ao primeiro Dioniso, para se transformar em um deus de múltiplas faces e ocupações. O mito do deus dividido encarna a força da vida, a *zoe* (de zoologia), fluindo nos homens, animais e plantas.

Dioniso é um deus dos camponeses e da vegetação; ocupa encostas dos morros e proximidades dos bosques, onde acontecem suas danças. Nas cidades, reina sobre o teatro cômico e trágico. É chamado de "O Estranho", devido às várias formas de aparecer: pode se mostrar muito masculino ou muito efeminado, criança ou homem barbado, selvagem ou sóbrio, mascarado ou autêntico, excitado ou em repouso. Tem um papel central nos mistérios transformadores, ligados ao Hades. É divindade associada ao irracional, aos níveis mais instintivos e comunais da psique. É o deus da embriaguez, favorece a perda do controle e a possessão pelo divino.

Segundo pesquisa de Hillman, Dioniso desenvolve a consciência dos sofrimentos dilacerantes, estando ligado às experiências de autodivisão, de desunião entre as partes de si mesmo, de dissolução e aniquilamento. O sofrimento dionisíaco tem base corporal; está implicado em fantasias relacionadas ao câncer, como, por exemplo, a fantasia de que a doença oncológica é uma loucura da vida, no nível celular.

Dioniso é a potência mítica chamando a atenção para o corpo. Transforma o corpo físico em *corpo-ser*, ou seja, corpo consciente de si mesmo; consciente da vida que há em seus diferentes órgãos e partes. Jung relaciona Dioniso ao princípio da renovação, ao espírito *Puer*, renovador da divindade envelhecida. É referencial da centelha divina dentro do corpo humano, uma face do poder sombrio, que "conserva unidas a vida e a morte" (HILLMAN, 1992b, p. 184).

Senhor dos paradoxos, Dioniso governa o poder e a paixão avassaladores e assustadores; geralmente, nas suas passagens pela Terra, é acompanhado de enfermeiros. Corresponde, também, a uma dimensão do misterioso e invisível Hades, ao surgir sobre a terra como Dioniso; quando traz do mundo inferior uma força vital e embriagadora, capaz de tomar os devotos nos rituais de fertilidade.

Dioniso é dotado de intensidade dinâmica, distribuída entre os mortais e presente em toda a matéria da Terra, como centelhas de inteligência. Na reflexão de Hillman, este padrão arquetípico sempre está relacionado com dimensões da vida no nível vegetativo: — "pedaços ocultos de informação que são também vivificação interior; num mundo dionisíaco tudo é vivo, mesmo os mortos" (2001, p. 131).

Dioniso é o deus-máscara, traz a dimensão do imprevisível para a vida adulta, provocando o delírio que dissolve as fronteiras entre homens e deuses, humanos e animais, papéis sociais, sexos e idades. Dissipa o medo do ridículo e as tensões que o impedem de dançar. Provoca a quebra de limites pelo prazer; invade o espaço público, liberando a expressão das emoções e dos sentimentos (dança, teatro). Dioniso também é chamado de "O estrangeiro" e "O Outro".

Na perspectiva arquetípica, ao possuir o corpo (pelo êxtase, pelo entusiasmo), Dioniso o transforma em lugar de comunhão com o divino, o corpo-metafórico. É deus grego é, ainda, arquétipo da alma, como imagem vislumbrada na face do outro, imagem conservadora da vida, que existe na morte. É a *facialidade* que espelha dimensões mais profundas do si-mesmo. É impossível olhar para Dioniso, sem cair sob seu olhar (FREITAS, 1995, p. 182).

A fala dionisíaca traduz vivências de morte e ressurreição, de separação e reunião, da fragmentação a caminho da união inovadora. Experiências de divisão, dissolução e desmembramento são regidas por Dioniso; provocam o desmanche dos hábitos e atitudes cristalizados, enquanto iluminam o caminho para uma nova montagem. Ao ser possuído por Dioniso, o corpo instrui a alma sobre *a vida que reclama*, isto é, sobre a vida em fase de deterioração; traz a consciência da ferida aberta, do sofrimento que a razão é incapaz de sustentar.

É por meio dessa dor que o deus Dioniso adquire o sentido espiritual do *Puer Aeternus*, instruindo sobre a importância das emoções e dos sentimentos, na vida religiosa e espiritual. A juventude, com este sentido de eternidade do *Puer*, é sempre emergência da vida espiritual dentro da psique, conforme explica Hillman (1998).

UMA NOÇÃO DE ECOLOGIA MENTAL DA MORTE

Puer, Heroísmo espiritual e morte

Um longo período de doença, uma longa batalha pela vida, provocam extremo cansaço. Pacientes de câncer sabem disso, mas não sabem como se posicionar diante do chamado coletivo e familiar para permanecer na luta e vencer a doença e a morte. Heroísmos cegos e exaustivos tendem a destruir o feminino interior, silenciando ou ignorando a fala da alma. De acordo com Hillman: "A anima não teria de ser a portadora de sentimento, feminidade, alma, imaginação, introversão, sutileza e o que for se o ego não fosse tão vinculado com o mito do herói," (sic) "tão fixado em seu foco central sobre a 'realidade', 'problemas', e 'escolha moral'"(*ibid.*, p. 98).

O Herói pede atitudes de combate, e vencer a doença é apenas o primeiro passo. O processo seguinte é revolucionar a existência, rejuvenescer para continuar a encarar a vida com coragem e mais vontade de vencer. A linguagem do heroísmo acaba antecipando a idéia da morte, porque é da natureza do herói realizar-se pela morte. Ele não foge dela, vai ao seu encontro, porque a refrega com Tânatos é sua passagem para a transcendência. É no mundo dos mortos, que um herói é feito Herói e encaminhado ao Paraíso, os Campos Elíseos.

A mitologia mostra que o culto ao herói é culto a um jovem morto. O túmulo é sua transcendência, é seu altar, visitado e honrado. Dioniso é o deus da renovação da vida; esse atributo estabelece sua conexão com a constelação da juventude. A juventude do *Puer* o aproxima de duas figuras míticas: Dioniso e o Herói, ambos portadores de um vir-a-ser capaz de encarar realidades em estado nascente, superando a si mesmo pelos dinamismos do espírito. O desafio espiritual proposto pelo *Puer Aeternus* é suportar a tensão diante do vazio; tomar consciência da ferida, refletida no espelho de Dioniso.

CAPÍTULO 9

UMA NOÇÃO DE ECOLOGIA MENTAL DA MORTE

NATUREZA ÉTICO-ESTÉTICA DA ECOLOGIA MENTAL DA MORTE

Na base de todo processo de ecologia mental está o jogo ecológico da imaginação: *a meditação psicológica,* quando assume o estranho objeto da subjetividade, na condição de algo que integra o mundo subjetivo, como psiquismo a ser "albergado", ou seja, enquadrado em algum universo de referência e num sistema de valores. A ecologia mental da morte supõe criação de recursos para as subjetividades suportarem o face-a-face com a morte, aí incluída a capacidade de vivenciar a conscientização da morte e a aceitação da própria finitude.

A narrativa de Roberto e a análise apresentada demonstram como esse processo é complicado. Uma pergunta permanece, assinalando uma reflexão importante para a ecologia mental da morte. *Como saber se o conhecimento da morte, no sentido de conscientização da finitude pessoal, promove plena aceitação de sua inevitabilidade?*

De acordo com Kovács, a aceitação completa é questão controversa na psicologia da morte (2002, p. 82):

> A aceitação pode ser o final de um processo que envolveu a negação, a raiva, a inveja pela saúde dos outros e a elaboração a partir de um processo de depressão, o que possibilitou um movimento de introversão. Há um desligamento do mundo, não mais como fuga, e, sim, como preparação para a grande ação.

É possível pensar este ponto, no qual o processo de conscientização da morte transcende a negação e o horror coletivo diante da aniquilação do ser, como uma encruzilhada entre singularidade pessoal e finitude humana? Isso significa vivenciar a troca simbólica, sentir a imaterialidade da vida com sentido de alma, confiar nas imagens de continuidade da vida após a morte?

Kovács assinala a necessidade de avaliar o processo de aceitação, considerando condições da própria subjetividade, relações com os outros e práticas instituídas no meio ambiente. Não se pode garantir que todo paciente em confronto com a morte, desenvolva recursos subjetivos para aceitação da morte ou encontre possibilidades de desligamento mais tranqüilo. "Alguns continuam a lutar desesperadamente para permanecer vivos; outros são submetidos a medidas desesperadas de manutenção da vida, o que dificulta o processo de desligamento do mundo" (*ibid*).

Uma das tarefas da ecologia mental da morte é descobrir obstáculos à elaboração de ser-para-a-morte, além de identificar condições e recursos de apaziguamento para ansiedades e temores nas situações de limite e fim de vida. Principalmente, é importante articular um conhecimento-sabedoria acerca das diferenças entre a verdadeira vontade de viver e lutar pela vida e uma falsa vontade de viver, modelada de fora para dentro, de acordo com referenciais da cultura de negação da morte.

UMA NOÇÃO DE ECOLOGIA MENTAL DA MORTE

A conexão com a vida supõe competência das subjetividades para aceitar o corpo doente, como mediador de um modo de ser capaz de suportar o colapso da vida, desenvolvendo recursos para descobrir a vida existente num campo fora da saúde. Segundo Lepargneur, (1987, p. 114): "Conciliar-se com a doença, especialmente a doença sabidamente letal, é como desafiar ou, talvez, amansar a própria morte."

CORPO: MEDIADOR DAS IMAGENS, DA VIDA E DA MORTE

O corpo é propriedade do sujeito e território da experiência particular, podendo ser fechado e aberto por dentro, seguindo a vontade de seu dono. Apesar disso, também é presença do ser no mundo e traz as marcas do "contrato social". No corpo, estão inscritas as forças modeladoras da subjetividade e os custos da convivência com os outros. O corpo é mediador dos jogos de proximidade e oposição, de aceitação e rejeição, de dominação, submissão e rebeldia. Percebe o que sentimos sem dizer, reage aos olhares, às sutilezas dos múltiplos tons de voz. Nesse sentido é um texto encarnado, a ser "lido".

A leitura do corpo depende de um olhar capaz de reconhecer, na face do outro, a morte e a carência que ele vive; a *escuta* da realidade corporificada exige atenção e cuidado para ouvir a polifonia de vozes abrigadas na subjetividade somatizada, implicando, também, receptividade, respeito e amparo para gritos e lamentos das dores silenciadas. O corpo é, ainda, um mapa da vida imaginal em curso, vida vivida no agora da intensidade emocional, oferecendo pistas acerca do caráter do sujeito e das condições atuais da subjetividade (dos processos internos em andamento). Hillman, citado por Donfrancesco (2000, p. 31) lembra:

> Quando estou desesperado, não quero ouvir falar de renascimento;
> quando me sinto envelhecer e decair, e quando a civilização à minha

ECOLOGIA MENTAL DA MORTE

volta está ruindo por excesso de desenvolvimento, que é, afinal, excesso de poder destruidor, não posso tolerar a palavra 'crescimento'"...

Uma noção de ecologia mental da morte depende de aceitar o corpo que se mostra intratável e incontrolável; o corpo teimoso e alienado da racionalidade médica, insistindo em se deteriorar, como a reclamar da vida que leva na Terra. Em termos de ecologia mental da morte, não se deve esquecer que, antes de virar um cadáver, o corpo informa muito daquilo de que gosta e do que precisa; é capaz de mostrar a vida como ela é, inclusive durante a fase de falência, conforme explicação de Hillman (2001, p. 132).

As diferentes partes do corpo chamam atenção pela dor e pelo mal-estar (na doença e na velhice), querendo ser mais bem cuidadas, com chás e temperaturas, compressas e posições, medidas paliativas diante das contingências da vida no tempo e espaço terrestre; realidade corporal de uma humanidade, que segue a poderosa morte.

Cuidados paliativos e medicinas alternativas tiram sua inteligência e vitalidade de padrões arquetípicos diferentes dos padrões da medicina oficial. Referenciais dionisíacos ajudam a criar um fundo arquetípico para a falência da vida, afirma Hillman. Os deuses antigos são imagens poderosas sobre necessidades muito humanas. Enquanto paradigmas éticos e estéticos, *agenciam* ecologias mentais, constituindo um *politeísmo* saudável para as mentalidades, pois permitem pensar a cultura, a vida social e subjetiva com diferentes centros, sem jogar uns contra os outros (*ibid.*).

Nesta perspectiva, Dioniso, por exemplo, o deus alternativo da Grécia antiga, hoje pode ser paradigma para dores indizíveis. Na Psicologia Arquetípica, é raiz metafórica dos sofrimentos dilacerantes e insuportáveis, quase sempre associados ao amor e à morte, as duas grandes forças de transformação da humanidade. É imagem do Estranho e do Outro, da alteridade revelada nos olhos de quem sente o corpo fragmentado, o ser tomado pela angústia de aniquilamento.

UMA NOÇÃO DE ECOLOGIA MENTAL DA MORTE

É ainda em Dioniso que se encontram referencial e universo de valores para o corpo-ser, cujo sofrimento abriga imagens poderosas, presentes nas aflições transformadas em fontes de sabedoria e até de vitalidade. Primeiro, porque falando de suas dores e desconfortos, o doente pode manter comunicação e diálogo; depois, porque a comunicação do que sente permite compartilhar sensações e fantasias, expor o contato com a vida presente; o agora da vida, em fase de partida. Um paciente terminal é uma pessoa, vivendo a vida na fase de partida.

Esta ecologia mental é importante: lembrar que o arquétipo da vida (alma) é associado ao arquétipo do movimento e à mitologia da morte; no entanto, o desejo de perdurar no tempo tem outra base imaginal, a da sobrevivência do corpo, conectada ao imaginário da durabilidade, da fixação, da vontade de dominar os poderes da natureza e conquistar a permanência, no tempo. Um fundo arquetípico adequado para toda *obstinação terapêutica* que, negando a morte, estende a agonia final.

Jung acentuou a idéia de que viver plenamente é a maneira mais saudável de abordar a morte, implicando a individuação como processo de realização de um **si-mesmo** em permanente estado de vir-a-ser. Para viver plenamente, é preciso um sentido de alma para a vida; pois no mundo imaginal da alma é possível viver, como se a vida continuasse para sempre.

Neste trabalho, a noção de ecologia mental e a questão da troca simbólica com a morte são temas interligados, de tal forma que o problema da pesquisa sempre remete à metáfora da *morte selvagem*, do *estrangeiro* e do *estranho,* vinculando a reflexão psicológica a referenciais míticos e arquetípicos; uma forma de insistir na recuperação de dimensões éticas, implicadas na questão da troca simbólica com a morte. O interesse segue reflexões de Guattari: "Só a partir do reconhecimento da alteridade é possível recuperar a ética" (1990, p. 30).

ECOLOGIA MENTAL DA MORTE

Na prática, a noção de ecologia mental da morte pretende ampliar recursos das subjetividades, para o confronto com as asperezas da alteridade, manifestadas na forma de desejos, amores e morte. A proposta supõe ampliação da capacidade pessoal e dos grupos para enfrentar a angústia, buscando recursos para acolher o *estranho*, como alteridade referida ao terror frente ao outro, ao devir e à morte.

Deste ângulo, todo projeto de ecologia mental da morte tem como ponto de partida e compromisso fundamental abertura para a alteridade, como forma de reaver a dimensão ética dos relacionamentos com a vida e a morte, na esfera da própria subjetividade, da alteridade e do mundo habitado. Por isso, na face do outro, daquele que vive a doença e a dor, o *olhar* precisa perceber e acolher a vulnerabilidade e a pobreza absolutas do ser que imagina a própria morte.

O presente trabalho não oferece resultados conclusivos, mesmo porque parece mais apropriado à natureza do paradigma da ecologia mental abrir reflexões e trabalhar idéias, incentivando a criação de projetos. Há muitas análises a serem elaboradas; muitas ecologias mentais possíveis e necessárias em relação ao tema da morte. Este compromisso complica o fechamento do trabalho, provoca angústia diante da necessidade de finalizar um assunto recém-nascido. Para encerrar, uma reflexão, expondo um ponto de vista particularmente valioso, a respeito da doença e da morte. Com Sontag, assumo: "que a doença *não* é uma metáfora e que a maneira mais honesta de encará-la — e a mais saudável de ficar doente — será aquela que estiver mais depurada de pensamentos metafóricos, que for mais resistente a tais pensamentos" (1984, p. 7-8).

Esta é mais uma tarefa da ecologia mental da morte: retomar o imaginal do obscuro reino da doença e da morte, conhecer seu poder de sedução e revalorizar metáfora e mito, na condição de universo de valor da psique com sentido de alma. Deste prisma de análise, a noção de ecologia mental da morte pode se ligar à idéia de continuidade da vida, preservando a função da imaginação na troca simbólica com a morte. Nesse campo, é essencial a busca de paradigmas éticos e

UMA NOÇÃO DE ECOLOGIA MENTAL DA MORTE

estéticos, aptos a estimular a reflexão psicológica, recuperando o valor da morte como imagem e narrativa. A expansão ditada pela imaginação sempre potencializa essa troca simbólica, porque é por meio dela, particularmente, que "se transpõe o limiar da *matéria da mente* para se alcançar o *espírito* da mente" [grifo do autor] (TRINCA, 1988, p. 12).

APLICAÇÕES PRÁTICAS?

Por exemplo: é possível integrar a noção de ecologia mental da morte na elaboração de um trabalho psicológico com a equipe multidisciplinar da UTI de um grande hospital. Nesse caso, o profissional "psi" deve assumir a função educacional da psicologia da morte e adotar paradigmas ético-estéticos para agenciar a reflexão psicológica sobre a morte e o morrer.

Em vez de organizar informações, assume-se a necessidade de re-historiar adultos, a maioria esquecida dos valores da imaginação poética. Não é preciso conhecer mitologia, mas é importante gostar de histórias, lembrando que ética e estética supõem, também, reações de impacto e de estranhamento. O básico é estimular a linguagem metafórica, promover a busca de sentido, agenciar o jogo do imaginário da morte.

Nesta palestra imaginada, a função psicológica do profissional é assumir o lugar do narrador: contar uma história e, depois, perceber as reações e ouvir os participantes, indagando sobre o que sentem e pensam a respeito da narrativa. Ao organizar o material do encontro, poderia levar o conto de fadas, selecionado para encerrar este trabalho, incentivando o leitor a se imaginar com um dos participantes da equipe de saúde, alguém convidado a refletir sobre a morte e o morrer. É um conto de Grimm (1785–1863), chamado *A morte madrinha;* a tradução de Belinky é do original alemão (GRIMM,1989, p. 174–178).

Esta finalização é pertinente a um estudo sobre a necessidade humana de vivenciar o universo imaginal da criação de sentidos. Cabe

ECOLOGIA MENTAL DA MORTE

ao leitor examinar a aplicabilidade da noção de ecologia mental da morte, avaliando efeitos subjetivos produzidos pela história. Intenção: promover a morte como imagem e acionar a reflexão psicológica, despertando o interesse em falar da morte, enquanto há vida.

A Morte Madrinha

Um homem pobre tinha doze filhos e era obrigado a trabalhar dia e noite, para poder dar-lhes só um pouco de pão. Quando, então, o décimo terceiro veio ao mundo, ele não sabia mais o que fazer, na sua penúria, e saiu correndo para a grande estrada, querendo convidar o primeiro que encontrasse para padrinho.

O primeiro que ele encontrou era o bom Deus, que já sabia o que o homem trazia no coração, e lhe disse:

— Pobre homem, tenho pena de você; serei padrinho do seu filho, cuidarei dele e o farei feliz neste mundo.

— O homem perguntou: — Quem é você?

— Eu sou o bom Deus.

— Então não o quero para padrinho, — disse o homem; — você dá ao rico e deixa o pobre passar fome.

O homem disse isso porque não sabia com que sabedoria Deus reparte riqueza e pobreza. E ele desviou-se do Senhor e continuou a andar. Então, aproximou-se dele o diabo e disse: — O que procura? Se você me quiser para padrinho do seu filho, eu lhe darei ouro à vontade e todos os prazeres do mundo também.

O homem perguntou: — Quem é você?

— Eu sou o diabo.

— Então, não o quero para padrinho, — disse o homem; — você engana e tenta os homens. E continuou a andar. Aí veio a morte ossuda ao seu encontro e disse: — Aceite-me para madrinha. O homem perguntou: — Quem é você?

— Eu sou a morte, que a todos iguala.

UMA NOÇÃO DE ECOLOGIA MENTAL DA MORTE

Então, o homem disse: — Você é a pessoa certa, leva o rico como o pobre sem fazer diferença; você será a madrinha do meu filho.

A morte respondeu: — Eu farei o seu filho rico e famoso, pois quem me tem por amiga, a esse nunca faltará nada.

O homem disse: — Domingo que vem será o batizado; apareça, pois, na hora certa.

A morte compareceu conforme prometera, e foi madrinha como se deve.

Quando o menino cresceu um pouco, a madrinha chegou e disse-lhe para segui-la. Ela levou-o para floresta, mostrou-lhe uma erva que lá crescia, e lhe disse: — Agora você vai receber o seu presente de batizado. Eu farei de você um médico famoso. Quando você for chamado para ver um doente, eu lhe aparecerei todas as vezes: se seu estiver à cabeceira do doente, você poderá prometer que o curará sem falta, e lhe dará um pouco dessa erva, e ele sarará. Mas se eu estiver aos pés do doente, então ele é meu, e você vai dizer que qualquer ajuda será inútil, e que nenhum médico do mundo poderá salvá-lo. Mas tome cuidado, não use esta erva contra a minha vontade, senão você vai se dar mal!

Não demorou muito até o jovem se tornar o médico mais famoso em todo o mundo. Dele diziam: — Basta ele olhar para um doente, para saber como ele está, se vai sarar ou se deve morrer!

E de todas as partes vinha gente para buscá-lo e levá-lo aos seus doentes e pagavam-lhe tanto dinheiro que, logo, ele se tornou homem muito rico.

Ora, aconteceu que o rei ficou doente. E o médico foi chamado para dizer se era possível curá-lo. Mas quando ele se aproximou da cama, viu que a morte estava aos pés do doente, e aí não havia erva que o salvasse.

"Se ao menos uma vez eu pudesse enganar a morte", pensou o médico. "Ela não vai gostar disso, mas como eu sou seu

ECOLOGIA MENTAL DA MORTE

afilhado, quem sabe ela fecha um olho dessa vez. Eu vou ousar!". E ele agarrou o doente e deitou-o ao contrário, de modo que a morte veio a ficar à sua cabeceira. Então, ele o fez tomar a erva, e o rei se recuperou e ficou bom de novo.

Mas a morte veio a ter com o médico, de cara zangada e sombria, ameaçou-o com o dedo em riste e disse:

— Você me engabelou; desta vez, eu deixo passar, porque você é meu afilhado, mas se você se atrever de novo, vai pagar por isso, não vai escapar, e eu vou levar você mesmo comigo.

Pouco depois, a filha do rei caiu gravemente enferma. Era filha única e o rei chorava dia e noite, até quase ficar cego. Então, fez anunciar que aquele que a salvasse da morte se casaria com ela e herdaria a coroa. Quando o médico se aproximou da cama da doente, viu a morte parada a seus pés. Ele deveria lembrar-se da advertência de sua madrinha, mas a grande formosura da princesa e a felicidade de tornar-se seu esposo deslumbraram-no tanto, que ele não pensou em mais nada, e não via senão a morte lhe lançando olhares coléricos, levantando a mão e o ameaçando com o dedo ossudo. Ele ergueu a doente e a fez deitar com a cabeça do lado onde estavam antes os pés. Então, a fez tomar da erva e, logo, suas faces ficaram coradas e a vida despertou de novo.

Quando a morte se viu lograda pela segunda vez, dirigiu-se em largas passadas para o médico e disse:

— Está tudo acabado para você, agora chegou a sua vez!

E agarrou-o com a gélida mão com tanta força que ele não pôde resistir, arrastando-o para uma caverna subterrânea.

Lá, ele viu milhares e milhares de velas que ardiam em fileiras a perder de vista; algumas grandes, inteiras, outras pela metade, outras bem pequenas. A cada momento, algumas se apagavam e outras tornavam a se acender, de maneira que as pequenas chamas pareciam pular de um lado para outro, em constante mudança.

UMA NOÇÃO DE ECOLOGIA MENTAL DA MORTE

— *Está vendo,* — *disse a morte,* — *essas são as velas da vida dos seres humanos. As grandes pertencem às crianças, as médias aos casais na flor de seus dias, as pequenas pertencem aos anciãos. Mas também crianças e gente jovem freqüentemente só têm velinha pequena.*

— *Mostre-me a vela da minha vida,* — *pediu o médico, pensando que ela era ainda bem grande.*

A morte apontou uma pontinha pequenina que bruxuleava, ameaçando apagar-se logo, e disse: — *Olhe, lá está ela.*

— *Ai, querida madrinha,* — *lamentou-se o médico, assustado,* — *acenda-me uma vela nova, faça-o por mim, para que eu possa gozar minha vida, tornar-me rei e esposo da linda princesa!*

— *Não posso fazer isso,* — *respondeu a morte,* — *primeiro, uma tem de se apagar para outra ser acesa.*

- *Então, coloque a velha sobre uma nova, que continue a arder sem se interromper, quando aquela chegar ao fim, pediu o médico.*

A morte colocou-se de maneira a parecer que ia atender ao seu pedido, e alcançou uma vela grande, novinha; mas como ela queria se vingar, descuidou-se de propósito na hora de substituí-la, e o toquinho caiu e apagou-se. No mesmo momento, o médico tombou ao chão e agora estava ele mesmo nas mãos da morte.

REFERÊNCIAS BIBLIOGRÁFICAS

REFERÊNCIAS BIBLIOGRÁFICAS

ACOT, P. *História da Ecologia*. Rio de Janeiro: Campus, 1990.

ALBERTINI, P. *Reich:* História das idéias e formulações para a educação. São Paulo: Agora, 1994.

ALVES, R. *O que é religião*. São Paulo: Brasiliense, 1989.

ARANHA, M. L. de A. e MARTINS M. H. P. *Filosofando:* introdução à filosofia. São Paulo: Moderna, 1993.

ARIÈS, P. *História da morte no ocidente*. Rio de Janeiro: Francisco Alves, 1977.

_____. *O homem diante da morte*. Rio de Janeiro: Francisco Alves, 1982, v. 2 (Coleção Ciências Sociais).

_____ . *O homem diante da morte*. Rio de Janeiro: Francisco Alves, 1989, v.1 (Coleção Ciências Sociais).

ARAUJO, T. C. C. F. de. A sobrevivência oncológica: uma vivência paradoxal. In: *Psicologia, Ciência e Profissão*. Brasília, ano 18, n° 2, p.2-9, 1998. [Publicação quadrimestral dos Conselhos Federal e Regionais de Psicologia].

AVENS, R. *Imaginação é realidade*: o nirvana ocidental em Jung, Hillman, Barfield e Cassirer. Petrópolis, RJ: Vozes, 1993.

BACHELARD, G. *O Ar e os Sonhos* : ensaio sobre a imaginação do movimento. São Paulo: Marins Fontes, 1990 (a).

_____. *A Terra e os Devaneios do Repouso*: ensaio sobre imagens de intimidade. São Paulo: Martins Fontes, 1990 (b).

ECOLOGIA MENTAL DA MORTE

_____. *A formação do espírito científico:* contribuições para uma psicanálise do conhecimento. Rio de Janeiro: Contraponto, 1996.

BARTHES, R. *Mitologias.* São Paulo: Bertrand Brasil, 1993.

BAUDRILLARD, J. *A transparência do mal* : ensaio sobre os fenômenos extremos. Campinas, SP: Papirus, 1990.

_____. *A troca simbólica e a morte.* São Paulo: Loyola, 1996.

BONAVENTURE, L. Introdução à coleção Amor e Psique. In: DONFRANCESCO, F. *No espelho de psique.* São Paulo: Paulus, 2000. p.5- 6.

BOTTON, A. Não é de hoje que a morte é imagem que preocupa os filósofos. *Folha de S. Paulo,* São Paulo, Caderno Mais, p. 3, 28 jun. 1998.

BOWKER, J. W. *Os sentidos da morte.* São Paulo: Paulus, 1995.

BRANDÃO, J. de S. *DICIONÁRIO Mítico-Etimológico da Mitologia Grega* [v.1. Letras A-I; v.2. Letras J-Z]. Petrópolis: Vozes, 1991(a).

_____. *Mitologia Grega.* v.I, 7.ed. rev. Petrópolis: Vozes, 1991(b).

CAMARGO, L. O. de L. Introdução. In: CAMARGO, L.O.L. (Org.). *Perspectivas e resultados de pesquisa em educação ambiental.* São Paulo: Arte & Ciência, 1999, p. 9-30.

CAPOVILLA, F. C. Responsabilidade pelo sofrimento e pela solução: determinismo e livre arbítrio em modelos de psicologia e teologia protestante. In: *Caderno de Resumos do 4º Seminário de Psicologia e Senso Religioso* (Organizadores: PAIVA, G. J. ; ZANGARI, W.). São Paulo: Programa de Pós-Graduação em Psicologia Social Instituto de Psicologia-Universidade de São Paulo; Grupo de Trabalho "Psicologia & Religião" da Associação Nacional de Pós-Graduação e Pesquisa em Psicologia, 2002. p. 130-141. [Cópia em disquete].

REFERÊNCIAS BIBLIOGRÁFICAS

CARVALHO, E. de A. A ecologia do conhecimento: uma nova paradigmatologia. *Perspectivas*. São Paulo, 15, p. 95- 105, 1992.

CARVALHO JUNIOR, A. F. Ecologia profunda ou ambientalismo superficial? In: CAMARGO, L. O. L. (Org.). *Perspectivas e resultados de pesquisa em educação ambiental*. São Paulo: Arte & Ciência, 1999, p.31-55.

CARVALHO, M. M. Psico-Oncologia: história, características e desafios. *Psicologia USP*, São Paulo, vol.13, n°.1, p.151- 166, 2002. [Instituto de Psicologia, Universidade de São Paulo].

CARVALHO, V. A. de. Atendimento psicossocial a pacientes de câncer. Relato de uma Experiência. In: KOVÁCS, M. J.(Coord.) *Morte e desenvolvimento humano*. São Paulo: Casa do Psicólogo, 1992.

COMTE-SPONVILLE, A. *Pequeno tratado das grandes virtudes*. São Paulo: Martins Fontes, 1995.

DEBRAY, R. *Vida e morte da imagem*: uma história do olhar do ocidente. Petrópolis, RJ: Vozes, 1993.

DONFRANCESCO, F. *No espelho de psique*. São Paulo: Paulus, 2000

DURAND, G. *As estruturas antropológicas do imaginário*. Lisboa: Editorial Presença, 1986.

ELIADE, M. *O sagrado e o profano*: A essência das religiões. Lisboa: Livros do Brasil, s.d. (Coleção Vida e Cultura, v.62)

_____. *Mito do eterno retorno*. São Paulo: Mercuryo, 1992.

ELIAS, N. *A solidão dos moribundos*. Rio de Janeiro: Jorge Zahar, 2001.

FERREIRA, A. B. de H.. *Novo Dicionário Aurélio da Língua Portuguesa*. (2ª ed. revisada e ampliada). Rio de Janeiro: Nova Fronteira, 1996.

FERRY, L. *L'homme-Dieu ou le sens de la vie*. Paris: Bernard Grasset, 1996

ECOLOGIA MENTAL DA MORTE

FIGUEIREDO, L. C. *Revisitando as Psicologias*: da epistemologia à ética das práticas e dos discursos psicológicos. São Paulo: Educ; Petrópolis: Vozes, 1996. [Ed.revisada e ampliada].

FRANZ, M-L. von; HILLMAN, J. *A tipologia de Jung*. São Paulo: Cultrix, 1990.

FRANZ, M-L von. *Puer Aeternus*: a luta do adulto contra o paraíso da infância. São Paulo: Paulinas, 1992.

FREITAS, L. V. de. *A máscara e a palavra*: Exploração da persona em grupos vivenciais. São Paulo, 1995. 257p. Tese (doutorado). IP-USP.

GAIARSA, J. A. *Reich – 1980*. São Paulo: Agora, 1982.

_____ . *Couraça Muscular do Caráter*. (Wilhelm Reich). São Paulo: Agora, 1984.

_____ . *Respiração, angústia e renascimento*. São Paulo: Ícone, 1994.

GENTILLI, I. R. *A expressão não-verbal do discurso verbal em Terra Nostra* : Raul Cortês e as múltiplas faces de Francesco. São Paulo, 2002. 165p. Dissertação (Mestrado) – Escola de Comunicações e Artes, Universidade de São Paulo. [Texto digitado, sem revisão]

GRIMM, J. *Os contos de Grimm*. Ilustração Janusz Grabianski; tradução do alemão - Tatiana Belinky. São Paulo: Paulinas, 1989.

GUATTARI, F. *As três ecologias*. Campinas: Papirus, 1990.

_____ . *Caosmose*: Um novo paradigma estético. Rio de Janeiro: Editora 34, 1992.

_____. Entrevistas: Guattari na PUC; Guattari, o paradigma estético. In: *Cadernos de Subjetividade*. São Paulo, v. 1.n. 1. p. 9-34– março/ agosto de 1993.

GUATTARI, F. e ROLNIK, S. *Micropolítica, cartografias do desejo*. Petrópolis: Vozes, 1986.

REFERÊNCIAS BIBLIOGRÁFICAS

HILLMAN, J. *Suicide and soul*. Zürich: Spring Publications, 1976.

_____. An inquiry into image. *Spring Publications*. New York: The Analytical Psychology of New York, Inc., p. 62- 88, 1977.

_____. *Estudos de psicologia arquetípica*. Rio de Janeiro: Achiamé, 1981.

_____. *O mito da análise*. Rio de Janeiro: Paz e Terra, 1984 (a).

_____. *Uma busca interior em psicologia e religião*. São Paulo: Paulinas, 1984 (b).

_____. *Entre Vistas*: conversa com Laura Pozzo sobre psicoterapia, biografia, amor, alma, sonhos, trabalho, imaginação e o estado da cultura. São Paulo: Summus, 1989.

_____. *Anima:* anatomia de uma noção personificada. São Paulo: Cultrix, 1990.

_____. A função sentimento. In: FRANZ, M.; HILLMAN, J. *Tipologia de Jung*. São Paulo: Cultrix, 1990, 107-219.

_____. *Psicologia Arquetípica*: um breve relato. (1983). São Paulo: Cultrix, 1992(a).

_____ Dioniso na obra de Jung. In: HILLMAN, J. (Org.). *Encarando os deuses*. São Paulo: Cultrix/ Pensamento, 1992 (b), p.175-191.

_____. *Suicídio e alma*. Petrópolis, RJ: Vozes, 1993.

_____. *O livro do Puer*: ensaios sobre o arquétipo do Puer aeternus. São Paulo: Paulus, 1998. (Coleção Amor e Psique).

_____. *A força do caráter*: e a poética de uma vida longa. Rio de Janeiro: Objetiva, 2001.

JACOBI, J. *Complexo, arquétipo, símbolo na psicologia de C. G. Jung*. São Paulo: Cultrix, 1986.

KEHL, M. R. *Sobre ética e psicanálise*. São Paulo: Companhia das Letras, 2002.

KING, S. *Sombras da noite*. Rio de Janeiro: Francisco Alves, 1991 (3.ed.)

KOVÁCS, M. J. *Um estudo sobre o medo da morte em estudantes universitários das áreas de saúde, humanas e exatas*. São Paulo, 1985. Dissertação de Mestrado. Instituto de Psicologia, Universidade de São Paulo.

_____. *A questão da morte na formação do psicólogo*. São Paulo, 1989, 211p. Tese (Doutorado). Instituto de Psicologia da Universidade de São Paulo.

_____. Pensando a morte e a formação de profissionais da saúde. In: CASSORLA, R. M. S. (Coord.). *Da morte*: Estudos brasileiros. Campinas: Papirus, 1991, cap. 4, p.79-103.

_____ . (Coord.). *Morte e desenvolvimento humano*. São Paulo, Casa do Psicólogo, 1992.

_____. A morte em vida. In: BROMBERG, M.H.P.F. et.al. *Vida e morte*: laços da existência. São Paulo: Casa do Psicólogo, 1996, p. 35-76.

_____ . Avaliação da qualidade de vida em pacientes oncológicos em estado avançado da doença. In: CARVALHO, M.M.J. (Org.). *Psico-oncologia no Brasil*: Resgatando o viver. São Paulo, Summus, 1998. p. 159-185.

_____. *Educação para a morte*: um desafio na formação de profissionais de saúde e educação. São Paulo, 2002. 316 p. Tese (Livre Docência) – Instituto de Psicologia, Universidade de São Paulo.

_____. *Educação para a morte:* temas e reflexões. São Paulo: Casa do Psicólogo: FAPESP, 2003 (a).

_____. *Educação para a morte:* desafio na formação de profissionais de saúde e educação. São Paulo: Casa do Psicólogo: FAPESP, 2003 (b).

KÜBLER-ROSS, E. *Sobre a morte e o morrer*. São Paulo: Martins Fontes, 1969.

REFERÊNCIAS BIBLIOGRÁFICAS

_____. *Morte*: estágio final da evolução. Rio de Janeiro: Record, 1975.

KRISTEVA, J. *Les nouvelles maladies de l'âme.* Paris: Fayard, 1993.

KÜBLER-ROSS, E. *Sobre a morte e o morrer.* São Paulo: Martins Fontes, 1969.

_____. *Morte*: estágio final da evolução. Rio de Janeiro: Record, 1975.

LAPLANCHE, J. e PONTALIS, J.-B. *Vocabulário da Psicanálise.* São Paulo: Martins Fontes, s.d., 6.ed.

LEPARGNEUR, H. *O doente, a doença e a morte*: *implicações sócio-culturais da enfermidade.* Campinas, SP: Papirus, 1987.

LÉVINAS, E. Entrevista com Emmanuel Lévinas. In: NEMO, P. e POIRIÉ, F. *Cadernos de Subjetividade.* São Paulo, v. 5, n.1. 1º sem. p. 9-38, dezembro, 1997.

MEIHY, J. C. S. B. *Manual de História Oral.* São Paulo: Loyola, 1996.

MOORE, T. *A emoção de viver a cada dia*: *a magia do encantamento.* Rio de Janeiro: Ediouro, 1998.

MORIN, . *O homem e a morte.* Rio de Janeiro: Imago, 1997.

_____. *Ciência com Consciência.* Rio de Janeiro: Bertrand Brasil, 1996.

MORIN E. ; BOCCHI, G.; CERUTI, M. *Os problemas do fim do século.* 2.ed. Lisboa: Editorial Notícias, (Colecção Ciência Aberta, v.13), 1991.

NAISBITT, J. *Megatendências*: *as dez grandes transformações que estão ocorrendo na sociedade moderna.* São Paulo: Abril S.A. Cultural; Círculo do Livro S.A., 1983.

NEMO, P.; POIRIÉ, F. Entrevista com Emmanuel Lévinas. In: *Cadernos de Subjetividade*. São Paulo, v.5, n.1. 1º sem. p. 9-38, 1997.

PAIVA, G. J. de. *A religião dos cientistas*: uma leitura psicológica. São Paulo: Loyola, 2000.

_____. *Perder e recuperar a alma na recente Psicologia Social da Religião norte-americana e européia*. [Versão de texto apresentado na XXXI Reunião da Sociedade Brasileira de Psicologia, Rio de Janeiro: 24 a 27/10/2001 — Mesa-redonda "Contribuições da Psicologia da Religião para o trabalho psicoterápico"]. São Paulo: Departamento de Psicologia Social e do Trabalho do Instituto de Psicologia da Universidade de São Paulo, 2002. 21p. [Texto digitado].

PAZ, O. *A outra voz*. São Paulo: Siciliano, 1993.

PELBART, P. P. Um direito ao silêncio. In: *Cadernos de Subjetividade*. São Paulo, v. 1.n. 1. – março/ agosto de 1993, p.41-48, 1993.

PESSINI, L. Distanásia: até quando investir sem agredir? *Bioética*. Brasília: Conselho Federal de Medicina, v. 4, n. 1. p. 31-43, 1996.

PINTO, M. da C.; MUNCINI, M. A. O niilismo como resistência. *Folha de S. Paulo*, Caderno Mais. São Paulo, 2 jun. 2002.

PRADO, A. Arte como experiência religiosa. In: MASSIMI, M.; MAHFOUD, M. (Orgs.). *Diante do mistério. Psicologia e senso religioso*. São Paulo: Loyola, 1999, p.17-32

QUINTAES, M. *Psicologia arquetípica*: uma questão de estilo. Artigo disponível na Internet: www.rubedo.psc.br/ Rubedo / © Marcus Quintaes [5 out. 2002].

REICH. W. *Análise do Caráter.* (1933). Portugal (Impressão Tipografia Guerra — Viseu), Direitos no Brasil: Livraria Editora Martins Fontes Ltda. s.d.

RIEFF, P. *O triunfo da terapêutica*. São Paulo: Brasiliense, 1990.

REFERÊNCIAS BIBLIOGRÁFICAS

ROLNIK, S. Para uma ética do real. *Jornal do Brasil*. Rio de Janeiro, p. 6-7, Idéias / LIVROS, 8 set. 1990.

SCHELP, D. Até onde prolongar a vida. *Veja*. São Paulo: Abril, n. 1767, p. 82-91, 4 set. 2002.

SELYE, H. *Stress, a tensão da vida*. São Paulo: IBRASA - (Instituição Brasileira de Difusão Cultural S.A). 2. ed. s.d.

SIMONTON, O. C.; MATTHEWS-SIMONTON, S.; CREIGHTON, J. L. *Com a vida de novo*: uma abordagem de auto-ajuda para pacientes de câncer. São Paulo: Summus, 1987.

SOLNIK, A. Sísifo, o homem que logrou a Morte. In: CIVITA, Victor (Ed.). *Mitologia*. São Paulo: Coleção Abril Cultural, v.1, p. 102- 103, 1973.

SONTAG, S. *A doença como metáfora*. Rio de Janeiro: Graal, 1984.

SUDBRACK, J. *Experiência religiosa e Psique Humana*: Onde a religião e a psicologia se encontram . "Santidade" e "Doença", "Deus" e "Satanás". São Paulo: Loyola, 2001.

TASSARA, E. T. de O. Cultura científica e interpretação do mundo – aspectos metodológicos. In: *SIMPÓSIO DE PESQUISA E INTERCÂMBIO CIENTÍFICO*, 6, Teresópolis, Rio de Janeiro, 1966. *Anais*, Tomo 1, GRYPHO Edições e Publicações / NAU Editora, 1966, p.166-167.

TORRES, W. C. *A criança diante da morte. Desafios*. São Paulo: Casa do Psicólogo, 1999.

TORRES, W. C. et.al. Algumas contribuições à pesquisa sobre a morte. In: CASSORLA, R. M. S. (Coord.). *Da morte*: Estudos brasileiros. Campinas: Papirus, 1991, cap. 7, p.131-143.

TRINCA, W. *A arte interior do analista*. São Paulo: EPU: Editora da Universidade de São Paulo, 1988.

_____. *A eterna leveza da experiência*. São Paulo: Siciliano: 1991.

ECOLOGIA MENTAL DA MORTE

_____. *O filósofo ou a procura do encanto da vida.* São Paulo: Lemos Editorial, 1997.

VATTIMO, G. IN: PINTO, M.l da C. e MUNCINI, M. A. O niilismo como resistência. *Folha de S. Paulo*, São Paulo, 02, jun., 2002. Caderno Mais.

VERDADE, M. M. *A ecologia mental do espaço interior: uma perspectiva arquetípica para a educação ambiental.* 1995. Universidade Paulista - UNIP/Objetivo. Dissertação (Mestrado em Educação Ambiental). São Paulo: 1995.

_____. *Para onde foi a nossa morte?* São Paulo, Instituto de Psicologia, Universidade de São Paulo, 1997, 65 p. [Inédito - Texto digitado].

_____. Educar para o real da imaginação. *Revista Pulsional de Psicanálise.* São Paulo, v. ano IX, n. 115, p. 62-71, 1998.

_____. *Ecologia mental: uma meta "psi" para a educação ambiental.* São Paulo: Coleção Cadernos de Estudos e Pesquisas UNIP, v. 5, n. 1, p. 1-22, 1999a.

_____. Ecologia mental: a meta "psi" da educação ambiental. In: CAMARGO, L. O. L. (Org.). *Perspectivas e resultados de pesquisa em educação ambiental.* São Paulo: Arte & Ciência, 1999b, p.77-96.

_____. *Uma noção de Ecologia Mental da Morte para a Psicologia do Desenvolvimento Humano:* a questão da "troca simbólica da alma com a morte", numa Instituição de apoio ao paciente de câncer. São Paulo, 2003(a), 444p. Tese (Doutorado). IP/ USP.

_____.A busca do possível dentro do impossível: idéias educacionais de Reich e apoio psicológico ao paciente de câncer. *O Mundo da Saúde*, São Paulo, v. 27, n. 3, jul / set., 2003 (b), p. 452-464.

VERGOTE, A. Necessidade e desejo da religião na ótica da psicologia. In: PAIVA, G. J. (Org.). *Entre a necessidade e o desejo: Diálogos da Psicologia com a Religião.* São Paulo: Loyola, 2001, p. 9-24.

REFERÊNCIAS BIBLIOGRÁFICAS

VÍDEOS

KOVÁCS, M.J.; BROMBERG, M. H.; ESSLINGER, I.; VAICIÚNAS, N. *Falando de morte: a criança*. Vídeo: Colorido/ 70 min./ ano 1997. São Paulo: Produção ARTE E/ OU MAT AUDIO-VISUAIS. USP, IP, LEM.

KOVÁCS, M.J.; ESSLINGER, I.; VAICIUNAS, N.; BROMBERG, M. H. *Falando de morte: o adolescente*. Vídeo: Colorido/ 20 min. / ano: 1999. São Paulo: Produção: ARTE E/ OU MAT AUDIO-VISUAIS.USP, IP, LEM.

KOVÁCS, M. J. ESSLINGER, I.; VAICIÚNAS, N. *Falando de morte: o idoso*. Vídeo: Colorido / 40 min./ ano: 2002. Roteiro, Redação e Direção Geral: Jussara Marques. São Paulo: Produção: INSIGHT PRODUÇÕES. Patrocínio: Pró-Reitorias de Graduação e Pós Graduação da Universidade de São Paulo e Fundo de Cultura e Extensão da Universidade de São Paulo.

KOVÁCS, M. J. ESSLINGER, I.; VAICIÚNAS, N. *Falando de Morte com os Profissionais de Saúde*. Vídeo: Colorido / 60 min./ ano:s.d. Direção Geral: Jussara Marques. Apresentação: Guilherme Queiroz. São Paulo: Produção: INSIGHT PRODUÇÕES. Patrocínio: Pró-Reitoria de Cultura e Extensão — USP; Programa de Pós-Graduação em Psicologia Escolar e Desenvolvimento Humano – IPUSP.